ESTÉ TICAS

URBA NAS

sonia hilf schulz

ESTÉ TICAS

da pólis grega à metrópole contemporânea

URBA NAS

2ª edição

A autora e a editora empenharam-se para citar adequadamente e dar o devido crédito a todos os detentores dos direitos autorais de qualquer material utilizado neste livro, dispondo-se a possíveis acertos caso, inadvertidamente, a identificação de algum deles tenha sido omitida.

Não é responsabilidade da autora nem da editora a ocorrência de eventuais perdas ou danos a pessoas ou bens que tenham origem no uso desta publicação.

Apesar dos melhores esforços da autora, da editora e dos revisores, é inevitável que surjam erros no texto. Assim, são bem-vindas as comunicações de usuários sobre correções ou sugestões referentes ao conteúdo ou ao nível pedagógico que auxiliem o aprimoramento de edições futuras. Os comentários dos leitores podem ser encaminhados à **LTC – Livros Técnicos e Científicos Editora** pelo e-mail faleconosco@grupogen.com.br.

Direitos exclusivos para a língua portuguesa
Copyright © 2019 by
LTC – Livros Técnicos e Científicos Editora Ltda.
Uma editora integrante do GEN | Grupo Editorial Nacional

Reservados todos os direitos. É proibida a duplicação ou reprodução deste volume, no todo ou em parte, sob quaisquer formas ou por quaisquer meios (eletrônico, mecânico, gravação, fotocópia, distribuição na internet ou outros), sem permissão expressa da editora.

Travessa do Ouvidor, 11
Rio de Janeiro, RJ – CEP 20040-040
Tels.: 21-3543-0770 / 11-5080-0770
Fax: 21-3543-0896
faleconosco@grupogen.com.br
www.grupogen.com.br

Capa e projeto gráfico: Romulo Guina e Caos! Vídeo & Design
Editoração eletrônica: Romulo Guina
Imagem da capa: Hong Kong

CIP-BRASIL. CATALOGAÇÃO-NA-FONTE
SINDICATO NACIONAL DOS EDITORES DE LIVROS, RJ

S418e
2ª. ed.

Schulz, Sonia Hilf
　Estéticas urbanas : da pólis grega à metrópole contemporânea / Sonia Hilf Schulz. - 2. ed. - Rio de Janeiro : LTC, 2019.
　278p.: 105 il.; 17x24 cm

　Inclui referências bibliográficas e índice
　ISBN 978-85-216-3597-0

　1. Projeto urbano. 2. Arquitetura. 3. Estética. 4. Paisagem. 5. Memória. I. Título.

18-54063
Meri Gleice Rodrigues de Souza - Bibliotecária CRB-7/6439

CDD: 711.4
CDU: 711.4

À minha família

SUMÁRIO

PREFÁCIO — 9

INTRODUÇÃO — 11

1. DO CAOS NATURAL AO COSMO RACIONAL — 18

    mundo de imagens — 20
    mundo da pólis — 27
    mundo da filosofia — 32
    arquitetura da filosofia — 38
    mundo idealizado — 46
    estética idealizada — 51
    cidade idealizada — 57
    cidade realizada — 62

2. A PERSISTÊNCIA DO IDEALISMO NA FORMA URBANA — 66

    descobrimento do espaço — 68
    imagem do espaço — 75
    espaço do teatro — 83
    espaço da memória — 90
    espaço do conhecimento — 97
    espaço do infinito — 103
    espaço do poder — 112

3. ENCANTAMENTOS E
DESENCANTAMENTOS NA
CIDADE MODERNA   122

    expansão da estética   124
    expansão da crítica   131
    expansão urbana   140
    espetáculos urbanos   149
    amnésias urbanas   158
    planejamentos urbanos   163
    utopias projetadas   170
    utopias realizadas   180

4. A ESTÉTICA URBANA
COMO RESISTÊNCIA   190

    cidades vitrificadas   192
    cidades con-textualizadas   198
    cidades diferenciais   205
    cidades lisas-estriadas   215
    cidades contemporâneas   224
    contemporaneizar uma cidade   235
    a urbanidade como experiência estética   245

REFERÊNCIAS BIBLIOGRÁFICAS   257
FIGURAS   266
ÍNDICE   272

PREFÁCIO
À SEGUNDA EDIÇÃO

Publicar a segunda edição significa mais do que reapresentar o texto original, significa a oportunidade de apresentar uma versão revisada e expandida, a partir de uma calibragem do olhar sobre as principais questões que inspiraram este livro. Dez anos depois da publicação da primeira edição, a agenda urbana se mostra desafiadora, exige respostas complexas, e, por isso, no capítulo 4, as discussões acerca das estratégias para intervir na cidade contemporânea ganharam maior relevância. A cidade do século XXI exerce uma forte atração sobre diversos personagens, desde autores e construtores até consumidores da urbanidade. O interesse por espaços altamente urbanizados resulta não somente da mecanização do campo, mas, sobretudo, da concentração de paisagens estetizadas e da crescente sofisticação das tecnologias que a cidade disponibiliza. Por integrar artes e não artes, misturar escalas e temporalidades, a cidade é um grande laboratório que convida a múltiplas experimentações. Nesse contexto, o espaço público é o lugar privilegiado em que a cidade realiza sua ambição de estimular encontros e trocas, tornando-se protagonista nos projetos urbanos. A cidade se constrói na convergência de componentes materiais e imateriais, que incessantemente redesenham os limites da realidade e trazem para a visibilidade outros cenários possíveis. Na tentativa de provocar essas experiências estéticas, os arquitetos propõem a transformação da textura urbana através de operações ousadas e impactantes. Essas intervenções, entretanto, estão sempre dialogando com o legado urbano, pois a cidade nunca é um espaço neutro, é um espaço simbólico, culturalmente codificado, em que o presente coexiste com um passado dissolvido nas muitas camadas do tempo. Assim, percorrer a trajetória das diferentes estéticas urbanas que prevaleceram no mundo ocidental constitui ferramenta necessária para analisar e projetar criticamente a cidade contemporânea.

INTRODUÇÃO

Nada mais fascinante que contemplar a cidade. Nada mais fascinante que contemplar o teatro urbano espacializado e temporalizado na cidade. Lugar de encontros, reflexões e produções, a cidade promove inesperadas aventuras e desventuras, porque ainda somos nômades e ainda somos urbanos. Lançar um olhar sobre a arte em permanente exposição na cidade desperta memórias e provoca sensações que frustram qualquer tentativa de descrição, que desdenham todas as interpretações, pois não cedem aos apelos do intelecto: "A diversidade das experiências estéticas singulares e a simplicidade do ato criador reclamam silêncio e segredo: fraqueza ou privilégio, a arte é irredutível à linguagem e aos conceitos" (Lacoste, 1997: 7). O tradutor é, sem dúvida, um traidor. Impossível, entretanto, calar-se diante desses cenários intraduzíveis. Se a imagem vale mais que a palavra, a palavra pode valer mais que o silêncio. Mas as palavras transitam entre o conhecimento e a ignorância, porque "a lógica de um pensamento é como um vento que nos impele, uma série de rajadas e de abalos. Pensava-se estar no porto, e de novo se é lançado ao alto-mar […]" (Deleuze, 1992: 118). Assim também surgiu este texto, um arriscado passeio pelos esconderijos dos espaços urbanos, em busca de encontros com tempos já passados ou ainda por vir. Análoga ao percurso em um museu, a narrativa segue uma trajetória nem sempre linear, movida apenas pela sedução que exercem as obras de arte espalhadas nas cidades e suas promessas de surpresas e descobertas.

> *As cidades, como os sonhos, são construídas por desejos e medos, ainda que o fio condutor de seu discurso seja secreto, que as suas regras sejam absurdas, as suas perspectivas enganosas, e que todas as coisas escondam uma outra coisa […]. De uma cidade não aproveitamos as suas sete ou as suas setenta e sete maravilhas, mas as respostas que dá às nossas perguntas (Calvino, 2002: 44).*

Um discurso sobre a cidade requer a cumplicidade de diversos campos do saber. O nomadismo cultural contemporâneo sugere uma interdisciplinaridade, um movimento entre o tema central e suas possíveis periferias. Parecem superadas as análises especializadas e restritivas, elaboradas com lentes de foco convergente, que desprezam interferências supostamente extrínsecas ao escopo da arquitetura e do urbanismo. O mapeamento das formações e transformações das cidades mostra que a estética urbana resulta de interseções e confrontos entre as expressões artísticas, científicas e filosóficas. Embora atuem em linhas diferentes, com ritmos e movimentos de produção específicos, arte, ciência e filosofia estão continuamente se entrelaçando. Esses planos do pensamento geram uma tessitura articulada e permeável, pois as alterações em um âmbito contaminam os aportes teóricos e práticos de outras áreas do conhecimento. A cidade é, portanto, uma obra de arte, uma figura estética aberta e dinâmica, também construída pelas formulações científicas e pelos conceitos filosóficos de cada sociedade. A urbanidade emerge da confluência de múltiplos fatores, às vezes imponderáveis, porém tão atraentes e fundamentais para a chamada vida civilizada, que grande percentual da população mundial concentra-se em espaços urbanos.

As cidades foram fundadas a partir da possibilidade do excesso, que modificou a economia autossuficiente da aldeia, exigindo a implantação de um espaço construído, inevitavelmente usurpador e destruidor do espaço natural. A natureza, simbolizada por florestas, desertos e mares, passou a definir o fora da cidade, o outro, o lugar da diferença e da perda, por oposição ao dentro da cidade, o mesmo, o lugar da identidade e da certeza. Para transformar o caos natural em um cosmo humano, os projetos urbanos elaborados na Grécia Antiga precisaram desenvolver estratégias de organização e domínio do espaço. Ao longo da história, aqueles modelos de controle foram sendo aprimorados e adaptados às especificidades culturais, e, por esse motivo, a cidade ocidental tem se construído sobre um traçado em constante mutação. A instabilidade é simultaneamente causa e efeito das incessantes invenções de imagens de mundo, sempre expandindo, rompendo e redesenhando os limites da realidade. A cidade expõe as sucessivas intervenções urbanas através de marcas e traços do tempo, que permanecem inscritos nos estratos do espaço construído. Essas camadas arqueológicas mostram que os modelos urbanos de controle, influenciados pela filosofia platônica, prevaleceram até meados do século XX, quando foram desafiados por projetos menos despóticos. No decurso do processo urbano ocidental, a inaugural pólis grega, centralizada e limitada, foi adquirindo novos contornos e, finalmente, se dispersou na metrópole contemporânea.

A proposta deste texto é problematizar a persistência hegemônica, embora descontínua, do idealismo platônico nos projetos de cidades, desde o classicismo grego até o modernismo, e também investigar as condições de possibilidade para a criação de uma estética urbana contemporânea a partir da interação com o pensamento de filósofos de inspiração nietzschiana, sobretudo Gilles Deleuze e Michel Foucault.

Se o recorte temporal prioriza os períodos históricos de tendências urbanísticas ortodoxas, o recorte espacial restringe a análise às cidades formais, projetadas, nem sempre construídas, mas conceitualmente influentes. Segundo Pierre Lavedan, estas são as cidades criadas, de planejamento totalizante e implantação integral, distintas das cidades espontâneas, informais, desenvolvidas sem projeto ou resultantes de múltiplas intervenções superpostas ao longo do tempo (1926: 21). Até o século XIX, os modelos para as cidades criadas seguiam diagramas geométricos. As figuras universais e atemporais da geometria euclidiana e as proporções numéricas harmônicas imprimiriam no espaço urbano ordem, beleza, ritmo, perfeição e inteligibilidade, para assim estetizar a cidade. As formas urbanas mais usuais eram, então, definidas pelo traçado retilíneo ortogonal ou pelo esquema radial centralizado em um marco referencial e, algumas vezes, pela combinação de ambos. Estáveis e previsíveis, esses desenhos ideais tinham a tarefa de reproduzir constantemente o mesmo mundo para, através da memória, fazer predominarem na cidade espaços de reconhecimento. Mais do que resgatar paisagens urbanas sempre iguais ou identificar a cidade do presente com a cidade do passado, a memória permitiria construir um conceito de urbanidade, supostamente aplicável a todas as cidades. Ao confirmar a existência de uma única imagem para as cidades, uma memória empenhada em apenas reconhecer apagaria os indícios das metamorfoses urbanas, compactuando com as aspirações platônicas à permanência no espaço e eternidade no tempo.

No capítulo 1, são traçados os precedentes para elaboração do modelo platônico, o primeiro projeto urbano que visava a afastar as forças caóticas do mundo real através da construção de uma cidade ideal. Idealizar a cidade era um instrumento para desrealizar o mundo, excluir suas diferenças, privilegiar suas identidades mediante a neutralização do espaço e a anulação da potência transformadora inerente ao tempo. Somente a cidade invulnerável ao fluxo do tempo consolidaria o domínio de um espaço homogêneo e mensurável. Mas o projeto filosófico, funcional e estético de Platão envolvia a atuação de personagens notáveis: os arquitetos. Sem qualquer criatividade, os arquitetos deveriam imitar o modelo da cidade ideal e, desse modo, construir um cosmo racional capaz de triunfar sobre o caos natural. Essa prática consistia em estriar o território com linhas que centralizam, delimitam e hierarquizam espaços urbanos, para conquistar a fixidez formal e funcional tão perseguida pelos conspiradores contra os agentes de mutação. Tais empreendimentos, no entanto, invariavelmente fracassavam. Apesar dos esforços para expulsar o caos através de um cosmo idealizado, nas cidades reais, ou realizadas, emergem resistências que desestabilizam as estruturas de poder e provocam o deslocamento de suas fronteiras. As cidades transgridem limites, não imitam qualquer modelo. As fórmulas ideais nunca foram reproduzidas, sempre foram subvertidas pelas potências das cidades ou pelos próprios arquitetos, que, na busca incansável pela perfeição, contrariando todas as evidências, insistiram em ocupar o invejável lugar do filósofo platônico e, por muitos séculos, ainda projetaram cidades racionais.

Quando o século XV testemunhou um crescimento econômico e cultural, os arquitetos voltaram a conceber modelos para ordenar e controlar os espaços urbanos. O capítulo 2 mostra que, embora as cidades tenham incorporado novas funções urbanas, um formalismo de viés classicista parecia a melhor solução teórica para racionalizar as antigas estruturas comunitárias medievais. Paralelamente, os métodos que possibilitaram descobrir e representar um novo mundo também revalorizavam a abstração geométrica. As leis matemáticas e ópticas contribuíram para impulsionar a arte do espaço perspectivado, que converteu as paisagens urbanas em cenários teatrais. O repertório clássico, teatralizado nas versões renascentistas, recuperava o racionalismo da Antiguidade. Assim, a noção de uma forma urbana totalmente controlável ainda orientava não apenas os projetos ideais renascentistas, mas, sobretudo, os atos singulares do despótico e monumental urbanismo barroco.

O impacto da Modernidade no processo de urbanização é analisado no capítulo 3. A filosofia humanista kantiana transferiu a ênfase do objetivismo para um subjetivismo estético que, sustentado na sensibilidade, na identificação entre o ser humano e o mundo, alterou as percepções e sensações daqueles que experienciam a cidade. As conquistas tecnocientíficas coetâneas das revoluções burguesas modificaram os modos de produção, multiplicaram os recursos financeiros e injetaram velocidade nos espaços e tempos modernos. Todavia, a partir do século XIX, o aumento populacional e a concentração de atividades produtivas tornaram os centros urbanos congestionados e ameaçados por epidemias, exigindo diretrizes que regulamentassem a degradada cidade industrial. As demolições de edifícios para abertura de ruas facilitaram a circulação de veículos e a higienização do ambiente construído, mas, por outro lado, ignoraram os vestígios do passado histórico. As tentativas de materializar os ideais iluministas de racionalidade, emancipação e progresso implicaram a diluição da compacta textura medieval e a transformação da cidade em um espetáculo burguês. As contestações a essa rápida urbanização fizeram proliferar modelos urbanos, utopias sociais, que oscilavam entre as tendências classicistas e as românticas. Por serem coniventes com o poder capitalista, as cidades funcionalistas, metáforas da eficiência mecânica, adquiriram maior relevância que as composições nostálgicas defensoras do retorno aos princípios projetuais vernaculares.

O urbanismo heroico das vanguardas do início do século XX propunha densificar e verticalizar o ambiente construído, através da concentração de torres minimalistas que enfatizavam o purismo geométrico e a transparência. Combinando idealismo e racionalismo, a estética urbana modernista reeditava o zoneamento funcional platônico a partir da centralização, delimitação e hierarquização dos territórios. As funções urbanas tornavam-se mais complexas. A retalhação da cidade, porém, restituía a antiga tática de subjugar os elementos transgressores da ordem. Pretensiosamente revolucionárias, as cidades vanguardistas ainda privilegiavam os diagramas estáticos, ainda preconizavam a imitação de um modelo idealizado de controle. A realidade urbana, em contrapartida, revelava uma instabilidade resultante da acumulação de estratos temporais no espaço. Em meados daquele século, a inconsistência e a fragilidade das verdades absolutas instalavam uma crise em todos os modelos, em todas as teorias totalizadoras, gerando, assim, críticas às práticas universalizantes do urbanismo modernista, despertando o interesse por singularidades locais e instigando a elaboração de projetos de revitalização, em vez de renovação, dos contextos existentes.

No capítulo 4, é discutido o modo como a dinâmica urbana sinalizou a falência dos paradigmas que prescreviam fixidez formal e funcional. Convencidos da ineficácia das fórmulas racionais, alguns arquitetos buscaram alternativas em uma estética urbana de resistência que celebra o relativismo e o pluralismo. Engajados nos movimentos da contracultura da década de 1960, esses arquitetos questionaram a herança platônica e aderiram ao pensamento nietzschiano, que sugeria prestigiar as multiplicidades e recuperar as diferenças marginalizadas ou suprimidas pelas ideologias da tradição filosófica. Friedrich Wilhelm Nietzsche refutava as verdades essenciais, argumentando que o mundo admite infinitas interpretações ou, mais precisamente, que o mundo encontra-se fragmentado em infinitas perspectivas. Ao contrário da perspectiva clássica, baseada na convergência para um ponto central, esse perspectivismo provoca a dispersão de pontos de vista e, consequentemente, a dissolução das estruturas concentradoras de poder. A cidade ideal das identidades imutáveis irrompe em infinitas cidades diferenciais, fazendo coexistirem na mesma cidade séries progressivas de cidades imprevisíveis. Na cidade que está sempre se diferenciando de si mesma, sempre se transformando em uma outra cidade, as formas e funções entram em colapso e as paisagens urbanas revelam, então, reflexos mutáveis no fluxo do tempo.

Esse espaço em movimento, em contínuo processo de desterritorialização, abalou as certezas que imobilizavam os projetos urbanos, e a cidade passou a ser entendida como uma obra de arte aberta à criação de diferenças. A cidade real resiste às idealizações, desencadeando forças que transgridem e desintegram, no espaço e no tempo, todos os modelos canônicos. A matriz urbana labiríntica, de centros e periferias imprecisos, referências e limites fluidos, dimensões e posições instáveis, estimula a investigação dos mistérios da urbanidade. Os atores da cidade exploram a turbulência dos espaços urbanos, a partir de um equilíbrio improvável entre a totalidade e os fragmentos, entre a homogeneidade e a heterogeneidade, entre o visível e o invisível, entre a memória e a sensação. A sensibilidade, acusada de enganosa pela filosofia platônica, torna-se o único recurso para a apreensão de uma cidade ininteligível, cidade esta que confirma a equivocidade e a impotência da razão. A contemporaneidade desmascara, assim, os mecanismos de representação e recognição, que durante tantos séculos serviram para orientar as experiências na realidade caótica.

> *[...] o homem está agora tão perdido e desprotegido diante da imagem do mundo quanto o homem primitivo, pois reconheceu que 'este mundo visível em que estamos é a obra de Maia, criada através da mágica, uma aparência transitória e insubstancial em si, comparável à ilusão óptica e ao sonho, do qual é igualmente falso e igualmente verdadeiro dizer que existe e não existe' (Worringer, 1997: 18).*

A cidade agora surge como potência capaz de desdobrar cidades diferenciais, convidando os nômades urbanos a experiências estéticas. Através dos encontros entre as muitas arquiteturas urbanas, a cidade constrói seu campo dramático. O espaço regido pela geometria euclidiana perde a primazia nas topologias que expressam o tempo como intensidade, como agente de mutação. As linhas de contorno destituídas de rigidez fazem as estruturas permanentes transbordar seus limites e adquirir imagens provisórias no tempo, que a memória não reconhece, porém a sensação pode conhecer. A cidade em processo reivindica um urbanismo de interações, com diversas intervenções e interferências. Desejando valorizar multiplicidades e paradoxos, os arquitetos propõem uma estética que enfatiza o presente como lugar de crise e crítica, como lugar de criação de outras cidades possíveis. Essa atitude crítica não procura destruir para restabelecer ou perpetuar os modelos ideais ordenadores e controladores dos espaços urbanos, mas desestabilizar o cosmo racional inerte para instaurar um caos criativo. A invenção de novos modos de pensar e fazer a cidade contemporânea pressupõe "[...] destacar da modernidade algo que Nietzsche designava como o intempestivo, que pertence à modernidade, mas também deve ser voltado contra ela — 'em favor, eu o espero, de um tempo por vir'" (Deleuze, 1988a: 270).

1

DO CAOS
NATURAL AO
COSMO RACIONAL

O universo aparece como um conjunto de fluxos ininterruptos de luz, de imagens instáveis que se deslocam a velocidade infinita. Essas imagens, sugeriu Henri-Louis Bergson, "[…] agem e reagem umas sobre as outras em todas as suas partes elementares segundo leis constantes, que chamo leis da natureza […]" (1990: 9). O universo, o mundo material, enquanto sistema acentrado e labiríntico, sem espaços ou tempos, sem quantidades ou qualidades, é análogo ao caos descrito por Gilles Deleuze e Félix Guattari: "[…] um vazio que não é um nada, mas um virtual, contendo todas as partículas possíveis e suscitando todas as formas possíveis que surgem para desaparecer logo em seguida, sem consistência nem referência, sem consequência" (1993: 153). Na tentativa de desacelerar esse mundo de imagens em movimento veloz e impor um limite ao caos, as três grandes formas do pensamento — arte, ciência e filosofia — desenvolvem estratégias específicas. Apesar de adotarem referenciais distintos, as expressões do pensamento têm sido mobilizadas e desafiadas pelo mistério indecifrável da existência. As respostas que apresentam, sempre parciais, são as criações, consideradas recortes nos fluxos do universo, que visam a simultaneamente conter e tornar visível a invisível variabilidade caótica. As obras artísticas, científicas e filosóficas surgem a partir de um mergulho no caos para retirar virtualidades e, assim, inventar imagens de mundos, de mundos diferenciais.

MUNDO DE IMAGENS

O pensamento científico, predominante desde o século XVIII, infundiu na civilização ocidental a crença em um universo físico, ideal e estável, comparável a um mecanismo racional totalmente previsível e, portanto, controlável, em oposição a um caos, definido como desordem material e ausência formal. Tendo como premissa uma estrutura apriorística de espaço e tempo, a física clássica produziu conceitos e sistemas que contribuíram para consolidar um discurso, supostamente verdadeiro, sobre a natureza. A cosmovisão clássica gerava, assim, o espaço tridimensional euclidiano, no qual corpos materiais realizavam deslocamentos, trajetórias, construindo configurações sucessivas ao longo de um tempo newtoniano, universal e absoluto. O encadeamento de tais configurações determinaria toda a existência do universo. Essa concepção determinista não resistiu, entretanto, ao continuado fracasso de suas abordagens reducionistas, que, por tratarem os fenômenos não lineares como aproximações ou desvios, tinham aplicação somente em situações simples e idealizadas, sem realidade na natureza.

No início do século XX, os principais dogmas clássicos, fundamentos da física moderna, tornaram-se obsoletos diante de uma ciência que explorava então concepções mais ousadas tanto para os elementos microscópicos como para o universo astronômico. A partir da formulação da teoria quântica, a realidade perdeu objetividade, porque a matéria mostrou-se indeterminada, variável em função dos instrumentos de observação e análise. A incerteza sobre o comportamento dos fenômenos complexos, intrínsecos à natureza, necessariamente não lineares e instáveis, transformou todo o conhecimento sobre a realidade, agora imprevisível e incontrolável. A teoria da relatividade, por sua vez, alterou muito a imagem de mundo newtoniana. Albert Einstein descreveu um novo mundo, composto de substância — matéria ponderável ou radiação — e um substrato, um *continuum* espaço-tempo quadridimensional — espaço tridimensional com um tempo unidimensional — que admitia a conversão mútua entre massa e energia, e tornava fisicamente irrelevantes as distinções entre espaço e tempo, entre corpo e movimento.

1.1
Fronteiras
do *Big Bang*

A cosmologia relativística enunciou um universo dinâmico, histórico e ativo, que precisava ser pensado como processo. As imagens de um universo em movimento global de expansão, reveladas pelas impressionantes observações do telescópio Hubble, eram convergentes com essa teoria (1.1). Constatar a variação do volume espacial no decurso do tempo permitiu à ciência inferir uma história térmica do material cósmico a partir de uma grande explosão primordial. Esse instante cosmogônico teria marcado o início da existência do universo: o *Big Bang*. Um momento de criação do mundo, afastado no tempo mas finito e mensurável, resgatava o antigo desejo da física clássica de estabelecer uma ordem racionalista e determinista. Embora coerente e relevante, a versão científica que atribuiu a origem do universo a um *Big Bang*, a uma singularidade inicial não quântica, ainda não foi comprovada. No início do século XXI, as pesquisas nas fronteiras da ciência que analisam a constituição da matéria têm procurado conciliar as duas importantes teorias físicas do século XX, a relatividade e a mecânica quântica, para construir uma imagem de mundo.

A cosmologia contemporânea está empenhada em elaborar um modelo cosmogônico por meio do entendimento dos mecanismos formadores de um espaço-tempo construído por uma geometria não euclidiana e da investigação sobre a existência de totalidades compossíveis, de universos compatíveis. Uma combinação da proposta quântica com o estudo de sistemas dinâmicos afastados do equilíbrio resultou na concepção de estados caóticos, marcados pela imprevisibilidade, porém dotados de potência para organização e evolução. A formulação de uma matriz labiríntica para o cosmo, de um estado primordial sem dimensões métricas ou estruturas materiais, conduziu à noção de natureza inacabada, de totalidade evolutiva e aberta, que teria não apenas uma história, mas, sobretudo, uma pré-história, um contexto: "[...] o vazio quântico, estado fundamental dos campos físicos que, tendo por motor a aleatoriedade da incerteza, se atualizaria em um multiverso do qual a estrutura clássica que hoje identificamos seria apenas uma das possibilidades de expressão" (Oliveira, 1999: 514). Por meio dessas especulações teóricas será, talvez, possível reduzir as incógnitas de um enigma que sempre instigou a humanidade: a criação do mundo.

As cosmogonias que, nas culturas arcaicas, descreviam a origem e a formação do universo confundiam-se com as teogonias, narrativas mitológicas destinadas a relatar a emergência de um cosmo ordenado a partir do caos. A passagem do caos inicial a um universo organizado era contada e recontada, ritualizada e vivenciada em discursos orais ou escritos, em cerimônias e gestos, em valores perpetuados, muito semelhantes nos diversos grupos humanos. Protagonizadas por personagens divinos ou sobrenaturais, essas narrativas míticas explicavam e fundamentavam a multiplicidade do mundo existente, seu equilíbrio e, eventualmente, apresentavam as regras de comportamento da sociedade. O mito era, portanto, um dispositivo simbólico capaz de exprimir e difundir um saber referente à realidade. A estrutura linguística subjacente à mitologia era constituída de elementos usuais e repetitivos, que representavam uma história sagrada, um acontecimento do tempo primordial, do princípio de todos os tempos.

As narrativas míticas construíam a memória coletiva, a enciclopédia dos conhecimentos de uma comunidade. O conjunto do saber, armazenado nas composições religiosas ou épicas, era transmitido, de geração em geração, por meio de cantos poéticos com acompanhamento musical. Como a civilização grega do período arcaico apresentava um sistema de comunicação com base na oralidade, a educação independia da escrita. A intelectualidade na Grécia era composta de sábios, magos, figuras semilendárias, que teriam o poder de ver além do visível e profetizar. A adivinhação dos sábios era análoga à poesia oral praticada nas confrarias de aedos, cantores e músicos, que tinham igualmente o dom da vidência. Cegos para a luz, esses indivíduos viam o invisível. A divindade que inspirava os videntes também revelava realidades interditas, negadas ao limitado olhar humano. Poetas e adivinhos tinham a pretensa capacidade de contemplar a totalidade da realidade imutável e eterna, estabelecendo, desse modo, contato com o original, enquanto aos outros humanos era permitido perceber somente um recorte do fluxo do tempo.

A visão privilegiada dos artistas era concedida pela deusa *Mnemosýne*, Memória, mãe das musas que regiam as nove artes: poesia épica, história, poesia lírica, música, tragédia, hinos sagrados, dança, comédia e astronomia (1.2). O conhecimento que *Mnemosýne* conferia a seus eleitos era uma onisciência de índole divinatória, porém, ao contrário do adivinho, quase sempre dedicado a predizer o futuro, o poeta tinha uma atividade relacionada com o passado. A função poética reveladora do real era atribuída a uma memória que, embora ligada ao passado, não buscava meramente elaborar uma reapresentação dos acontecimentos, buscava a evasão do tempo. A memória escapava do tempo na tentativa de resgatar o contato com o divino. Entusiasmado, impregnado de divindade, sob inspiração divina, o poeta rejeitava a existência temporal para reafirmar os mitos de fundação que geravam a memória das sociedades e das cidades gregas.

1.2
Pyxis retratando um poeta com seis musas

Na cultura grega arcaica, o mito dissociou o caos primitivo, um pré-universo monstruoso e desmesurado, no qual os elementos estavam em mistura, do cosmo, um universo organizado regido pela lei e pelo equilíbrio. A *Teogonia* de Hesíodo contava que na origem tudo era caos, intervalo ou vazio, matéria eterna e informe, todavia dotada de energia prolífica. Representado na mitologia como figura originária do universo, o caos, anterior à distinção, separação e oposição dos elementos, era fusão entre potência destruidora e potência criadora, entre ordem e desordem, entre desintegração e organização. A gênese se teria processado por meio de segregações e diferenciações

mundo de imagens   23

capazes de retirar de uma condição de coalescência pares de opostos que delimitaram e instauraram o cosmo. Segundo Edgar Morin, a cosmogênese se operou no e pelo caos: "*E o caos é exatamente o inseparável no fenômeno de dupla face em que o universo se desintegra ao mesmo tempo em que se organiza, se dispersa e se torna polinucleado...* Caos é a desintegração organizadora" (2003: 80). O mito narrava, portanto, como esse desintegrar dispersivo desencadeou uma evolução progressiva para a organização e a complexidade.

As narrativas de Homero e Hesíodo traçavam o percurso de Caos até Zeus como deslocamento do teratomorfismo para o antropomorfismo, das trevas para a luz, da desordem para a ordem (Brandão, 2000: 161). Na imagem de mundo dos gregos arcaicos, a Terra era um círculo contornado por Oceano, um rio contínuo, sem início e sem fim. Na periferia da Terra, apoiava-se uma cúpula bronzeada, a abóbada celeste. A solidez e a estabilidade da base terrestre eram garantidas por um imenso jarro com estreitamento inferior, do qual surgiam as infinitas raízes do mundo. Antes de toda existência, sopravam na superfície do jarro turbilhões de vento oriundos do caos, de um espaço ainda não organizado. Zeus veio assumir, então, a tarefa de impor ao caos uma ordem definitiva e, tendo vencido o combate contra seu pai, conquistou o trono do Olimpo. Entretanto, esse descendente de titãs não era um criador, era um guerreiro habilidoso, que, fazendo triunfarem a justiça, a paz e a disciplina, adquiriu o poder para governar o universo. Ao fechar definitivamente a abertura do jarro para o subterrâneo da desordem, tornou-se soberano de um mundo agora ordenado, lugar dos prazeres e tormentos da humanidade.

O mundo humano ganhava sentido e escapava à indeterminação do caos mediante a invenção de um tempo cíclico para a natureza, um tempo com duração de dez mil anos, que se repetiria em eternos retornos. As sociedades tradicionais recusavam o tempo profano, histórico, crendo no regresso periódico ao tempo mítico das origens. O mito do eterno retorno, de eternas repetições de ciclos cósmicos, era uma tentativa de negar a irreversibilidade do tempo. Essas eternas criações e destruições do cosmo foram traduzidas por Hesíodo no mito das cinco idades. Ao longo de cinco idades sucessivas, correlacionadas a metais, a humanidade passaria por uma progressiva degeneração e decadência. No primeiro estágio, a idade do ouro, deuses e seres humanos se apresentavam como semelhantes e desfrutavam de uma vida paradisíaca. Na idade do ferro, a mais próxima ao fim do mundo, a humanidade já teria perdido a dignidade e esquecido os critérios de justiça, precisando ser regenerada e retornar à origem do processo. Tal referência a processos cíclicos persistiu nos discursos racionais dos séculos posteriores, que, mesmo adotando outros enfoques, mantiveram a vontade de afastar a irreversibilidade, de tornar o tempo reversível, vontade esta implícita no mito.

O mito instituía uma ordem cósmica e modelos transcendentes para os acontecimentos, visando à territorialização social pela experiência religiosa. Os gestos profanos adquiriam valor ao reproduzirem atos praticados no início dos tempos, por deuses, heróis ou antepassados. Toda criação repetiria o ato cosmogônico de criação do mundo. O tempo da criação humana, projetado no tempo mítico da criação do mundo, resultou em uma suposta anulação do tempo profano, da duração e da história. A repetição de gestos paradigmáticos imprimia realidade em um objeto que conseguia, desse modo, resistir à passagem do tempo. Um objeto ou uma ação, argumentou Mircea Eliade, "[...] só se tornam reais na medida em que *imitam* ou *repetem* um arquétipo. Assim, a realidade só é atingida pela *repetição* ou pela *participação*; tudo o que não possui um modelo exemplar é 'desprovido de sentido', isto é, não possui realidade" (2000: 49). Essa realidade era materializada através da marcação de um centro, que então representava o sagrado. Cidades, templos, casas tornavam-se reais por serem identificados ao centro do mundo, ponto de origem para a orientação e a organização do espaço humano.

A territorialização e a distribuição de espaços eram traduzidas pela relação entre dois deuses do panteão grego: Héstia e Hermes. Jean-Pierre Vernant mostrou que as duas forças divinas não tinham nenhum vínculo familiar, mas exerciam funções complementares referentes à extensão terrestre, e habitavam as belas moradas dos seres humanos (1990: 152). Símbolo de fixidez ao solo, de permanência e imutabilidade, Héstia representava a centralidade do espaço doméstico e ocupava a lareira circular micênica, da qual eram enviadas oferendas para os deuses olímpicos. Esse altar do fogo sagrado ligava a terra ao céu, estabelecendo um *axis mundi*, um eixo de comunicação entre os dois níveis cósmicos. Se o espaço interior, privado, tinha conotação feminina, o espaço exterior, público, pertencia ao domínio masculino. Hermes vivia entre os mortais e nada tinha de estável, permanente ou fechado. Hermes era o mensageiro, o movimento, a passagem, o contato com o outro, e transitava constantemente do centro para as periferias, potências de desterritorialização da cidade, e retornava para o centro reterritorializando as diferenças trazidas de fora. Seu lugar era a porta da habitação e, também, a entrada da cidade. Hermes estava presente em todos os lugares públicos em que os indivíduos se reuniam para trocar — discutir ou comercializar — como a ágora, ou para competir, como o estádio. Assim, em sua polaridade, o casal Héstia-Hermes refletia a tensão existente na espacialidade arcaica grega, que exigia um centro com valor privilegiado, no entanto estava simultaneamente permeada pelo movimento, pela possibilidade de transição e passagem entre diferentes pontos.

Todas essas imagens de mundo inventadas pelas teogonias gregas pressupunham uma hierarquia de poderes. A complexa ordem do universo era construída por meio de relações entre forças de diferentes valores e funções. O primeiro espaço pertencia a Zeus e aos deuses imortais, o segundo era o espaço dos seres humanos e, o terceiro, o espaço da morte e dos deuses subterrâneos. Essa ordem não resultava necessariamente do jogo dinâmico entre os elementos do universo, mas teria sido instituída por um agente de poder superior, que dominava o mundo. O soberano estabelecia um equilíbrio entre as forças pela delimitação de suas atribuições. Uma estrutura análoga regulava a sociedade humana, definindo a concepção de soberania em que o rei criava uma ordem hierárquica e distribuía riquezas naturais. Ao remontar a ordem hierárquica da narrativa mítica no contexto daquela civilização, o rei assumia uma posição de supremacia, obtendo poderes para legislar, sem conflitos, o grupo social e a cidade.

MUNDO DA PÓLIS

A cidade sempre constituiu um espaço privilegiado para o aparecimento e a transformação dos modos de pensar, e não foi diferente na civilização grega, fortemente marcada pela relação entre a forma urbana e as instituições sociais, políticas e econômicas. A urbanidade consolidada no período arcaico foi simultaneamente causa e efeito de uma revolução que impulsionou as atividades comerciais. A necessidade de viabilizar o mercado de trocas, tornou inevitável a criação da moeda cunhada no século VII a.C., e, então, a posse de terras deixou de ser a única fonte de riqueza. Uma classe social que emergiu com a intensificação do comércio marítimo e com o início da economia monetária adquiriu maior poder e teve atuação decisiva na reorganização tanto política quanto espacial da cidade. A nova ordem urbana pressupunha uma dessacralização do ambiente construído, favorecendo a racionalização da vida social. Os edifícios não mais se agrupavam em torno de uma residência real como nas cidades-palácios, nas aldeias fortificadas do período micênico. Os espaços públicos — ágoras, templos, assembleias, teatros e ginásios — ganhavam primazia.

A centralidade da cidade deslocou-se para a ágora, a praça pública, um espaço igualitário e comum, destinado à confrontação e argumentação, para onde migraram os poderes que antes pertenciam ao soberano. Paralelamente, os símbolos religiosos conservados no palácio foram transferidos para um templo aberto e perderam o caráter secreto, tornando-se imagens em exposição, oferecidas ao olhar de todos. O conhecimento não mais se restringia a um grupo limitado, não mais constituía uma verdade procedente de revelações de realidades ocultas. Os discursos sagrados foram substituídos por manifestações profanas, os antigos mistérios transformaram-se em objetos para investigação no espaço urbano. Segundo Vernant, entre os séculos VIII e VII a.C., "desde que se centraliza na praça pública, a cidade já é, no sentido pleno do termo, uma pólis" (1992: 33). A pólis, a cidade-estado grega, trouxe a público saberes e condutas de enorme relevância para a vida social, instalando um domínio público como lugar de interesse comum, em oposição a assuntos privados, e também como lugar de práticas abertas, em oposição aos processos secretos anteriores (1.3).

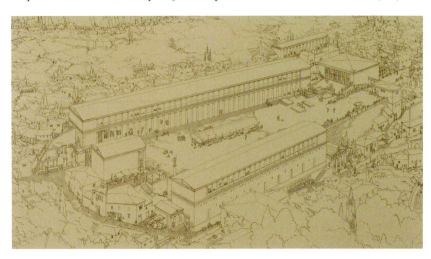

1.3
Ágora de Assos

A emergência da pólis grega possibilitou uma descontinuidade histórica: a passagem do privado ao público, que, em seu duplo aspecto de democratização e divulgação, teve grande impacto nas atividades intelectuais. Com a difusão da escrita, um grupo maior conseguia atingir o saber, que deixou de ser privilégio de uma casta, segredo de uma classe de escribas que trabalhavam no palácio do rei. Por meio de textos escritos, as doutrinas do passado e as expressões culturais daquele presente eram expostas ao público. Além das obras de Homero e Hesíodo, que eram ainda recitadas nas festividades religiosas, a literatura passou a integrar o projeto da *paideía*, da educação grega. Não apenas as produções artísticas e literárias, agora disponíveis à comunidade, mas também as práticas políticas, acessíveis a todos os cidadãos, transformaram o pensamento grego: "As regras do jogo político — a publicidade, a discussão livre e o debate argumentado — vão se tornar a regra do jogo individual. A verdade não será mais oriunda da revelação misteriosa" (id., 1999: 82).

A distribuição do poder e da autoridade entre os cidadãos exigiu a definição de um estatuto político mais elaborado. Antes do desmoronamento dos reinos micênicos, as cidades apelavam a personagens qualificados, tais como árbitros, legisladores e tiranos, para resolverem seus conflitos. Na época dos tiranos gregos, saber e poder eram exatamente correspondentes, correlatos, superpostos. Não havia saber sem poder nem poder político sem a detenção de um saber específico. Por isso, a maior conquista da democracia grega, o direito de testemunhar, de opor a verdade ao poder, resultou de um longo processo de transformações nas práticas de governo atenienses. Segundo Foucault, "esse direito de opor uma verdade sem poder a um poder sem verdade deu lugar a uma série de grandes formas culturais características da sociedade grega" (1996b: 54). Assim foram instaurados conhecimentos sustentados na prova e na demonstração — a filosofia, os sistemas racionais, os sistemas científicos — que determinavam as condições e as regras para se produzir a verdade. Nesse contexto, surgiram a retórica, a arte de persuadir, de obter a vitória para a verdade, ou ainda, pela verdade e, contrariamente, um conhecimento por testemunho, por lembrança, por inquérito.

As reformas políticas e a decorrente implantação do direito resultaram de uma nova reflexão moral que, entretanto, não conseguiu eliminar todos os vestígios religiosos, pois foram conservadas as prerrogativas de uma minoria constituída pelos cidadãos. Os conceitos morais elaborados entre os séculos VII e V a.C. incluíam o ideal político de *isonomía* como estratégia para solucionar os problemas da cidade mediante a utilização de regras que garantiriam o funcionamento de suas instituições. Essas regras propostas pelos legisladores visavam à harmonia social, à igualdade entre cidadãos, necessariamente desiguais. Embora diferentes na classe ou na função, os cidadãos eram definidos como iguais e estabeleciam uma unidade, pois somente semelhantes, unidos pela *philía*, pela amizade, poderiam estar associados em uma comunidade. Um espaço de igualdade era importante premissa para essa concepção de ordem social. A paridade pressupunha a existência da mesma lei para todos os cidadãos, com o mesmo direito de participar em tribunais e assembleias. Sem igualdade, não poderia haver cidade porque não haveria *philía*. A divisão de privilégios e honras entre os grupos da comunidade política deveria, portanto, conduzir à *isonomía*, à igualdade perante a lei para indivíduos considerados cidadãos de uma cidade.

Idealmente, e também realmente, o espaço urbano era o lugar da vida política. A política, entendida como habilidade dos governados para participar na negociação e, às vezes, na luta contra o regime de governo, tornou-se possível nas cidades gregas, onde os cidadãos tinham igual acesso à disputa pelo poder, ao lugar em que o poder não apenas era dividido e exercido, mas inclusive regulado e controlado: "A cidade forma um conjunto organizado, um cosmo, que se torna harmonioso se cada um de seus componentes está em seu lugar e possui a porção de poder que lhe cabe em função de sua própria virtude" (Vernant, 1992: 65). Por considerar a harmonia social inseparável da aplicação de proporções aos interesses dos cidadãos, no século VII a.C., Sólon legitimou a noção de *méson*, de medida justa, que, aplicada às grupos rivais, fixaria um limite para a ambição excessiva. O sistema de proporções impunha uma igualdade hierárquica ou aritmética, mas não geométrica. O projeto de Sólon tinha, portanto, tendências aristocráticas. Nesse modelo de cidade, a ordem era mantida por uma lei capaz de preservar a hierarquia entre os cidadãos.

A pólis do período posterior, do final do século VI a.C., foi marcada pelas reformas institucionais de Clístenes, que indicaram as diretrizes políticas da Atenas clássica. De Sólon a Clístenes, a cidade adquiriu a forma de um cosmo circular centrado na ágora. Poder e autoridade deviam estar no centro, e não confiscados por um monarca absoluto ou por uma minoria privilegiada. Os indivíduos e os grupos eram dispostos sobre uma circunferência, em pontos equidistantes do centro. Comandando e cumprindo alternadamente, os cidadãos ocupariam, ao longo do tempo, todas as posições simétricas e reversíveis que configuravam o espaço cívico. Assim, a *isonomía* assumiu valor de jogo regulador do exercício comum da soberania. As regras da reforma clisteniana buscavam apresentar aspecto de justiça divina e atender a um modelo de equilíbrio geométrico. Mas a noção de equilíbrio não mais exigia a força de um deus soberano nem o poder real, mas uma lei de justiça inscrita na natureza, uma regra de distribuição que conferia igualdade a todos os elementos do mundo e impedia a dominação de qualquer poder.

A cidade democratizou-se a partir da geometrização das questões políticas, geometrização esta que resultou também na redefinição do território e do calendário, do espaço e do tempo. O espírito de democracia era, por isso, um espírito de geometria, de dimensionamento da terra. O modelo político que ordenava a cidade isenta de hierarquias fixas era análogo ao modelo cosmológico de organização do universo físico. Como mostrou Henri Joly, "o pensamento grego passa simultaneamente de uma concepção hierárquica do mundo e da sociedade a uma representação homogênea e igualitária do cosmo e da cidade" (1980: 307). A igualdade, então plena e total, era a única medida justa que supostamente harmonizaria as relações entre os cidadãos, indivíduos livres para transitar por todas as instituições do contexto político. No entanto, as tentativas de trazer a público as questões sociais e políticas geraram resistências, provenientes sobretudo de seitas religiosas secretas e confrarias, fundadas nas periferias das cidades. Fechados e hierarquizados, esses grupos não seguiam princípios democráticos. Seus membros eram selecionados por provas e, portanto, apenas uma minoria de eleitos tinha direito a vantagens, que eram negadas aos reprovados.

Algumas daquelas confrarias — as escolas jônica, eleática, atomista e pitagórica — procuraram decifrar os antigos mistérios sobrenaturais através de um saber racional. Esse saber, essa *sophía*, a *philosophía* grega, que surgiu como reflexão fundamentada nos princípios da razão, provocou o declínio do pensamento mítico. Os ritos de iniciação tradicionais que controlavam o acesso a conhecimentos interditos foram substituídos por regras de vida, por uma ascese baseada em exercícios espirituais, em técnicas de discussão e argumentação, e em novas ferramentas intelectuais, como as disciplinas matemáticas. No seu limiar, a filosofia foi influenciada por duas tendências contraditórias: a privacidade das seitas e a publicidade dos debates realizados na ágora. A verdade que a filosofia tinha o privilégio de atingir e desvelar era secreta, e sua transmissão conservava alguns aspectos de uma iniciação, mas a investigação e o debate argumentado fizeram do mistério um saber universalmente compartilhado. A filosofia rompeu, assim, com os preceitos das confrarias de origem, pois sua mensagem já não se limitava a um grupo. Por meio da palavra falada e escrita, o filósofo se dirigia a toda a cidade, a todas as cidades, oferecendo suas revelações a um público maior.

MUNDO DA FILOSOFIA

No início do século VI a.C., na região da Jônia, mais precisamente nas colônias gregas da Ásia Menor, pensadores como Tales, Anaximandro e Anaxímenes, nascidos na cidade de Mileto, inauguraram um modo de reflexão e análise sistemática sobre a *phýsis*, a natureza. Esses pensadores, que eram sobretudo físicos, precisaram rejeitar o sobrenatural e as analogias entre os fenômenos naturais e as forças divinas para conceber o mundo como um mecanismo racional. Os milésios estavam empenhados em descobrir as leis permanentes que, subjacentes ao fluxo aparente da natureza, estabeleceriam um equilíbrio entre potências opostas do universo, segundo o ideal de *isonomía*, regulador da sociedade humana. A partir dos esquemas explicativos elaborados naquele período, a *phýsis* passou a fundamento e razão para todas as possíveis criações. Assim, a força da natureza assumiu o lugar do divino.

Nessa imagem de mundo, contudo, as divindades não eram estranhas à natureza e à sociedade. Tales de Mileto considerava que "tudo está pleno de deuses" (ibid.: 378). Ao se tornarem indissociáveis da natureza, os elementos do universo perderam o aspecto de deuses, mas permaneceram potências ativas, animadas e eternas, ainda entendidas como divinas. Assim como os deuses, princípios de composição da *phýsis* eram eternos e imutáveis, eram forças superiores que dominavam o universo. Essa interpretação racional era compatível com a religião helênica, que se constituía como uma prática e uma atitude em vez de um sistema de crenças e dogmas. Desse modo, a partir da natureza e superando as aparências, restabeleceu-se um suporte teórico invisível, uma realidade secreta e oculta, que o filósofo deveria investigar e desvelar. Tendo se apropriado do invisível contra o visível, do autêntico contra o ilusório, do permanente contra o fugaz, a filosofia transformou a noção de divino sem, no entanto, gerar conflitos com o pensamento religioso.

Na escola jônica, o *lógos* se libertou do mito e construiu outra inteligibilidade. O objeto do *lógos* era a racionalidade, a ordem que permitia deduções, o princípio de identidade que legitimava todo o conhecimento considerado verdadeiro. Instrumento dos debates públicos e da vida política, o *lógos* admitia um duplo significado: de palavra, discurso de oradores nas assembleias, e de razão, faculdade de argumentar que definia o ser humano não apenas como um animal, mas como um animal político, um ser racional. A razão inventada pelos milésios exigia um pensamento transparente, coerente e sem contradições. A busca de inteligibilidade através do rigor formal da demonstração estabeleceria um valor de verdade em vez de um acordo aparente entre os elementos naturais, sempre flutuantes e incertos, sempre relativos e contraditórios. Por ser um conhecimento estruturado a partir de alguns postulados e axiomas, a matemática adquiriu caráter irrefutável, tornando-se modelo para o pensamento verdadeiro. Essa disciplina, entretanto, não tinha como finalidade as realidades concretas, visava somente a criar conceitos racionais abstratos, permeados de uma idealidade — perfeição e inteligibilidade — que confirmavam sua exclusão do mundo sensível.

Através do pensamento racional, os físicos jônicos superaram o sistema de representação predominante na religião. Todavia, na tentativa de explicar o surgimento de um mundo ordenado a partir do caos, suas cosmologias resgataram os mitos cosmogônicos. Como as antigas teogonias e cosmogonias, essas cosmologias aceitavam a hipótese de uma condição originária de indistinção da qual teriam emergido, por segregações e diferenciações progressivas, pares de opostos que passaram a delimitar os contrastes da realidade. Apesar de terem integrado referências do passado, os milésios promoveram importantes avanços intelectuais. Nem cantores, nem poetas, nem narradores, os pensadores de Mileto expressavam-se por textos escritos que, sem a pretensão de desenvolver uma narrativa tradicional, explicavam teorias relativas aos fenômenos físicos e à organização do cosmo. Se no mundo de Homero a ordenação implicava uma distribuição de domínios e de honras entre as divindades, o novo cosmo organizava-se em decorrência do equilíbrio entre forças opostas. Logo, para construir modelos capazes de revelar a formação do universo, as cosmologias utilizaram noções políticas e projetaram sobre a natureza uma concepção de ordem e de lei, que transformaria o mundo humano em um cosmo. Os milésios buscaram inspiração nos mitos de gênese, mas também modificaram muito a imagem do universo, agora ordenado segundo um modelo mais geométrico.

Anaximandro de Mileto elaborou a primeira cosmologia ocidental, alterando simultaneamente a representação do espaço e a imagem arcaica do mundo mítico sustentado em jarros ou raízes. Segundo Vernant, o esquema de Anaximandro priorizou a "orientação geométrica na medida em que se trata não de retraçar uma intriga narrativa em seu curso sucessivo, mas de propor uma *theoría*, de conferir ao mundo a sua figura, isto é, de 'fazer ver' como as coisas se passam ao projetá-las em um quadro espacial" (ibid.: 379). Aquela *theoría* cosmológica era, sobretudo, um espetáculo, uma imagem cósmica destinada a ser contemplada (McEwen, 1994: 20). A imagem criada era compatível com a noção grega de *theoría* enquanto olhar sobre a realidade, enquanto uma investigação sistemática que permitia a descrição de um conjunto de práticas. Os *theoroi* eram membros de delegações que viajavam para territórios estrangeiros com o intuito de assistir a festividades sagradas ou jogos olímpicos e, posteriormente, relatar em suas cidades os eventos contemplados. Os emissários ficavam necessariamente longe do *praktikós*, longe do plano da ação, apenas observavam sem participar dos sacrifícios, das danças, dos jogos.

Muito influenciada pela astronomia, a imagem de mundo desenhada por Anaximandro apresentava o céu como esférico e constituído de fitas circulares nas quais se localizavam os planetas, as estrelas fixas, a lua e, no limite exterior, o sol. O universo caracterizava-se como circular pois, para os gregos, o círculo era a mais perfeita e bela figura. A Terra, plana e cilíndrica, de diâmetro três vezes maior que sua profundidade, ficava suspensa em um centro, concebido como ponto fixo para estruturação do universo. A centralidade e o equilíbrio eram obtidos pela equidistância da Terra a todos os pontos da linha de contorno. No modelo cósmico de Anaximandro, a relação geométrica entre a esfera celeste e a superfície terrestre era estabelecida pelo gnômon, o ponteiro de um relógio de sol, instalado ortogonalmente a um analema, uma representação gráfica plana em que eram assinalados pontos de referência como equinócios, solstícios e horas (1.4). O gnômon obstruía a luz solar e sua sombra se deslocava sobre

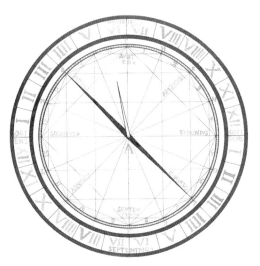

1.4 Analema

o analema, mostrando o movimento celeste. Antes da invenção do gnômon não havia recognição ou interpretação apropriada dos signos existentes no céu nem uma imagem para o tempo. Ao sugerir um movimento circular para o tempo, aquele artefato revelou o cosmo como cíclico.

A organização do universo e os movimentos dos astros eram representados por esquemas geométricos. A distribuição espacial, determinada em função de distâncias, dimensões e posições, expunha um espaço matematizado, que permitia fundamentar a estabilidade da Terra pela definição geométrica do centro e suas relações com a circunferência. Por não estar subordinada a nenhuma dominação, a nenhum elemento privilegiado, a Terra permanecia imóvel no centro de um universo circular. A centralidade introduzida pela cosmologia de Anaximandro trouxe uma autonomia para a Terra inexistente na imagem mítica, em que o mundo precisava se apoiar em uma realidade mais forte para adquirir estabilidade. A igualdade e a simetria entre os múltiplos poderes do cosmo caracterizavam a nova ordem da natureza. O mundo, então, submetia as forças conflitantes a uma regra de justiça compensatória, a uma lei que manteria uma exata igualdade entre essas forças. Um regime de equilíbrio e de constante reciprocidade passou a atuar na natureza e, também, na cidade. A concepção geométrica do mundo de Anaximandro coincidia com a aspiração política de uma cidade governada pela *isonomía*, como Clístenes desejou implantar em Atenas. As formulações dos astrônomos e geômetras estavam, portanto, integradas à vida social e política da pólis grega do século VI a.C.

Se a escola jônica instituiu o primeiro sistema metafísico, a escola pitagórica fundou, por sua vez, a primeira estética da cultura ocidental. O método metafísico defendia a existência de uma realidade superior modeladora das aparências sensíveis, mas Pitágoras de Samos propôs uma abstração mais racional, regida pela medida e pelo número. A escola pitagórica privilegiava o aprendizado das *mathesis*, das disciplinas matemáticas: aritmética, geometria, música e astronomia. Nessas disciplinas, as relações quantitativas tinham precedência sobre as relações qualitativas, porém os números não eram meros símbolos para expressar os valores das grandezas. Os números eram coincidentes com as formas, e a aritmética constituía uma geometria. Toda existência dependia do processo de fixação de limites através de relações numéricas. Todos os elementos da natureza tinham uma estrutura volumétrica gerada a partir dos cinco poliedros perfeitamente regulares e, por consequência, impregnados da divina unidade. Ao imprimir no mundo uma essência poliédrica, multifacetada, Pitágoras criou uma estética formalista.

1.5
Pitágoras explorando harmonia e proporção com instrumentos musicais

A forma era sempre a materialização de proporções entre grandezas, que dividiam uma unidade em termos extremos e médios. A seção áurea era a mais perfeita e a mais bela proporção, pois resulta de uma situação única, em que a proporção geométrica envolve apenas dois termos: a está para b assim como b está para $a + b$ — a relação entre o segmento menor e o segmento maior é igual à relação entre o segmento maior e a soma de ambos. Para os pitagóricos, o princípio de proporcionalidade estava subjacente à natureza, e o conhecimento sobre essa natureza dependia do mesmo princípio. O conhecimento tornou-se possível somente a partir de um pensamento capaz de fazer comparações, de inferir proporções. Conhecer pressupunha contemplar o céu, os astros e seus movimentos regulares, que revelariam a ordem divina, as leis de organização do universo. A combinação entre beleza, bondade e perfeição inerentes ao cosmo gerava uma harmonia — números, deuses, arquétipos — que deveria reger todos os elementos. Em vez de comercializar mercadorias ou participar de competições esportivas, os pitagóricos preferiam observar e reverenciar a ordem na natureza, pois pretendiam conciliar o pensamento com as forças divinas do cosmo.

Pitágoras imaginava o universo como uma sinfonia musical regida pelo ritmo, pela ordenação do número, e, através de especulações musicais, deduziu que o som produzido pelo monocórdio varia de acordo com a extensão da corda sonora. Esse vínculo entre som e extensão, evidência da relação entre música e matemática, provavelmente sugeriu seu projeto estético (1.5). Mas o interesse de Pitágoras pela música teria sido herdado de Orfeu, músico divino, filho de Calíope, musa da poesia. O mito narrava que Apolo presenteou Orfeu com uma lira que foi utilizada para a criação das artes da música, dança e poesia profética. A perfeição e a beleza das harmonias tornavam sua música mágica, divinamente inspirada, paradigma para outras invenções atribuídas a Orfeu, tais como matemática, astrologia, medicina, agricultura e, inclusive, arquitetura. A música estava ligada à evocação dos deuses, e cantar significava criar, fazer realidade.

A teologia ou cosmogonia órfica encontrava-se fundada sobre um primeiro princípio, *Chrónos*, concebido como tempo infinito, que, simbolizado por uma serpente enrolada, impunha uma organização cíclica ao cosmo múltiplo e instável. Esse entendimento do tempo como infinito teria originado os deuses órficos, transformados mais tarde nos números pitagóricos ou ritmos (Bamford, 1994: 20). Cronos submetia os objetos materiais, perecíveis e mutáveis, ao número, que mensurava suas ações, seus movimentos e suas mudanças de estado. O número marcava limites, determinava continuidades e descontinuidades. Para assumir essa dupla função, Cronos se desdobrou em Éter e Caos, que poderiam ser traduzidos como princípio de limitação, ou distinção, e princípio de infinitude, ou indistinção. O limite estava relacionado com os números ímpares, que, indivisíveis por dois, apresentariam perfeição, enquanto os números pares, admitindo incessantes divisões em duas partes iguais, eram considerados ilimitados e, portanto, imperfeitos. O número ímpar implicava identidade, e o número par, diferença. A índole de Éter era apolínea, enquanto Caos tinha mais afinidade com as forças dionisíacas. Logo, todo poder na natureza derivava da tensão entre antinomias complementares e o universo revelava uma harmonia matemática entre limitado e ilimitado, transcendente e imanente, ímpar e par, perfeito e imperfeito, idêntico e diferente.

ARQUITETURA DA FILOSOFIA

As noções de limitado e ilimitado não se aplicavam apenas ao tempo, mas também ao espaço grego. A limitação do espaço físico da pólis visava a restringir o crescimento urbano e exigia, consequentemente, a fundação de novas cidades, as colônias, que, além de cumprirem objetivos políticos e comerciais, absorviam o excedente populacional das metrópoles. As colônias eram construídas segundo o modelo social e econômico da metrópole, porém a ocupação espacial seguia rígidas diretrizes de planejamento. No intuito de organizar e controlar o território urbanizado, os gregos utilizaram em seus empreendimentos colonizadores, desde o século VII a.C., o traçado retilíneo ortogonal (1.6). A retícula urbana tinha sido adotada anteriormente em, no mínimo, duas regiões do mundo: o vale do rio Indo e a região da Mesopotâmia e da Assíria. Contudo, esses primeiros traçados não resultaram em um sistema coordenado, pois se restringiam à marcação de ruas principais

1.6
Priene

1.7
Acrópole
de Atenas

para a implantação de edifícios públicos, como templos e palácios. Spiro Kostof mostrou que somente em duas culturas não relacionadas — chinesa e grega — a cidade tornou-se uma unidade formal planejada, na qual cada obra arquitetônica tinha posição e função específicas (1991: 103).

Os principais componentes do projeto típico da cidade grega eram a muralha, a ágora, a acrópole, as áreas residenciais, as áreas recreativas e culturais, o porto e, algumas vezes, uma área industrial. As atividades públicas ocupavam os espaços mais valorizados e as residências espalhavam-se pelos espaços remanescentes. A acrópole consistia na cidadela fortificada das colônias ou no núcleo defensivo das cidades mais antigas, sempre situado em uma colina. Com as expansões urbanas, entretanto, essas fortificações tornavam-se afastadas da cidade, não mais atendendo às necessidades de uma sociedade democrática, que exigia segurança para toda a comunidade. O espaço da acrópole passou, então, a exercer a função de santuário religioso, como no caso de Atenas, ou foi abandonado fora dos limites da cidade, como ocorreu em Mileto (1.7). A ágora era o lugar para onde convergiam as diversas atividades da vida social, comercial e política. Nas cidades não planejadas, como Atenas, a ágora situava-se entre o portão principal e a entrada da acrópole. Nas cidades planejadas, a ágora era sempre implantada em local estratégico, no centro ou junto ao porto. Ao definir-se como um território comum privilegiado, um espaço laicizado oposto ao espaço religioso da acrópole, a ágora introduzia um ponto focal na organização da cidade. Portanto, a inserção de um vazio tridimensional no ambiente construído foi relevante não somente para a estética urbana, mas também para consolidar as concepções políticas gregas. Porque o traçado urbano e a organização do espaço cívico da pólis contribuíram decisivamente para laicizar e racionalizar o mundo humano, os primeiros urbanistas foram, sobretudo, teóricos políticos (Vernant, 1990: 201).

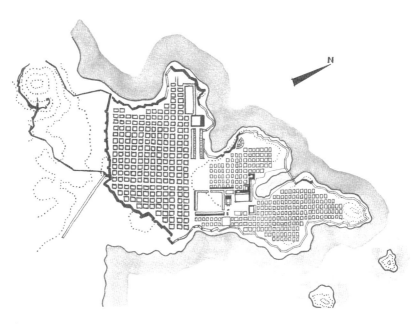

1.8
Mileto

Coerente com essas ideologias, o arquiteto Hipódamo de Mileto procurou transpor para o desenho urbano a imagem de um mundo regido pelas instituições políticas da cidade. Para reconstruir Mileto, que fora destruída durante as guerras persas, Hipódamo elaborou em 479 a.C. um projeto que remontava aos ideais formulados por Anaximandro no século anterior, estabelecendo analogias entre o espaço institucional do cosmo humano e o espaço físico teorizado pelos milésios como cosmo natural. Em vez das ruas labirínticas que recortavam as vertentes das colinas nas cidades arcaicas, Hipódamo projetou ruas ortogonais, que enfatizavam as noções de centralização, delimitação e hierarquização (1.8). Assim foi construída, no mundo grego, a primeira cidade reticulada, centrada na praça pública. Ao imprimir na cidade um traçado retilíneo ortogonal, uma retícula com função reguladora da forma urbana, o urbanismo milésio realizava o desejo de racionalizar o espaço.

Mileto foi planejada segundo os princípios teóricos dos reformadores políticos, que propunham uma cidade estrategicamente dividida em zonas delimitadas para o desempenho de funções específicas. Na tentativa de implementar uma organização tanto social quanto espacial, Hipódamo distribuiu a sociedade em três classes especializadas — guerreira, artesanal e agrícola — e, no projeto da cidade, demarcou zonas funcionais — domínio sagrado dos deuses, domínio público, reservado aos guerreiros, e domínio privado, destinado aos agricultores. Se o espaço cívico centrado de Clístenes visava a integrar indistintamente todos os cidadãos na pólis, o espaço urbano de Hipódamo era marcado pela diferenciação e pela hierarquização, que correspondiam às novas tendências prevalecentes no âmbito político. O urbanismo foi fortemente influenciado pelas intenções políticas, mas o ambiente construído, reciprocamente, inspirou os projetos de cidades ideais elaborados pelos filósofos no século IV a.C.

O vínculo entre a arquitetura e a filosofia foi sugerido por Platão quando o personagem Sócrates declarou ser descendente de Dédalo, o primeiro arquiteto na mitologia grega (1989, Eutifron: §11b). Sócrates aguardava seu julgamento na ágora e, portanto, o cenário provável desse diálogo era a acrópole ateniense. Talvez a imagem da acrópole tenha lembrado o filósofo de seu ancestral porque nos templos gregos, assim como nas obras de Dédalo, são indiscerníveis os limites entre arquitetura e escultura.

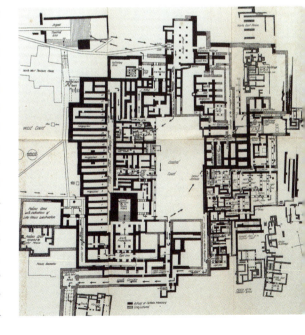

1.9
Palácio de Cnossos

Na narrativa mitológica, esse precursor da linhagem filosófica fugiu de Atenas, sua cidade natal, diante da acusação de assassinato do sobrinho Talos, crime que teria cometido por inveja do talento do discípulo. Dédalo encontrou abrigo no palácio do rei Minos, na cidade de Cnossos, em Creta. Centro político, religioso e econômico, o palácio apresentava não somente uma diversidade funcional, mas, principalmente, uma avançada técnica construtiva. Os inúmeros compartimentos, interligados por corredores de dimensões variáveis, se distribuíam em múltiplos níveis ao redor de um pátio descoberto (1.9). No palácio havia um *chóros*, um espaço para

arquitetura da filosofia   41

dança, que, segundo Homero, Dédalo teria construído para Ariadne. O arquiteto também fabricou uma vaca mecânica de madeira para a rainha Pasífae usar como disfarce e seduzir um touro. Nasceu dessa relação o Minotauro, um ser, metade homem, metade touro. Na tentativa de esconder a evidência da infidelidade de sua mulher, Minos obrigou Dédalo a projetar um espaço intricado e enganoso de onde o monstro jamais escaparia (1.10). O Minotauro foi então aprisionado em um labirinto e era alimentado por jovens atenienses que eram periodicamente enviados como tributo a Creta. Indignado com tal submissão, Teseu, filho do rei de Atenas, decidiu desafiar o inimigo, que estava protegido pelas armadilhas arquitetônicas. Mas esse ato heroico exigiu um artifício racional que permitisse direcionar seus deslocamentos apesar da desorientação espacial: o fio da princesa Ariadne. Teseu chegou assim ao centro do labirinto, matou o Minotauro, e depois conseguiu sair, seguindo o fio que conduzia ao ponto inicial do percurso.

1.10
Labirinto
cretense

O labirinto e o *chóros*, as principais obras do lendário arquiteto, enfatizavam a noção de movimento, de um incessante fazer e desfazer, aparecer e desaparecer, que marcava o processo de construção da espacialidade grega. O labirinto é definido como um conjunto de percursos e conexões que se entrelaçam gerando um espaço complexo. Nas escavações arqueológicas do século XIX, foi encontrado um edifício multifuncional que coincidia com essa descrição e, por isso, o labirinto cretense era provavelmente o palácio de Cnossos. Mas o projeto do labirinto pode também ter sido inspirado pela coreografia, pela sequência de movimentos executados por Ariadne. O *chóros* tinha o duplo significado de lugar da dança e movimento da dança, de uma dança labiríntica, que quando ampliada ganhava novo contorno, podendo se transformar em edifício. Em uma escala ainda maior, quando essa dança cobria todo o espaço urbano, o *chóros* adquiria a configuração de uma pólis. Assim, a pólis era comparável a uma tessitura, a uma superfície que era tecida ao longo do tempo pelas construções de edifícios no espaço urbano e pelas atividades de seus habitantes, principalmente pelas procissões rituais, que envolviam deslocamentos entre o centro e a periferia para a visitação de santuários (McEwen, 1994: 81).

Todo esse dinamismo, entretanto, era conflitante com os interesses da filosofia em formação que, ao contrário, buscava instituir estabilidade e permanência no mundo. O suposto ancestral de Sócrates teria dotado as esculturas de movimento, mas as obras de seu pai biológico, um pedreiro, um escultor de pedras, pareciam mais atraentes. Por preferir um mundo em repouso, Sócrates trocou o saber de Dédalo pela possibilidade de fixar, deter, acorrentar as imagens para impedir que fugissem. Sua ambição era alcançar um conhecimento permanente, necessariamente incompatível com o movimento. Para o filósofo, as esculturas do arquiteto mítico eram análogas às opiniões, que, quando presas, tornavam-se belas obras de arte: "As verdadeiras opiniões são coisas boas e fazem todo tipo de bem enquanto permanecem em seus lugares, mas não permanecerão por muito tempo [...]. Quando são amarradas, transformam-se em conhecimento e são estáveis" (Platão, 1989, Mênon: §97e). Dédalo criava estátuas de culto animadas para inserir o aspecto divino no contexto da experiência humana, mas, por considerar que a divindade residia na imutabilidade do conhecimento, Platão introduziu uma inflexão, deslocando o foco do movimento para a fixidez e do sensível para o inteligível.

Sócrates desprezava a produção de seu antepassado e, por extensão, todo o trabalho manual. Essa desvalorização do artesanato surgiu somente no período clássico, pois na concepção dos gregos arcaicos o artesanato teria tirado a humanidade da situação de bestialidade e a teria conduzido para a condição de civilização. Três divindades, Atena, Hefesto e Prometeu, estavam associadas ao artesanato, às artes do fogo. Praticadas desde a origem em corporações fechadas, afastadas do espaço doméstico, as artes do fogo constituíram os primeiros trabalhos profissionais especializados. Os artesãos exerciam função técnica e integravam uma categoria social diferenciada. Homero aplicava o termo *téchne* à engenhosidade de metalúrgicos e carpinteiros, os *demiourgói*, e à aptidão para atividades femininas que requeriam experiência, tais como a tecelagem: "*Téchne* conservará ao longo da Antiguidade grega o significado de produção feita com habilidade, com destreza, de acordo com certos princípios ou regras, trate-se de objetos utilitários ou de objetos que hoje chamamos obras de arte" (Vázquez, 1999: 185).

Téchne designava também as magias de Hefesto ou os sortilégios de Proteu, pois não havia ainda distinção entre a eficiência técnica e o encantamento da magia. Hefesto era um dos personagens da *Ilíada* de Homero e, entre os deuses do Olimpo, era o único que não possuía beleza ou doçura, seus movimentos agonizavam, suas deformações eram insultos para os olhos (Waterhouse, 1993: 3). Entretanto, esse talentoso artífice era capaz de imprimir no metal ou na pedra uma beleza incomparável, atributo que o destino lhe tinha negado. Através dos segredos de seu ofício, Hefesto podia transformar a matéria e exibir ao panteão olímpico a perfeita identidade entre sua interioridade e os artefatos que produzia. Hefesto simbolizava o *homo faber*, fabricante de artefatos, construtor do mundo. Utilizando as mãos como instrumentos principais, o *homo faber* trabalhava os materiais retirados da natureza. O hino homérico narra:

> *Cante musa de clara voz, de Hefesto famoso pela habilidade. Com Atena de olhos brilhantes, ele ensinou aos homens gloriosos artesanatos em toda a extensão do mundo, homens que antes moravam em cavernas nas montanhas como bestas selvagens. Mas agora que aprenderam o artesanato através de Hefesto famoso por sua arte, eles vivem facilmente uma vida em paz em suas próprias casas durante todo o ano (apud McEwen, 1994: 72).*

O artesanato teria dado origem à civilização, à comunidade, à cidade. O artesão era um demiurgo e seu trabalho possibilitou o surgimento do espaço público, porque a cidade e o cosmo eram pensados e feitos como artefatos. O personagem de Homero desfrutava, portanto, de maior prestígio social que o artesão do período clássico. Reunidos em confrarias, os primeiros artesãos fabricavam objetos que, pela perfeição e beleza formal, eram mais que objetos utilitários ou mercadorias para serem trocadas na ágora. A atividade artesanal correspondia à prática demiúrgica de Hefesto, que podia tornar qualquer projeto realidade. Mas o pensamento racional, sobretudo depois de Sócrates, tratava com desprezo os dons mágicos, pois os mortais não deveriam alterar o ambiente natural, apenas admirar suas maravilhas.

O *homo faber* foi depreciado porque, ao transformar a matéria, destruía a natureza e mostrava o caráter mutável do mundo. Como sugeriu Hannah Arendt, "este elemento de violação e de violência está presente em todo processo de fabricação, e o *homo faber*, criador do artifício humano, sempre foi um destruidor da natureza" (2001: 152). O racionalismo grego, por consequência, negou ao artesão qualquer iniciativa e qualquer reflexão. Uma forma preexistente, superior à *téchne*, deveria modelar a matéria fixando seus limites. O artesão não controlaria a natureza nem sua obra, estaria subjugado às exigências da forma e dos métodos de produção. A tarefa do profissional não requeria um saber científico, mas uma habilidade prática adquirida no aprendizado das regras do ofício. Ao recusar o acaso e o dom divino, a *téchne* se afastou das forças mágicas e religiosas. O advento de uma concepção racional da *téchne*, a laicização dos ofícios e a delimitação da função artesanal foram as condições para constituir um pensamento técnico. O início do século V a.C. testemunhou, então, a passagem da técnica para a tecnologia. Paralelamente, uma abordagem racional e instrumentalista redefiniu todas as ciências, as normas práticas, a moral e a política como técnicas de ação a serviço dos indivíduos ou das cidades.

MUNDO IDEALIZADO

A partir da pretensa vitória do princípio racional, foi fundada em Atenas uma comunidade de filósofos. Os gregos, segundo Deleuze e Guattari, "[...] teriam sancionado a morte do sábio, e o teriam substituído pelos filósofos, os amigos da sabedoria, aqueles que procuram a sabedoria, mas não a possuem formalmente" (1993: 10). Amante da guerra e do saber, a deusa Atena implantou sua primeira cidade em um espaço geográfico singular, supostamente propício para gerar seres humanos de índole também guerreira e filosófica (Platão, 2001a, Timeu: §24c). O fascínio dos gregos pela razão foi determinante para a ascensão da filosofia e o gradual declínio do pensamento trágico dos séculos anteriores: "Em Sócrates, Platão e Aristóteles se inaugura uma decisão histórica. A decisão das diferenças que, sendo já em si mesma metafísica, instala o domínio da filosofia em toda a história do ocidente" (Leão, 1991: 7). Esse pensamento remetia ao sistema de conhecimento e simbolização elaborado pelos pitagóricos, com base em elementos da aritmética e da geometria. Assim como Pitágoras definiu dualidades opositivas, marcadas pela cisão entre identidade e diferença, a filosofia instituiu dicotomias de um comparativo ontológico, que optava pela essência contra a aparência, pelo bem contra o mal, pelo inteligível contra o sensível, pelo permanente contra o mutável, pelo verdadeiro contra o falso.

Platão estabeleceu uma distinção entre duas realidades, ser e devir, relacionadas respectivamente com um mundo inteligível, de estrutura cognitiva, e com um mundo sensível, de estrutura afetiva. O mundo inteligível, das essências, consistia nas ideias, nas formas platônicas, capazes de serem conhecidas por meio de um entendimento racional e de formulações matemáticas, enquanto o mundo sensível, das aparências, constituía-se de objetos apreendidos pelos sentidos e não era passível de qualquer sistematização. Ao domínio do sensível correspondia apenas a *dóxa*, a opinião, e não o conhecimento exato e verdadeiro, a ciência. O saber não podia ser construído sobre a perpétua mutação do fluxo heraclitiano, nem sobre o movimento das estátuas animadas de Dédalo. Por esse motivo, a eternidade, figura de limite do tempo, passou à condição do pensamento platônico, que definiu as diretrizes do projeto ocidental de controle sobre as contingências da realidade sensível. A anulação do tempo resultava da impossibilidade de a razão lidar com mudanças, mas o mundo eterno inventado por Platão tinha a permanência e a estabilidade necessárias ao desenvolvimento de um sistema de conhecimento que não pudesse ser ameaçado pelas incessantes transformações do mundo do devir.

Esse método cognitivo baseava-se na contemplação das ideias e pressupunha uma distância entre sujeito e objeto, ao contrário das sensações, os afetos do mundo, que implicavam a indistinção entre sujeito e objeto. A inteligibilidade de um objeto, apontou Roberto Machado, "[...] em vez de ser resultado da violência da sensibilidade que força a pensar, é dada justamente pelo afastamento do sensível" (1990: 26). Como Platão suspeitava dos sentidos humanos, e também do mundo sensível, sua doutrina prescrevia o acesso ao mundo ideal das essências, pela experiência de transcendência do sentido e da percepção do mundo visível das aparências. Na metafísica clássica, a noção de aparência sensível indicava uma insuficiência do indivíduo que, dominado pelas ilusões dos sentidos, deformava o conhecimento das ideias inteligíveis, sendo necessária a superação dessa insuficiência para atingir as essências. O conhecimento da verdade encontrava-se na lembrança das ideias, das realidades jamais percebidas sensivelmente, que a alma teria contemplado antes de nascer, enquanto seguia o cortejo dos deuses. Ao prender-se ao corpo, a alma apagava aquela visão mas, diante das cópias, recuperava a memória de seus arquétipos. O saber resultante da memória empírica dos objetos vistos "[...] será desvalorizado, desqualificado, em proveito de uma memória mais profunda, essencial, que é a memória do que foi visto no céu inteligível" (Foucault, 1996b: 48). Somente a *anámnesis* filosófica, a reminiscência, permitiria estabelecer contato com a realidade imutável e permanente, contato que conduziria ao conhecimento da verdade. Conhecer era lembrar, era reconhecer.

A metafísica, como discutiu Deleuze, pode ser definida pelo platonismo, mas o platonismo não pode ser definido apenas pela oposição entre a fixidez das essências e a perpétua mutação das aparências, entre inteligível e sensível, entre modelo e cópia (1988b: 419). Uma segunda distinção, entre cópia e simulacro, parecia ainda mais problemática. As cópias-ícones eram regidas por relações e proporções constitutivas da essência, mas os simulacros-fantasmas, construídos a partir de dissimilitudes, implicavam uma perversão, revelando devires sempre outros. Platão pretendia instituir um critério de seleção entre imagens limitadas e dimensionadas, que preservavam as relações de semelhança com o modelo, e imagens ilimitadas e desmesuradas, que escapavam à ação das ideias, desafiando as noções de modelo e de cópia. Sua intenção era distinguir as aparências apolíneas, belas e bem fundadas, de outras aparências malignas e insinuantes, que, por não respeitarem o fundamento, precisavam ser eliminadas. Impor um limite ao devir para que os ícones triunfassem sobre os simulacros era o projeto mais ousado de Platão. O mundo real, em fluxo permanente, devia ser submetido a um mundo ideal, que privilegiava as identidades e excluía as diferenças.

> *O platonismo funda assim todo o domínio que a filosofia reconhecerá como seu: o domínio da representação preenchido pelas cópias-ícones e definido não em uma relação extrínseca a um objeto, mas em uma relação intrínseca ao modelo ou fundamento (id., 1988a: 264).*

A representação era um reflexo do mundo do ser e, portanto, dependia da aplicação de medidas e proporções que produzissem ícones. Por meio da imitação, com os olhos fixos nas ideias, o demiurgo, o artesão divino, fazia aparecerem os objetos do mundo sensível. Os objetos eram, então, fabricados mediante a imitação artesanal, a materialização de ideias limitadas. O platonismo pressupunha uma transcendência marcando a matéria, que recebia limites ao ser obrigada a imitar a forma. Se a matéria sensível era errante, infinita, instável, e em permanente diferença, a forma inteligível era eterna e imutável. O ilimitado era imanente, e o limite, transcendente. Desse modo, era pela influência de seres inteligíveis que o ser sensível, caracterizado pela falta de contornos precisos, ganhava determinação, embora instável e provisória no tempo. Para impedir o retorno à indefinição e a perda da semelhança, Cronos controlava a matéria formalizada, garantindo a não alteração de sua identidade.

Assim como o artesão tinha um plano ou um modelo para sua obra, o demiurgo havia configurado o mundo do devir de acordo com o modelo do mundo das formas inteligíveis. Para Timeu, o cosmo era obra de uma causa inteligente, organizado como imagem refletida de um mundo eterno. Segundo sua cosmologia, no caos primitivo, anterior à existência do mundo, quatro elementos — fogo, terra, ar e água — estavam em constante processo de movimento e separação, porém destituídos de qualquer medida (espaço) ou proporção (tempo): "[...] tudo estava em desordem quando a divindade introduziu proporção nas coisas, tanto nelas como em suas relações recíprocas, na medida e da maneira que elas admitiram proporção e simetria" (Platão, 2001a, Timeu: §69b). Como a textura geométrica e harmônica do universo era regida pelo número, os corpos teriam adquirido existência por meio de relações de proporção entre sólidos regulares (1.11). Timeu atribuiu um sólido a cada elemento primordial: o tetraedro ao fogo, o cubo à terra, o octaedro ao ar, o icosaedro à água, o dodecaedro ao cosmo. Timeu de Lócris era pitagórico e, por isso, a estética de seu mundo envolvia um formalismo concebido a partir de figuras com perfeição geométrica, consideradas capazes de compatibilizar a essência interna com a aparência externa do cosmo. A ordem, definida como regularidade, hierarquia, ritmo, multiplicidade na unidade, tornou-se conceito estético na filosofia platônica.

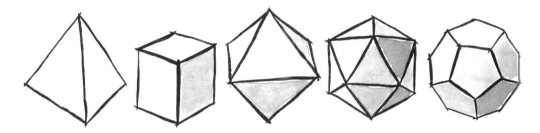

1.11 Sólidos platônicos

Mas esse universo, um artefato construído a partir de um paradigma, não podia ser eterno como seu modelo. Ao contrário, existia em um tempo entendido como imagem móvel da eternidade. Na descrição de Platão, o criador "[...] fez da eternidade que perdura na unidade essa imagem eterna que se movimenta de acordo com o número e a que chamamos tempo" (ibid.: §37d). A eternidade do mundo do ser permanente estava em repouso, porém o tempo era a imagem móvel da eternidade imóvel, era o devir inseparável da imperfeição do mundo criado. A eternidade era um tempo sem dimensões de passado ou futuro, um tempo sempre presente. Todavia, se o modelo existia eternamente, na cópia o tempo se desdobrava em passados, presentes e futuros. Tendo surgido com o céu, o tempo era determinado e medido pelo movimento do sol, da lua e dos cinco planetas. O tempo se movia de acordo com o movimento ritmado dos corpos celestes e, consequentemente, de acordo com o número.

O tempo estava subordinado ao movimento dos astros, que, centrados em pontos de revolução e observação, possibilitariam a percepção do móvel e a determinação do movimento. Embora assumissem múltiplas aparências no céu, após o mesmo período, os astros sempre retornavam às suas posições iniciais. Esses perpétuos retornos revelavam um tempo regido pelo ritmo, pelo eterno, e deixavam transparecer a imagem da eternidade. Ao fazer a temporalidade depender do movimento, Platão introduziu uma representação indireta do tempo (Deleuze, 1990: 50). No tempo derivado do deslocamento no espaço, subordinado ao espaço, desapareciam as diferenças qualitativas e emergiam as diferenças quantitativas. O espaço, definido por medidas e proporções, obtinha a primazia, pois traduzia a positivação da permanência e da eternidade. Por constituir um tempo em que tudo está em ato de mudança, no qual o passado-futuro não cessa de se esquivar do presente, o tempo do mundo do devir foi marginalizado ou suprimido.

ESTÉTICA IDEALIZADA

O racionalismo grego também exerceu forte influência sobre a criação artística. Na filosofia platônica, a arte era uma prática resultante de uma reflexão racional, era uma *téchne*, distinta tanto da técnica quanto da moderna concepção de belas-artes. A arte incluía diversas modalidades, entre estas as artes miméticas, que se dividiam em produção de objetos e produção de imagens. Essa diferenciação enfatizava que o artesanato e a arquitetura geravam realidades, enquanto as outras artes, sobretudo a pintura e a poesia, apenas ficções. Para Platão, a arte do arquiteto produzia uma casa real, mas a arte do pintor, uma outra casa, como sonho materializado pela mão humana para ser apreciado por olhos despertos (1989, Sofista: §266c). Embora o artesão fabricasse somente o análogo de um objeto verdadeiro e permanente, a imitação artesanal era superior à imitação pictórica. Se o artesão representava a ideia nos objetos fabricados, o pintor imitava a obra do artesão. O artesão produzia um objeto com identidade, porém o pintor simplesmente reproduzia um aspecto desse objeto. O pintor não imitava a realidade como deveria ser, mas como parecia ser e, por isso, precisava apenas movimentar um espelho para fazer surgir sua obra.

> *[…] a prova pode ser feita a qualquer hora e em pouco tempo, porém muito mais depressa se te resolveres a tomar de um espelho e o levares contigo por toda a parte: num abrir e fechar de olhos farás o Sol e tudo o que há no céu; num segundo, a Terra; rapidamente farás a ti mesmo e os outros animais, os móveis, as plantas e tudo o mais que enumeramos há pouco (id., 2000: §596 d).*

As artes miméticas, as atividades imitadoras produtoras de imagens, ainda dividiam-se em artes das cópias e artes dos simulacros, ou das aparências ilusórias. Ao reproduzir os cânones de um modelo, o artista criava um ícone, entretanto, caso o artista renunciasse ao original, a imagem criada caracterizava-se como um fantasma, um falso semelhante, com semelhança de aparência e dessemelhança de realidade. Essa arte fantástica era uma técnica de duplicação da realidade, uma demiurgia de imagens concebidas como puras aparições, dotadas de estatuto fenomenal. Platão refutava, portanto, os artifícios perspécticos utilizados na pintura grega, pois gerar equivocidade e falsos prazeres correspondia a uma sofística na arte. A pintura, a poesia e, por extensão, as outras artes — escultura, tragédia, música e dança — que se recusavam a apelar a uma exterioridade extrassensível ou extravisual foram preteridas. Apenas a arte egípcia, baseada em regras rígidas e imutáveis, tinha privilégio na estética platônica.

A arte da imitação fantástica era um obstáculo para se alcançar a beleza porque obrigava a permanecer no mundo sensível, espelhado nessas aparências enganosas. As imagens autorreferentes, imitações sem modelo, estavam distanciadas da realidade verdadeira, para onde somente a beleza era capaz de apontar. Por esse motivo, uma obra produzida em conformidade a um modelo considerado belo por suas proporções corretas conduziria a um prazer estético. Como a beleza encontrava-se na relação entre as partes e na harmonia do todo, Platão argumentou: "[…] não esperes que pintemos tão belamente os olhos, a ponto de acabarem por não parecerem olhos, e do mesmo modo as outras partes, mas observa se, atribuindo a cada parte a proporção correta, tornamos belo o todo" (ibid.: §420d). O conceito de beleza era indissociável da harmonia derivada de relações estáveis, expressas pelo número, que era entendido como eterno, atemporal, universal: "Então agora nós consideramos que o bem se refugiou no caráter do belo, pois as qualidades de medida e proporção, invariavelmente, eu imagino, constituem beleza e excelência" (id., 1989, Filebo: §64e).

O número, que no pitagorismo era imanente, foi transformado em princípio de transcendência. Para Pitágoras, os objetos exibiam exteriormente uma constituição numérica interior. A realidade interna era apreendida pela razão, e a realidade externa, pelos sentidos. Na filosofia platônica, porém, os números eram comparados a ideias e já não pertenciam ao mundo sensível. A beleza não dependia mais dos sentidos, dependia do intelecto, do entendimento das relações numéricas inteligíveis. Em vez de provocar sensações e afetos, a beleza deveria desviar-se da sensibilidade e do corpo. Negar os sentidos para buscar racionalmente o verdadeiro bem era o principal objetivo da beleza nas artes. Assim, a estética platônica apoiava-se em uma tríade hierárquica: beleza, verdade e bem. Pela articulação com o bem e com a verdade, a beleza poderia adquirir universalidade. Partindo das premissas de que a beleza era uma questão normativa, de que a verdade era alcançada por intermédio da razão e de que o bem era o princípio supremo e divino, Platão idealizou uma estética empenhada em mostrar, sobretudo, os aspectos racionais e morais da arte.

Definida como materialização de uma ordem intelectual, a beleza aparece nas obras de arquitetos, construtores navais, pintores e de todos os artesãos: "Qualquer deles coloca em certa ordem as diversas partes do seu trabalho, obrigando cada uma delas a ajustar-se e harmonizar-se com as outras, até compor um todo em que reine o sistema e a proporção" (id., 1997a: §503e). Algumas artes, como a música, a medicina, a agricultura, a navegação e a ciência militar, estariam envolvidas apenas com a experiência, enquanto a arte de construir, a arquitetura, era estruturada a partir da medida e do número. A arte de construir, declarou Sócrates, "[...] faz um uso considerável de medidas e instrumentos, e a notável exatidão assim obtida a torna mais científica que a maioria dos tipos de saber" (id., 1989, Filebo: §56b). A obra arquitetônica constituía uma *poíesis*, uma produção, em que o autor nada inventava, apenas imprimia na matéria uma forma eterna. No entanto, por se basear no *métron*, na medida, a arquitetura podia manifestar aspiração ao infinito e à supremacia em relação às outras artes.

As técnicas de medição sempre foram instrumentos importantes para os arquitetos. Quando as sociedades passaram do nomadismo ao sedentarismo, tornou-se necessário construir moradias, não apenas para os seres humanos, mas também para suas divindades. Os reis da Antiguidade assumiam as autorias das construções dos templos, porém essas tarefas eram efetivamente desempenhadas pelos arquitetos, que precisavam elaborar projetos a partir de regras ou procedimentos divinos, mesmo não tendo acesso direto à vontade dos deuses. Como as noções de regularidade e estabilidade pareciam compatíveis com o pensamento religioso, a geometria fornecia diretrizes para adequar os edifícios aos pressupostos do mundo divino. Os construtores antigos extraíram dos sistemas geométricos preceitos formais, supostamente verdadeiros e atemporais, porque supostamente mostrados pelos deuses. Assim, as formas geométricas atribuiriam valores absolutos ao espaço construído. Mas a cultura clássica grega introduziu um deslocamento conceitual. Não mais reflexo do divino, a geometria era considerada uma estrutura subjacente ao mundo físico. Ao tornarem visíveis os princípios geométricos, as obras arquitetônicas garantiriam a integração a um universo marcado pela inteligibilidade e pela beleza.

O arquiteto, ao contrário do poeta, não foi expulso da *República*. O poeta foi excluído da cidade ideal de Platão, pois, em vez de perseguir a verdade, preferia explorar as potencialidades do ilusionismo em suas criações artísticas (id., 2000: §398a). O arquiteto, entretanto, recebeu uma predestinação: imitar modelos. Como o demiurgo, o arquiteto foi condenado a reproduzir modelos de ordem e, assim, materializar a representação de um mundo ideal, em vez de criar outros mundos possíveis. A filosofia platônica lançou sobre o arquiteto a maldição de ocupar a ilustre posição de diretor de um processo de re-produção que mediava entre teoria e prática, entre filosofia e trabalho. Diferente do artesão que realizava trabalhos manuais, o arquiteto tinha uma atividade intelectual. A prática profissional era regida por princípios racionais teóricos, mas não se restringia a projetar, incluía gerenciar a construção da obra, supervisionar a execução das tarefas distribuídas aos operários: "Nenhum arquiteto é um trabalhador manual — ele dirige o trabalho de outros" (id., 1989, Político: §259e). Logo, a arquitetura era uma ciência teórica que Platão considerava diretiva, mas não crítica. O arquiteto desempenhava uma função privilegiada e adquiria, consequentemente, *status* de um político secundário.

Se os primeiros urbanistas eram teóricos políticos, os filósofos também se outorgaram o direito e o dever de projetar espaços urbanos. O vínculo entre a arquitetura e a filosofia, anunciado por Sócrates, aparecia sobretudo nos projetos das cidades ideais platônicas. A idealização da cidade como um espaço racional e ordenado resultou do esforço para controlar ou neutralizar as potências transformadoras do mundo, potências estas, inerentes à realidade. Ao propor a reorganização do espaço da cidade, a *República* foi um ato político, que assumiu o lugar inaugural e canônico nas histórias da metafísica, da epistemologia e da filosofia política ocidentais. O gesto fundador dessa teoria política foi a evocação de Sócrates na *República*, de um invisível, mas presumidamente inteligível, domínio constituído de formas incorruptíveis. O conhecimento de tais formas permitiria uma reflexão política que, embora — ou mesmo justamente porque — inacessível a todos, reduziria as múltiplas opiniões políticas a um único bem metafísico. A racionalização espacial não visava a aumentar a igualdade ou a diminuir as tensões entre cidadãos para instituir um sistema político justo. O objetivo da cidade ideal era mais radical: fundar a justiça. Platão desejava uma cidade na qual a justiça irrefutável seria o modelo para todas as cidades possíveis.

Pensamento político e pensamento geométrico se apresentavam como indissociáveis desde o período arcaico grego. Nos textos de Homero, a geometria enfatizava algumas assimetrias, pois o espaço circular e centrado estava investido de valorizações militares, determinava a divisão não igualitária de honrarias entre os guerreiros. O centro era o lugar simbólico do debate público, mas era, sobretudo, o lugar do combate entre indivíduos. As reformas clistenianas substituíram essa concepção hierarquizada por uma representação homogênea e igualitária do cosmo e da cidade. A centralidade, associada à reversibilidade, configurou o novo espaço circular, que negava os antigos privilégios. Para estruturar as instituições democráticas da cidade, Clístenes geometrizou a atividade política pela redefinição do espaço e do tempo, reforçando a *isonomía*, que, legalmente, homogeneizava iguais e desiguais.

A igualdade entre cidadãos foi, entretanto, recusada na Grécia clássica, com base na alegação de que, ao propor-se a uniformizar especificidades naturais e indispensáveis para a humanidade, a lei tiranizava os indivíduos. No intuito de preservar a desigualdade na igualdade e a aristocracia na democracia, Platão adotou um princípio, simultaneamente igualitário e não igualitário, derivado de uma igualdade geométrica proporcional. A noção de proporção tornou-se fundamental para justificar a distribuição hierárquica de poderes na cidade. A igualdade geométrica, mais verdadeira e mais bela, era aparentemente inspirada no modo de proceder de Zeus, que julgava os humanos e concedia vantagens proporcionais a suas naturezas. A democracia postulada por Platão visava à divisão desigual de obrigações e recompensas, de privilégios e honras, de acordo com as diferenças determinadas pela riqueza, pela força e pela inteligência de cada indivíduo. Assim, a justiça consistia na igualdade aplicada sobre desiguais, segundo suas competências. A igualdade geométrica evitava o naturalismo não igualitário da tirania, em que todos eram desiguais perante as naturezas despóticas, assim como o igualitarismo democrático, em que todos eram iguais para a lei e pela lei.

Ao rejeitar as práticas da cidade real e propor teorias para a cidade ideal, o platonismo modificou a antiga relação entre política e geometria. Estudar geometria, no século IV a.C., implicava afastar-se de uma prática política pouco fundamentada para investigar questões mais teóricas e, segundo Platão, mais rigorosas. Na Academia, era impossível entrar não sendo um geômetra, mas também era impossível sair sem se tornar político. A pólis platônica estava vinculada a uma *paideía*, a um projeto pedagógico, estrategicamente determinado a substituir a igualdade aritmética por uma igualdade geométrica: "Essa substituição permite compreender em que é necessário ser geômetra para ser político e em que tipo de geometria o político deve ser formado" (Joly, 1980: 306). Para defender seus princípios de justiça e virtude, Platão utilizou o método dialético na tentativa de convencer Cálicles a recusar a retórica sofística e a valorizar a geometria, que, hegemônica no cosmo físico, deveria prevalecer no cosmo social:

> *O céu e a terra, os deuses e os homens estão ligados entre si pela amizade, o respeito da ordem, a moderação e a justiça, e é por isso, meu amigo, que chamam o universo cosmo em vez de desordem ou desregramento mundial. Mas tu não me dás a impressão de atentar para essas coisas, sendo embora tão sábio como és, e daí escapar-te que a igualdade geométrica pode muito entre os deuses e os homens. Entendes que tudo está em ter mais do que os outros e esqueces a geometria (1997a: §508a).*

CIDADE IDEALIZADA

Entre o modelo geométrico de Clístenes e a igualdade geométrica da Academia há um longo intervalo de um século e meio, que coincidiu com o percurso da realidade à idealidade, da história à utopia. A igualdade política da democracia clisteniana era causa e efeito de um mundo racionalizado, de uma cidade laica, que a utopia platônica desqualificou para instaurar, então, uma cidade novamente sacralizada, não igualitária, aristocrática, na qual as instituições políticas tinham imagem análoga à ordem cósmica ou divina, superior ao ser humano. Quando a cidade democrática real se transformou na cidade filosófica ideal, o processo de laicização foi interrompido. A cidade platônica era construída a partir de um ponto fixo sagrado, que orientava um território caracterizado por segregações e hierarquias espaciais. A centralidade no espaço urbano já não era ocupada pela ágora, mas pela acrópole, consagrada às divindades tutelares da cidade, Zeus e Atena. O deslocamento do centro político para um centro religioso era o reflexo da supremacia do domínio sagrado sobre o domínio profano, do divino sobre o humano. Pela acrópole passava o *axis mundi*, o eixo vertical do universo, de conotação religiosa, que remetia a um plano transcendente, conectando os seres humanos às divindades. A ágora, entretanto, inserida em um plano horizontal de imanência, de direções equivalentes e dimensões infinitas, sem limites espaciais visíveis, era o campo profano designado para a ação.

Na experiência profana, o mundo era homogêneo e relativo. Não havia orientação espacial, porque os referenciais não tinham caráter ontológico permanente, apareciam e desapareciam no tempo. Mas a experiência religiosa pressupunha a marcação de um centro, de um ponto fixo absoluto, uma hierofania, na extensão infinita sem pontos de referência. A manifestação do sagrado em uma hierofania romperia a homogeneidade do espaço, revelando uma realidade absoluta, oposta à não realidade da extensão circundante, povoada por monstros. O lugar sagrado faria uma incisão, introduzindo diferenciais qualitativos no espaço. A quebra no plano de imanência corresponderia ao ato de criação do mundo, originado na implantação desse ponto central capaz de orientar todas as futuras construções: "Em contextos culturais extremamente variados, constantemente encontramos o mesmo esquema cosmológico e o mesmo cenário ritual: *assentar em um território é equivalente a fundar um mundo*" (Eliade, 1987: 47). Territorializar implicava, portanto, reproduzir o trabalho paradigmático dos deuses.

Na Antiguidade, qualquer usurpação da natureza envolvia uma dessacralização, que precisava ser sancionada pelos deuses. Apenas um herói tinha o poder de fundar uma cidade, e o lugar era necessariamente doado por uma divindade. Os atos inaugurais, que demarcavam territórios e ligavam a cidade ao cosmo, abalavam a harmonia preexistente, pois a fundação de uma cidade levava sempre à destruição do ambiente natural. Toda construção e toda tecnologia eram consideradas interferências na ordem do mundo e exigiam rituais de consagração, purificação e divinização para devolver a natureza aos deuses. Não somente o espaço, mas também o tempo devia ser sacralizado. Enquanto o tempo profano era linear e irreversível, o tempo sagrado era infinitamente circular e reversível, o eterno retorno de um tempo, periodicamente tornado presente e reintegrado, através de ritos ou festividades religiosas que reatualizavam os eventos de um passado mítico. Ao estabelecer ordem e limites para o espaço e para o tempo, a manifestação do sagrado teria fundado o mundo, fazendo do cosmo um lugar permeado de forças divinas. E foi essa antiga imagem de mundo que a filosofia platônica, em seu anacronismo, reintegrou para construir as novas urbanidades.

A cidade, argumentou Platão, surgiu para suprir as carências dos seres humanos, pois ninguém é autossuficiente, todo indivíduo tem muitas necessidades (2000: §369b). Na cidade ideal descrita na *República*, profissionalização e divisão do trabalho eram condições indispensáveis a uma existência eficiente. Segundo Adi Ophir, a força coesiva responsável por instalar grupos em modelos regulares de interação resultou de uma divisão de trabalho institucionalizada que permitiu superar insuficiências individuais (1991: 73). A especialização profissional gerava uma interdependência entre trabalhadores, possível somente em um espaço fechado, definido, delimitado. Esse sistema de atribuição de tarefas estabeleceu uma distinção entre o espaço para prática de uma atividade específica e o espaço exterior a seu escopo e seu domínio. Interior finito e exterior infinito ganhavam identidade, simultaneamente, a partir do traçado das linhas de contorno. Tais limites eram, inicialmente, transpostos apenas pelos comerciantes. Porém, para expandirem seus espaços físicos ou suas áreas de influência, as cidades investiram na conquista de territórios, fazendo da guerra uma consequência inevitável da vontade de possuir recursos materiais além do suficiente para a existência humana. Na guerra, as fronteiras, as linhas de contorno protetoras do espaço urbano, tornavam-se mais visíveis, mais frágeis, e essa instabilidade levou ao aparecimento de uma nova classe de cidadãos: os guerreiros profissionais, os guardiões, que tinham o dever de manter a integridade do espaço cívico e, portanto, ocupavam um lugar privilegiado.

Na *República*, o espaço urbano era dividido em zonas funcionais para as três classes sociais: governantes, guerreiros e produtores, entre estes os agricultores e os artesãos. Embora fisicamente delimitadas, as diferentes zonas trocavam objetos de consumo e defesa. Para exercer um total controle sobre a organização espacial, Platão determinou precisamente o tamanho da cidade e as atividades dos cidadãos. As fronteiras da cidade, e na cidade, além de demarcarem uma área geográfica, também legitimavam um campo de práticas discursivas (ibid.: 74). Na cidade ideal, o tempo histórico foi suspenso através do controle do discurso, da censura aos poetas, suspeitos de manipularem enganosamente a memória coletiva, porém novos mitos de origem substituíram as legendárias genealogias evocadas pelos aedos. Ao neutralizar o tempo e priorizar as configurações espaciais, Platão inventou uma cidade que não era somente ideal, era sobretudo utópica.

Na tentativa de mostrar que as cidades ideais podiam existir e tinham efetivamente existido em um passado distante, Platão descreveu em dois diálogos, *Timeu* e *Crítias*, a poderosa e tecnologicamente avançada Atlântida, rival da Atenas arcaica. A forma urbana era geometricamente perfeita, consistia de um núcleo central, coroas circulares concêntricas, que correspondiam a zonas funcionais diferenciadas, e uma linha defensiva, que marcava a fronteira entre a cidade e o mar. A rigidez formal e a distribuição funcional tornaram Atlântida um modelo paradigmático, que influenciou decisivamente os modos de pensar e fazer o espaço urbano. Não por acaso, esse diagrama foi reeditado nos projetos de cidades ideais elaborados ao longo de muitos séculos (1.12). Apesar disso, Atlântida era apenas uma discussão teórica, sem nenhuma pretensão de materialização no mundo real. A cidade das *Leis*, ao contrário, tinha a ambição de reformar o espaço urbano por meio de diretrizes para demarcação, divisão e ordenação do ambiente construído e, portanto, seu programa teria aplicação prática na agenda política de fundação das colônias gregas.

1.12
Atlântida

O gesto inaugural dessa cidade era, segundo Platão, a implantação de uma acrópole no centro do território (1989, Leis: §745b). A partir do ponto central, era traçada uma circunferência para delimitar o espaço urbano, que se estendia regularmente em torno da acrópole. O tamanho da cidade das *Leis* era limitado ao assentamento de cinco mil e quarenta famílias, que possuiriam lotes individuais, divididos em duas partes, uma ligada ao centro e outra próxima à periferia. Para os guerreiros e governantes era reservada uma zona isolada do espaço ocupado pelas outras classes sociais. A cidade dividia-se em doze segmentos de rendimentos equivalentes, concedidos às doze tribos. Cada tribo representava um dos doze deuses do panteão, que regiam não apenas o espaço, mas também o tempo, pois cada mês era atribuído a um deus. Logo, as prescrições de espaços e tempos harmonizavam-se com a ordem divina do cosmo, espelhavam a realidade sideral na cidade. Os limites urbanos, espaciais ou temporais, eram definidos pelas fronteiras, instrumentos de descontinuidade territorial, e todos os limites eram necessariamente invioláveis porque Platão considerava que a territorialidade dependia menos da ocupação do espaço urbano do que da preservação de suas linhas de contorno. A função dessas linhas era tornar o espaço impenetrável a movimentos de invasão ou evasão e, desse modo, impedir os processos de desterritorialização, que desestabilizam territórios delimitados e organizados. Por isolarem as forças ameaçadoras da ordem, as fronteiras consolidariam uma identidade territorial para a cidade.

Platão pretendia instaurar um mundo idealizado e previsível, construído por linhas intransponíveis, mundo este muito distante do enfoque prevalecente nas narrativas míticas arcaicas, nas imagens voláteis de Homero, que eram mais compatíveis com as paisagens sempre imprevisíveis do mundo real. Na *Ilíada*, "[...] os protagonistas passam rapidamente entre os céus, a terra e o mar escuro de Homero, desprezando qualquer obstáculo e limite, exceto o próprio destino" (Waterhouse, 1993: 5). O modelo urbano platônico, por sua vez, revelava um desejo de permanência no espaço e eternidade no tempo. A supressão da potência do tempo exigiu a dominação das diferenças, que colocam o mundo real em movimento incessante, em fluxo de mutação. O projeto para a cidade ideal baseava-se em princípios atemporais, que privilegiavam relações imutáveis de medida e proporção no espaço, para imprimir identidade no mundo, expulsando as diferenças desorganizadoras. Impor um cosmo racional ao caos natural pressupunha garantir fixidez formal e funcional por meio de um mapeamento espacial com pontos e linhas, que centralizavam, delimitavam e hierarquizavam territórios. Assim, os espaços urbanos seriam fundados a partir de um centro de poder e de fortificações periféricas, destinadas a circunscrever e proteger um espaço político. Ao imitarem, ao materializarem esse modelo urbano, os arquitetos fariam emergir do caos uma cidade harmônica e ordenada.

CIDADE REALIZADA

As regras de interação e integração sociais mostravam e sustentavam os limites espaciais: construído contra natural, terrestre contra marítimo, público contra privado. Essas linhas, conceituais ou materiais, simbolizavam relações de poder, expressavam a luta e a distribuição do poder no espaço civilizado. Apesar de definirem limites para o legítimo exercício do poder, as muralhas, as ruas, os portões e os pontos de referência na cidade também tornavam esses limites mais frágeis e vulneráveis a transgressões. Segundo Foucault, a transgressão é uma ação que envolve o limite, o estreito fragmento de uma linha no qual essa transgressão revela sua passagem, mas também revela sua origem e, talvez, sua inteira trajetória (2001b: 32). O jogo entre limites e transgressões parece ser regulado por uma dependência mútua. O limite não existiria se fosse absolutamente intransponível, e a transgressão seria inútil caso atravessasse um limite apenas ilusório e nebuloso. A transgressão leva o limite até seu próprio limite, mas não é uma violência nem uma vitória sobre o limite, é a intensa experiência do limite. Transgredir é traçar uma linha veloz capaz de fazer o limite emergir, de tornar o limite visível. O momento da transgressão expõe, portanto, a fronteira transgredida.

Limite indica controle, e todo mecanismo de controle provoca resistências, forças que surgem como diferenças e geram descontinuidades ou rupturas com o poder dominante. Foucault apontou que "[...] onde há poder há resistência e, no entanto (ou melhor, por isso mesmo), esta nunca se encontra em posição de exterioridade em relação ao poder" (2005: 91). Irregularmente espalhadas na estrutura dominante, as resistências são pontos em movimento que desencadeiam deslocamentos e desarticulações no sistema estabelecido. Se a cidade ideal era um mecanismo de controle, a cidade real negou submissão aos instrumentos de captura. Os projetos de cidades ideais sempre fracassaram, pois, apesar dos enormes esforços para impor uma ordem ao caos, as cidades reais fazem emergir infinitas potências, diferenças que expandem incessantemente os limites existentes. O traçado das cidades reais é sobretudo instável e, por esse motivo, os arquitetos frustraram-se em todas as tentativas de imitar modelos de cidades ideais. As cidades reais desafiam qualquer definição, transbordam os traçados precisos, não podem ser reduzidas a relações imutáveis de medida ou proporção, nem podem ser obrigadas a reproduzir padrões preexistentes. As formas urbanas somente se insinuam porque as fronteiras e as linhas divisórias estão em constante movimento, estabelecendo configurações provisórias no tempo. Esse dinamismo transforma o conceito de espaço, que passa da representação ortodoxa e racional de identidades para a expressão heterodoxa e pluralista de diferenças.

A territorialização, como sugeriram Deleuze e Guattari, é um processo que inclui as inevitáveis desestabilizações do território (2002: 116). Essa operação é realizada em três etapas. A primeira é a marcação de um ponto frágil e incerto no caos: "Antes de o suporte ter sido transformado em uma coluna, o telhado em um frontão, e a pedra empilhada sobre pedra, o homem colocou uma pedra no chão para reconhecer o lugar no meio do universo desconhecido e assim medir e modificá-lo" (Gregotti, 1996: 342). A segunda etapa é o traçado de uma circunferência em torno do ponto central, para delimitar e organizar um espaço em que serão inseridos os componentes diferenciados da estrutura planejada. Embora provisória, a fronteira afasta a vulnerabilidade à desordem, isolando as forças caóticas desagregadoras. Na terceira etapa, a fronteira é aberta, permitindo movimentos de desterritorialização através de linhas de errância e de fuga, que rompem os limites e escapam em busca de novos agenciamentos possíveis com outros territórios. As linhas de fuga promovem a passagem do território à desterritorialização, como uma passagem do finito ao infinito. Assim, ainda que apenas potencialmente, um território está sempre em movimento de desterritorialização, tendendo a passar a outros agenciamentos, embora o novo agenciamento possa, posteriormente, efetuar uma reterritorialização. Análoga ao simbolismo de Héstia e Hermes, a construção de um território resulta da atuação simultânea de duas forças: uma de interiorização, para o presente, para um centro intenso, e outra de exteriorização, para o futuro, para as múltiplas diferenças.

Os territórios emergem do caos, como já narravam as antigas cosmogonias, mas também são abertos ao caos que ameaça invadir ou destruir. Entretanto, essa noção de territorialização como um processo instável não constava do projeto platônico, que, ao contrário, buscou subjugar a arte grega à rigidez dos princípios racionais. Com a expansão de seus limites, a Grécia exportou pensamentos e valores, mas, finalmente, transformou-se em um mundo helenístico, caracterizado por agenciamentos com diversos povos estrangeiros. Mesmo que as cidades do sul da península itálica tenham sido mais influenciadas, retribuindo tais influências com novos aportes para a cultura grega, Roma destacou-se no panorama ocidental como centro de irradiação e catalisação de ideologias, travando uma luta permanente para ampliar seu domínio sobre toda a extensão do mundo. Roma derrotou os conquistadores gregos, mas foi conquistada pela cultura helenística. As forças militares romanas, que desestabilizaram a civilização grega, consolidaram um poder baseado no regime jurídico. Se Atenas produziu e difundiu *lógos*, a razão, a marca fundamental de Roma era a lei. Mas a cidade, governada por personagens tirânicos, deixou de ser o espaço da reflexão para tornar-se o lugar da demonstração da competência militar. Assim, essa metrópole sem precedentes, capital do mundo de sua época, preservou um poder inexorável durante muitos séculos.

Roma era uma cidade aberta, que, por investir na construção de cidades, ocupava uma superfície sempre maior. O espaço da cidade coincidia com o espaço do mundo (1.13). A cultura romana transbordou suas fronteiras,

1.13 Roma Imperial

mas seu crescimento desmesurado resultou na deterioração das instituições políticas e na desorganização das relações sociais e econômicas. Muitas cidades perderam a condição de núcleo produtor e mercantil. As pressões periféricas, as invasões bárbaras, geraram desterritorializações centrífugas, que dissolveram a identidade imperial e aceleraram a fragmentação feudal. Após a desintegração do Império, a Igreja assumiu alguns poderes e procurou governar a sociedade instaurando uma ordem terrena que reproduziria a ordem celestial. Com a redução e a dispersão da população, o território foi dividido em comunidades, centralizadas na catedral, no mosteiro ou no castelo, isoladas da confusão do espaço exterior. Portanto, a urbanização cristã foi construída sobre os escombros das cidades romanas. Autônomas e afastadas, as cidades medievais europeias reforçaram suas muralhas e regeneraram as funções urbanas de habitação e trabalho. Durante toda a Idade Média, a produção artística refletiu uma religiosidade repressora das potências humanas. Ainda foram necessários muitos anos até que as tendências classicistas e humanistas adquirissem relevância, porém desta vez o foco se deslocaria para o norte da Itália.

2
A PERSISTÊNCIA DO IDEALISMO NA FORMA URBANA

Os intelectuais renascentistas adotaram uma versão distorcida do classicismo hegemônico na Antiguidade. A nostalgia acerca da cultura greco-romana estimulou a recuperação da imagem de uma Arcádia paradisíaca, associada ao ideal de beleza e beatitude perfeitas, refúgio de um presente de incertezas. Essa Arcádia exuberante em nada se assemelhava ao território estéril da Grécia central, desprovido de encantos, que os poetas gregos recusavam como palco para suas pastorais. Somente por meio da poesia latina, a região arcadiana penetraria na literatura mundial. Virgílio introduziu e enfatizou atributos que jamais existiram na Arcádia, descrevendo uma perfeição sem correspondência com a desinteressante realidade. Segundo Erwin Panofsky, "foi então que, na imaginação de Virgílio, e de Virgílio somente, que o conceito da Arcádia, como o conhecemos, nasceu — que uma região árida e gélida da Grécia se transfigurou num reino de completa beatitude" (1991: 382). Tal imagem parece ter prevalecido no Renascimento. A Arcádia, utopia de beleza e felicidade, distante no espaço, e que seduzia os romanos da época de Virgílio, seria transformada pelo pensamento renascentista em uma utopia de beleza e felicidade, agora distante também no tempo. Mas a obsessão renascentista por inventar utopias não se restringiu à produção literária. O idealismo platônico, fundamento da estética classicista, encontrou condições favoráveis para ressurgir em todo o cenário artístico.

DESCOBRIMENTO DO ESPAÇO

No século XV, Florença ganhou prestígio, não somente como um importante centro econômico e político mas, principalmente, como a cidade da qual emergia uma concepção de mundo que transformaria as formas do pensamento. Elaborada por um grupo de intelectuais, essa nova concepção humanista, antropocêntrica, contrária ao teocentrismo medieval, procurou resgatar alguns ideais das expressões artísticas, científicas e filosóficas que haviam vigorado na Roma Imperial, considerada grandiosa e suntuosa até a invasão dos bárbaros. Aquele período ainda é conhecido como Renascimento, embora não tenha ocorrido exatamente uma revitalização cultural após séculos de obscuridade, mas uma transição dos valores aristo-

2.1
Planisfério

cráticos e religiosos dominantes na Idade Média para uma cultura burguesa, laica e racional. O Renascimento destacou-se por descobertas, tanto no âmbito do espaço, impelidas pela matemática e pela geografia, como acerca do tempo, com a valorização de um passado distante e a pesquisa de saberes da tradição clássica, capazes de estimular inovações no presente.

2.2
Atlas Miller

As viagens marítimas expandiram o conhecimento sobre um mundo agora maior, um globo finito e potencialmente apreensível. A experiência de descobrir novos territórios impulsionou e foi impulsionada pelo aperfeiçoamento das representações gráficas do espaço por meio de mapas. A arte de compor cartas geográficas era praticada desde a Antiguidade, como mostra o mapa do mundo conhecido no século VI a.C., esquematizado por Anaximandro. No século II, Cláudio Ptolomeu desenvolveu uma técnica de projeção perspectivada para representar a superfície terrestre esférica em uma superfície plana, e propôs um sistema de coordenadas — paralelos de latitudes e meridianos de longitudes — que fixava as posições dos elementos geográficos. O método de Ptolomeu consistia em construir a imagem da Terra observada de um ponto fixo, suficientemente afastado para possibilitar a visualização da totalidade do espaço representado (2.1). Durante a Idade Média, entretanto, foram elaboradas apenas cartas portulanas, guias de portos usados pelos navegadores, e mapas territoriais, que documentavam os proprietários de terras. Os desenhos incluíam figuras retiradas do imaginário e, por terem escalas imprecisas, não forneciam medições confiáveis. Os mapas do mundo feudal mostravam as cidades como conjuntos de obras arquitetônicas isoladas e sugeriam a melhor sequência para se percorrerem tais monumentos (2.2).

descobrimento do espaço

A partir do século XV, esse espaço descontínuo e heterogêneo, quase sempre pintado por artistas, foi sendo gradualmente substituído por outro espaço, contínuo e homogêneo, regido pelas leis da matemática e da óptica. Embora tenha mantido por algum tempo as figuras narrativas e as descrições de percursos frequentes nas ilustrações medievais, a cartografia renascentista implementou um traçado mais rigoroso das fronteiras territoriais e das rotas de comunicação. Os mapas foram adquirindo objetividade e racionalidade pela influência dos tratados de Euclides e Ptolomeu, que tinham recentemente sido levados para a Europa e traduzidos para o latim. Os princípios matemáticos apresentavam soluções para planificar a esfera, e o reticulado ptolomaico, por sua vez, facilitava marcar posições, indicar lugares no globo terrestre. Esse modelo foi aprimorado no século XVI por Gerardo Mercator, tornando possível um mapeamento ainda mais preciso do espaço físico (2.3).

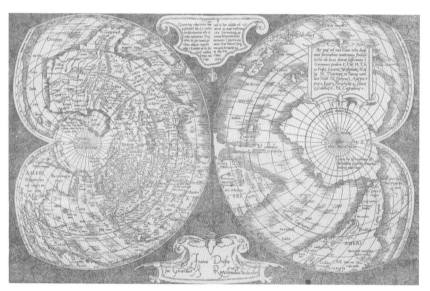

2.3
Mapa-múndi

Modificado pela geometria euclidiana e, posteriormente, pela geometria descritiva, o mapa renascentista, "[...] constituído em conjunto formal de lugares abstratos, é um 'teatro' onde o mesmo sistema de projeção justapõe, no entanto, dois elementos bem diversos: os dados fornecidos por uma tradição e aqueles trazidos por navegadores" (Certeau, 1994: 206). O mapa tornou-se um artefato totalizante, que reunia no mesmo plano pontos referenciais heterogêneos, um sistema racional que convertia fluxos espaciais e temporais em um esquema fixo, destinado a conquistar, controlar e homogeneizar territórios: "O saber geográfico se tornou uma mercadoria valiosa numa sociedade que assumia uma consciência cada vez maior do lucro. A acumulação de riqueza, de poder e de capital passou a ter um vínculo com o conhecimento personalizado do espaço [...]" (Harvey, 1993: 221). Desse modo, o perspectivismo e a geometrização do olhar reestruturaram a percepção, permitindo a emergência de uma nova ciência e, também, de uma nova arte do espaço.

A arte renascentista introduziu algumas alterações conceituais em relação à produção gótica. No final do período medieval, as pinturas e esculturas de quase todo o continente europeu eram regidas pelos mesmos princípios, e as especificidades locais eram pouco relevantes. Mas com a expansão da ocupação urbana, as cidades passaram a competir por privilégios no comércio e na indústria, competição esta que induziu à organização de seus artistas e artesãos em guildas. A intensificação da vida urbana coincidiu, portanto, com o desenvolvimento e a multiplicação das corporações de ofício, orientadas para o treinamento profissional e para a regulamentação das condições de seu desempenho. Na Idade Média, as artes liberais exigiam um conhecimento teórico, considerado desnecessário às operações vulgares das artes mecânicas. Poesia e música estavam entre as atividades intelectuais, entre as disciplinas ensinadas em universidades, enquanto as artes visuais, tidas como atividades meramente manuais e mecânicas, eram praticadas nas guildas. Os artistas renascentistas, porém, já não aceitavam as doutrinas vigentes nem o conhecimento dogmático do mundo. Inspirados pelo naturalismo, pelo desejo de mostrar as relações de semelhança entre a obra e a natureza, os artistas passaram a investigar e experimentar novos modos de expressão. Para Ernst Gombrich, "esse espírito de aventura que se apoderou da arte no século XV assinalou a verdadeira ruptura com a Idade Média" (1999: 247).

A arte renascentista, no entanto, era prisioneira de um paradoxo. Os artistas precisavam imitar a realidade existente, mas precisavam, simultaneamente, se afastar dessa realidade para mostrar nos objetos representados uma beleza resultante da aplicação de regras de proporção. Ao deformar a aparência da realidade, a arte triunfava sobre a natureza, porém traía o discurso que pretendia defender sua imitação. Essa dupla exigência, de reproduzir e corrigir a realidade, fez surgir uma disciplina ausente no pensamento medieval, a teoria da arte, para definir os fundamentos de uma arte que não apenas

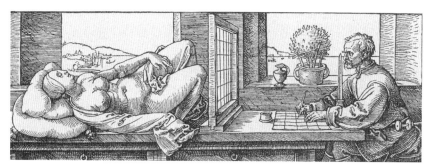

2.4
O desenhista de uma mulher reclinada

revelava a aparência dos objetos, mas reduzia as múltiplas imagens daqueles objetos a uma forma idealizada. A teoria da arte contrariava, segundo Nikolaus Pevsner, "os conceitos e a prática da pintura que então predominavam da mesma forma que as novas ideias acadêmicas dos humanistas se opunham às teses dominantes das velhas universidades escolásticas" (2005: 93). A grande aspiração de Leonardo da Vinci era elevar a pintura, até então concebida como um exercício de habilidade manual, ao *status* de ciência. Para alcançar essa condição, a arte não podia imitar toda ou qualquer natureza, somente uma aparência que a razão entendia como essência da natureza. Quando adotaram princípios teóricos, as práticas pictóricas e escultóricas conseguiram se excluir das desvalorizadas artes mecânicas e conquistaram um lugar entre as artes liberais que, como as ciências, eram sistemas de conhecimento empenhados em descobrir e representar o mundo.

Se nas composições medievais os objetos estavam apenas justapostos, mas não vinculados através de relações matemáticas, as teorias da arte buscaram autoridade em leis universais que ordenavam os objetos dispostos em um espaço abstrato, tridimensional, uniforme, prolongável em todas as direções. Surgiu assim, na Florença do século XV, uma concepção de espaço como substrato homogêneo e infinito, que devia ser representado através do traçado geométrico e do cálculo das dimensões aparentes. Ao inventar uma perspectiva com pontos de vista e de fuga coincidentes, Filippo Brunelleschi inaugurou o processo geométrico que conduziu a essa arte da representação. O espaço tridimensional racionalizado da visão perspectivada podia, então, ser projetado sobre uma superfície, a interseção de um plano ideal com a realidade física. Para produzir efeitos de perspectiva, Brunelleschi recomendava ao pintor se instalar em uma posição fixa em relação aos objetos da composição e, a partir desse ponto de vista privilegiado, construir geometricamente a ilusão de terceira dimensão (2.4). As leis da perspectiva possibilitavam ao artista resolver matematicamente o problema da redução do tamanho das figuras com o aumento da distância e, desse modo, criar um espaço pictórico com foco centralizado e escala uniforme.

O quadro, de acordo com a metáfora proposta por Leone Battista Alberti, era uma janela imaginária, transparente, era a base de uma pirâmide visual com vértice no olho do pintor ou do observador. As obras renascentistas apresentavam, segundo Heinrich Wölfflin, "[...] a tendência a subtrair os planos aos olhos, a desvalorizá-los e torná-los insignificantes, na medida em que são enfatizadas as relações entre os elementos que se dispõem à frente e os que se encontram atrás, e o observador se vê obrigado a penetrar até o fundo do quadro" (1989: 79). A profundidade perspéctica estabelecia, também, uma relação temporal entre os elementos, porque a posição no espaço corresponde a um instante, anterior ou posterior, no tempo. Essa experiência da profundidade expandiu o limite de visibilidade para o horizonte, deslocando a percepção para planos mais afastados, introduzindo na composição relações de continuidade espacial. Assim, as sequências espaciais e temporais, tornadas visíveis nas telas, viabilizavam a construção de uma narrativa, viabilizavam a organização de causas e efeitos, envolvendo a progressão de um conjunto de signos que se reforçavam mutuamente e pareciam mobilizados em direção a uma conclusão, ao significado de um evento (2.5). As concepções artísticas renascentistas, segundo Panofsky, "arrancam o objeto do mundo interior da representação subjetiva e os situam em um mundo exterior solidamente estabelecido; também dispõem entre o sujeito e o objeto (como o faz na prática a perspectiva) uma distância que ao mesmo tempo reifica o objeto e personifica o sujeito" (1994: 49).

2.5
O retrato dos Arnolfini

descobrimento do espaço 73

2.6
Veduta della Catena

Seguindo as mesmas premissas, a arquitetura descobriu uma nova espacialidade na cúpula da Catedral de Florença. Sem recorrer aos contrafortes góticos, Brunelleschi buscou inspiração em obras antigas, como o Panteão de Roma, e experimentou técnicas engenhosas para construir a estrutura mais ousada daquela época. Os conhecimentos de física e matemática permitiram desafiar as forças da natureza, mas essa estrutura não tinha somente função portante. A forma geométrica, monumental e inequívoca, marcava fortemente a paisagem urbana medieval horizontalizada e imprimia uma nova identidade na Florença quatrocentista. A imponente cúpula de Brunelleschi representava a totalidade de um espaço perspectivado que, através das nervuras, convergia para o ponto focal, simultaneamente materializado e desmaterializado no lanternim. Centro religioso e simbólico de um território social e geográfico, a cúpula da catedral atuava como protagonista do teatro urbano, como atrator visual na cidade e em toda a extensão sob sua influência (2.6). Ao criar um espaço homogêneo, delimitado por uma forma estática e centralizada, a arquitetura tornava reais os ideais de proporção e regularidade, que depois prevaleceram em toda a arte renascentista.

IMAGEM DO ESPAÇO

O novo paradigma arquitetônico, que integrava e ressignificava o repertório clássico, teve sua primeira expressão enquanto programa residencial no Palácio Medici. Construído em Florença, o edifício trazia para a visibilidade o poder de uma classe social favorecida pelo rápido crescimento das atividades econômicas e mercantis. Essa sociedade capitalista, impregnada de valores seculares, sustentou seu projeto intelectual em discursos da Antiguidade, considerados o maior legado de um passado glorioso. Os agentes do campo cultural em formação, que incluíam comerciantes, príncipes e acadêmicos, começaram a organizar coleções para mostrar conhecimento sobre a tradição greco-romana e, sobretudo, para reforçar o poder de uma minoria que almejava ocupar posição de destaque na estratificação social.

> *Inicialmente originada pela posse de riquezas, redes de comunicação e uma relação de superioridade existente dentro da população da cidade, essa nova posição de sujeito logo se tornou autônoma, e produtora de poder e saber através de seus próprios méritos (Greenhill, 1995: 24).*

O interesse dos investidores em colecionar e a consequente necessidade de construir espaços especializados para proteger as coleções contribuíram para elevar o *status* tanto dos artistas quanto das artes visuais. Na pintura, novas técnicas e novos materiais, como tintas à base de óleo, viabilizaram e incentivaram a elaboração de telas que foram convertidas em mercadorias. Na escultura, os artistas buscaram inspiração no classicismo, porém as estátuas gregas e romanas não eram mais tidas como depositárias de magias pagãs, eram um legado cultural dos antigos, que forneciam um diferente aporte para o humanismo emergente. Essas transformações, entretanto, não romperam radicalmente com os modos de produção anteriores. Muitos profissionais ainda pertenciam a guildas e companhias, ainda tinham aprendizes e, como ressaltou Gombrich, "[...] ainda se apoiavam em encomendas feitas, predominantemente, pela aristocracia abastada, que precisava deles para decorar seus palácios e suas residências de campo, além de fazer seus retratos para as galerias de antepassados" (1999: 475).

As galerias de príncipes funcionavam como salas de recepção, compondo cenários sofisticados para enquadrar a figura do príncipe em festas ou cerimônias oficiais. Esse espetáculo visava a impressionar os visitantes com o luxo e o esplendor do soberano e, mediante iconografias especiais, legitimar seu poder. Nos sistemas de governo monárquicos, arte e cultura eram instrumentos para tornar pública e contextualizar a imagem do soberano. Para Jürgen Habermas, "[...] configura-se um modo novo a representatividade pública a partir da cultura aristocrática urbana da Itália setentrional do pré-capitalismo" (1984: 22). A nova representatividade assimilou as regras de conduta da sociedade burguesa que promoveu o humanismo. As alianças entre os monarcas e a burguesia foram determinantes na estruturação das monarquias nacionais e no financiamento de projetos de expansão territorial. O humanismo foi então introduzido na vida da corte. O cavaleiro cristão foi substituído pelo cortesão com formação humanística, assim como o nobre rural e autônomo, com direitos feudais decorrentes de seu domínio fundiário, perdeu o poder de representação, agora deslocado para a corte do príncipe.

Nem príncipes nem governantes hereditários, os patriarcas da família Medici procuraram obter notoriedade e alcançar superioridade na hierarquia social com a criação de uma instituição que, não apenas priorizava o saber, mas sobretudo exibia riquezas. Por esse motivo, o Palácio Medici é muitas vezes citado como a origem dos museus e das atividades de colecionamento na Europa. Os convidados ao palácio tinham o privilégio de contemplar as obras para entender seus significados, julgar a habilidade dos artistas e avaliar as despesas do patrocinador. O espaço de exposições tinha acesso controlado, e também o visitante tinha possibilidades e limitações previamente determinadas. Ao contrário das arquiteturas e de outras obras de arte inseridas nos espaços públicos para divulgar experiências religiosas, as coleções seculares eram mantidas em espaços privados, e destinavam-se a glorificar o ser humano, mais especificamente, o proprietário daquele patrimônio.

No intuito de representar sua emergência, o intelectual renascentista, que muitas vezes se confundia com o proprietário, recorreu à reestruturação do campo epistemológico para dissolver as antigas hierarquias do mundo medieval, manifestação da criação divina. Os métodos de conhecimento da Idade Média, baseados na acumulação de provas inverificáveis, já não resistiam às pressões de uma época que, a partir das viagens de descobrimento e dos ensaios científicos, dispunha de novas informações. Tesouros inimagináveis, estranhos objetos antes desconhecidos, foram transferidos das Américas para a Europa. Paralelamente à apropriação de tais riquezas, a recuperação e a transcrição de textos antigos favoreceram a agregação de discursos eruditos às recentes redes de conhecimento. A cultura herdada da Antiguidade, assim como os elementos da natureza, foram examinados sistematicamente, passaram por interpretações e reinterpretações, até suas formas e seus significados serem reinscritos no continente europeu, adquirindo outras utilizações possíveis.

Interpretar por meio de um sistema de semelhanças era a principal tarefa do saber renascentista. Toda linguagem, toda representação, constituía-se como imitação, como um teatro da vida ou um espelho do mundo. A semelhança possibilitou conhecer os objetos, tanto os visíveis quanto os invisíveis, possibilitou interpretar textos e organizar o infinito jogo de signos que cobriam o mundo e precisavam ser decifrados. Segundo Foucault, "[...] esses signos, que revelam semelhanças e afinidades, não passam, eles próprios, de formas da similitude. Conhecer será, pois, interpretar: ir da marca visível ao que se diz através dela e que, sem ela, permaneceria palavra muda [...]" (1990: 48). As marcas visíveis, as assinaturas impressas nas superfícies dos objetos indicavam semelhanças invisíveis e, quase sempre, secretas. Nas exterioridades, em que se encontravam assinaladas as analogias ocultas, eram reconhecidas as semelhanças, as identidades. A circularidade e o procedimento por acumulação tornavam movediça e instável essa estrutura epistemológica, porque os objetos eram decodificados e encadeados a partir de relações que podiam ser infinitamente reescritas, permanentemente reinterpretadas, segundo os critérios do indivíduo que investigava. O conhecimento constituía-se como o descobrimento de um mundo mágico e fixo, velado e revelado, pela análise das assinaturas nos objetos, indicando, simultaneamente, o posicionamento do indivíduo no centro desse universo parcialmente objetificado. A semelhança renascentista inventou, portanto, um espaço ordenado, centrípeto, convergente, no qual o macrocosmo se assemelhava ao microcosmo, e o ser humano ocupava um ponto central privilegiado.

Instalado no centro do universo, o ser humano adquiriu uma visão perspectivada, que construía o mundo como imagem, que construía a cidade como uma composição pictórica, também centralizada. A noção de centralidade foi apropriada pela estética urbana, sobretudo nos modelos de cidades ideais. Esses modelos ideais foram recorrentes em quase todas as formações históricas ocidentais, porém, naquele período, os projetos remetiam às descrições da *República* platônica e da *Civitas Dei* agostiniana. A cidade ideal tinha um aspecto sagrado, metafísico ou celeste, enquanto a cidade real se definia como profana, terrena e humana. Mas, como argumentou Kostof, os filósofos que influenciaram os desenhos das cidades tinham um entendimento restrito dos processos urbanos reais e sugeriam somente diagramas elementares, esquemas rígidos, como círculos ou quadrados centrados, compatíveis com os sistemas ordenadores de suas filosofias morais (1991: 163). A cidade real deveria ser uma cópia de tais modelos arquetípicos.

2.7 Cidade ideal

A imagem da cidade ideal renascentista era criada a partir das mesmas premissas de perfeição e beleza que fundamentavam a obra de arte. As cidades idealizadas pelos arquitetos e pintores humanistas mostravam uma totalidade harmônica, proporcional, apreendida como espaço unificado e atemporal. As paisagens urbanas enquadradas nas pinturas do século XV representavam uma ordem espacial que capturava o olhar para um ponto focal, afastando e desprezando os temas periféricos. Pintor e observador olhavam através do mesmo cenário perspectivado, para o mesmo ponto de fuga. Para equilibrar a composição, as obras arquitetônicas eram dispostas simetricamente em relação a um eixo, e a semelhança de suas fachadas acentuava essa integração. Desse modo, a cidade era projetada como um mecanismo óptico, em que o observador visualizava uma sequência de objetos cujas dimensões se reduziam proporcionalmente na direção do pano de fundo (2.7). Os efeitos perspécticos ainda eram enfatizados pela implantação de elementos singulares nas extremidades de ruas largas e retilíneas, elementos arquitetônicos ou escultóricos, que marcavam o contraste entre a singeleza do privado e a monumentalidade do público.

Nos desenhos urbanos, as diversas zonas eram concêntricas. O centro fixava um ponto focal de convergência de ruas radiais, delimitadas perifericamente por figuras geométricas — círculo, quadrado ou outro polígono regular. Uma cidade centralizada e fechada, com traçado urbano regular e distribuição ordenada das funções públicas e privadas era, certamente, passível de um controle maior. A forma urbana estava, uma vez mais, comprometida com o autoritarismo. Centro do estado autocrático, a cidade ideal renascentista era a regularização da estrutura urbana medieval fundada na vida comunitária. O espaço religioso era, então, substituído pelo espaço secularizado, e as funções do castelo eram assumidas pelo palácio urbano, que simbolizava o poder real e a autoridade aristocrática emergentes. Essa centralização política nos projetos urbanos coincidia com a realização dos objetivos perseguidos pelos monarcas medievais, que agora tinham jurisdição sobre todo o território, tributação sobre a população e monopólio da força. Os arquitetos pareciam apoiar o poder do príncipe sobre o povo, que Nicolau Maquiavel definiu como matéria sem forma, governados dependentes de um governante. Esses governantes financiaram, portanto, a elaboração de tratados que defendiam arbitrariedades, indicavam estratégias para conquistar territórios e dissolver conflitos, assim como prescreviam mecanismos para persuadir os súditos a aceitarem a dominação, considerada indispensável para garantir as riquezas materiais e espirituais de uma sociedade próspera, vinculada a um bom príncipe.

Naquele ambiente cultural e político da Florença do século XV, Alberti escreveu dez livros sobre a arte de construir, *De Re Aedificatoria*, dedicados ao papa Nicolau V. O mundo ideal e o mundo real tinham, para Alberti, existências independentes, desconexas. No entanto, utilizando as regras da perspectiva, um pintor conseguia produzir a ilusão de unidade e imprimir ideais humanistas no mundo desordenado, convertendo o real em ideal. Analogamente, um arquiteto podia projetar cenários ideais que, introduzidos em composições urbanas sem harmonia, simulavam uma ordem capaz de controlar a cidade. Assim, na tentativa de reconciliar o mundo humanista perfeito e a realidade, necessariamente confusa e desordenada, Alberti desenvolveu teorias, que foram ilustradas com imagens teatrais para orientar o espectador. Essa cidade idealizada tornou-se, segundo Christine Boyer, "[...] um palco pictórico para a representação de ações significativas, um meio teatral de poder e *status*, de credibilidade e estabilidade, dignidade e glória, que ocorria em um mundo enganoso e turbulento" (1998: 79). Ao apresentar perfeição, harmonia e imutabilidade, o desenho urbano transformava-se em uma ferramenta com possibilidade de influir na organização social.

Mais do que discutir as técnicas construtivas das arquiteturas, Alberti pretendia investigar a crescente complexidade que surgia nos espaços urbanos. Suas teorias urbanísticas mostravam a transição do medievalismo para um pensamento renascentista. A cidade apresentava simultaneamente os antigos valores econômicos e religiosos da comunidade que se agrupava em torno da catedral e os valores políticos recentes: "A cidade não é mais um espaço fechado e protegido, mas um nó de relações e um centro de poder; não é mais uma comuna, com a ordem das suas atividades produtivas e mercantis, mas um Estado, com uma função histórica própria" (Argan, 1992: 108). O espaço urbano tinha se tornado um espaço ideológico, planejado para atender às necessidades de uma sociedade organizada, na qual as técnicas do trabalho humano pertenciam ao escopo da ciência, e as decisões políticas visavam a garantir um crescimento econômico constante. Projetar aquela cidade exigia, de acordo com os arquitetos florentinos, ultrapassar as tarefas meramente práticas de parcelamento do solo e implantação de edifícios. Na nova urbanidade, os objetos arquitetônicos adquiriam *status* de monumentos, personagens de uma construção histórica que integravam a retórica clássica para expressar a espacialidade e a ornamentação de seu tempo.

Um tratado da época do imperador Augusto, *De Architectura*, os dez livros sobre arquitetura de Marcus Vitruvius Pollio, talvez tenha inspirado o texto de Alberti. A tecnologia de impressão desenvolvida no Renascimento por Johannes Gutenberg favoreceu a publicação e a divulgação dessa obra escrita no século I a.C., estimulando os arquitetos a resgatarem o repertório tradicional por meio da análise das ruínas de edifícios do passado. Vitrúvio era a autoridade inquestionável da Antiguidade romana, mas suas referências tinham origem na Grécia clássica e seu objetivo era revitalizar o conhecimento grego, transferir conceitos artísticos e científicos da produção clássica para uma cultura helenística em expansão. O tratado descrevia procedimentos arquitetônicos e urbanísticos, e incluía ainda instruções para fabricação de algumas peças e máquinas. A arquitetura constituía-se como um conhecimento prático, *fabrica*, e também teórico, *ratiocinatio*. Se a prática era a construção manual segundo um projeto, a teoria demonstrava e explicava as regras de composição dos objetos arquitetônicos.

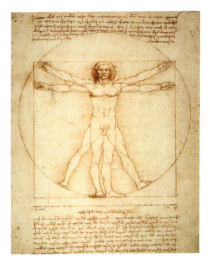

2.8
Homem vitruviano

A obra arquitetônica devia ser análoga à natureza, mais precisamente ao ser humano enquanto elemento integrante e privilegiado dessa natureza. Por possibilitar a aplicação de um sistema de proporções, a figura humana legitimava uma arquitetura antropomórfica, supostamente proporcionada e equilibrada. O objeto arquitetônico propunha-se a refletir a idealização do corpo humano para representar ou, até mesmo, substituir sua perfeição. O edifício, como mostrou Anthony Vidler, "[...] retirava sua autoridade, proporcional e compositiva, desse corpo e, de modo complementar, o edifício atuava então para confirmar e estabelecer o corpo — social e individual — no mundo" (1992: 71). Os teóricos renascentistas subscreveram essa analogia, tornada mais do que metafórica ao ganhar realidade em plantas baixas e fachadas. A imagem da forma humana estendia-se do edifício, projetado como um corpo ideal, até a cidade, manifestação dos corpos social e político. As expressões antropomórficas levaram os arquitetos a valorizarem a centralidade, presumidamente capaz de trazer unidade para a composição. Por revelarem um centro evidente e enquadrarem com exatidão a figura humana ideal, o círculo e o quadrado eram considerados formas geométricas perfeitas (2.8).

Se um homem for colocado de costas, com as mãos e os pés estendidos, e um compasso for centrado em seu umbigo, os dedos de suas mãos e de seus pés tocarão a circunferência de um círculo descrito a partir daquele ponto. E assim como o corpo humano produz uma linha de contorno circular, uma figura quadrada pode ser encontrada a partir deste. Pois se nós medirmos a distância das plantas dos pés ao topo da cabeça, e então aplicarmos essa medida aos braços esticados, a largura encontrada será igual à altura, como no caso de superfícies planas que são perfeitamente quadradas (Vitruvius, 1960: 73).

O esquema centralizado, universal e atemporal, foi determinante para a construção dos modelos urbanos antigos. As cidades, segundo Vitrúvio, "[...] não deviam ser projetadas como um quadrado exato nem com ângulos agudos, mas devia ter forma circular, para possibilitar a visibilidade do inimigo a partir de muitos pontos" (ibid.: 22). A cidade proposta era radial, concêntrica, fechada por uma muralha defensiva octogonal (2.9). As oito ruas que partiam do centro conduziam a torres situadas nos vértices, e não às portas localizadas em lados alternados do octógono. A justificativa para o traçado radioconcêntrico era a necessidade de evitar ventos indesejáveis. Embora de eficácia discutível quanto à exclusão dos ventos, essa configuração favorecia a defesa militar, pois o posicionamento das portas impedia o acesso direto ao núcleo da cidade. A forma urbana vitruviana, entretanto, era somente uma teorização, que nunca se materializou, nem mesmo nas implantações das colônias ou dos acampamentos militares romanos.

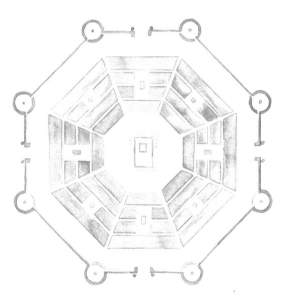

2.9 Cidade ideal

ESPAÇO DO TEATRO

As paisagens urbanas também foram idealizadas. A cidade ganhava significado por meio de obras arquitetônicas, então personagens de uma narrativa teatral. Vitrúvio descreveu três cenários urbanos correspondentes a cenas teatrais — trágica, cômica e satírica — desenhadas, em meados do século XVI, por Sebastiano Serlio. Na cena trágica, representativa do espaço público, predominavam colunas, frontões, estátuas e elementos cerimoniais clássicos (2.10). Menos elitizada, a cena cômica do espaço privado exibia lojas com arcadas e residências com janelas e balcões góticos (2.11). A cena satírica retratava o espaço natural, exterior à cidade, com árvores, cavernas, montanhas e elementos rústicos (2.12). Esses três modelos remetiam aos ambientes paradigmáticos do Renascimento, nos quais eram encenados os dramas da vida urbana e campestre. Os rituais estatais e públicos tinham a rua trágica como palco, as histórias da tumultuada vida mercantil e popular passavam-se na rua residencial da comédia, atividades bucólicas e esportivas, por sua vez, eram praticadas no espaço florestal.

As imagens vitruvianas reproduziam as diversas formas cênicas e performances do anfiteatro romano. As composições cenográficas eram espelhos que mostravam para a sociedade a imagem de uma cidade perfeita. Esse esforço para instaurar na sociedade romana uma ordem moral remontava à Atenas do século V a.C., quando a tragédia participava de experiências individuais e coletivas, instruindo os espectadores pela reapresentação de costumes, valores e leis da cidade. Sem cortinas ou iluminações especiais que distanciassem a plateia dos atores, o teatro clássico era um projeto sofisticado, simultaneamente arquitetônico e urbanístico, de um espaço definido por palco, arquibancadas e entorno. O cenário enquadrava as paisagens naturais e construídas, enquanto o drama doutrinava um público, já fisicamente

2.10
Cena trágica

2.11
Cena cômica

2.12
Cena satírica

envolvido pela disposição semicircular da plateia: "A forma do teatro grego lembra um solitário vale montanhoso: a arquitetura da cena surge como uma luminosa configuração de nuvens que as bacantes ao enxamear pelos montes avistam das alturas, qual moldura gloriosa em cujo meio a imagem de Dioniso se lhes revela" (Nietzsche, 2000: 59). O *theatrum mundi* que surgiu na Idade Média se apropriou da concepção de espaço como palco para expor a grandeza das conquistas humanas em um universo regido pela vontade divina. Posteriormente, com a transferência do controle do mundo para o ser humano, a sociedade mercantilista fez a teatralidade expandir seu domínio. Todo indivíduo era considerado ator no palco da vida secular.

No mundo do mercado, assim como no teatro, as aparências eram fundamentais. O teatro, o lugar aonde se vai para ver, era instrumento de representação da vida pública, e o espaço urbano era configurado segundo a estrutura subjacente às performances teatralizadas. A cidade e o teatro tornaram-se inseparáveis: "[...] os espaços teatrais e arquitetônicos são prismas culturais através dos quais o espectador experiencia a realidade social, visualizando mecanismos que metaforicamente espacializam a realidade" (Boyer, 1998: 74). Durante as festividades na cidade cerimonial renascentista, palanques deslocavam-se pelas ruas, exibindo quadros teatrais que legitimavam e celebravam o poder do soberano ou da aristocracia. Os enquadramentos das paisagens geravam uma narrativa, uma história urbana contada dentro da linha de contorno. Inseridos em pontos focais, referenciais da cidade, os cenários teatrais conferiam coerência às cerimônias, fazendo emergir uma memória artificial de atos triunfais e heroicos. Patrocinada pelas autocracias, essa dramatização da forma urbana promoveu a regeneração do teatro clássico e, paralelamente, a reestruturação da cidade.

Em suas ilustrações cênicas, Serlio aplicou as leis da perspectiva para transformar o palco em um cubo cenográfico. Aquelas gravuras estabelecem uma nova relação entre espectador, ator e palco pictórico, pois as linhas da perspectiva convergiam para um ponto de fuga central, definido pela perpendicular ao lugar do soberano (ibid.: 84). Diferente do anfiteatro clássico, que reunia todo o público sem privilegiar qualquer indivíduo, no teatro de Serlio tanto o ponto de vista do soberano como o ponto de fuga do cenário estavam do lado oposto ao centro do palco, elevados sobre o restante da plateia. As ilusões visuais foram usadas teatralmente para enfatizar o controle do soberano, o único com total visibilidade do espaço. Teatros perspectivados passaram a ser construídos em palácios de príncipes italianos como lugares festivos de entretenimento. A distância entre espectador e espetáculo era agora maior, pois Serlio projetou um palco alongado, para aumentar a profundidade perspéctica, e deslocou o ponto central da ação, do pano de fundo para o proscênio. A ação, destinada a ressaltar o poder do soberano, estava distante do espectador, que, com reverência, apenas assistia. A estratégia consistia em utilizar programas de entretenimento para silenciar, anular o questionamento da plateia e, desse modo, impor uma organização autocrática.

Os espaços urbanos propostos por Alberti também reafirmavam os vínculos com um teatro imaginário (1989: 106). As cenas cômicas, de traçados irregulares e composições aleatórias, deviam predominar tanto nas cidades menores, para impedir o acesso direto aos portões, como nos centros urbanos, onde ruas sinuosas parecerriam mais longas que as retilíneas. Os percursos curvos, tortuosos, com direções variáveis e perspectivas mutáveis, tinham o propósito de garantir maior segurança e aumentar o tamanho aparente do espaço construído. Para as cidades nobres e poderosas, era recomendado o traçado regular das requintadas cenas trágicas: ruas limpas, pavimentadas, alinhadas através de pórticos ou edifícios residenciais contínuos, de fachadas idênticas e alturas constantes. Por imitarem os modelos ideais, essas cidades deveriam ter ruas retilíneas e muito largas que intensificassem sua dignidade e majestade. Assim, o espaço urbano adotava a imagem de um ambiente teatral ideal que retratava o domínio do príncipe. Segundo Kostof,

> *da decoração teatral, os urbanistas renascentistas e barrocos absorveram reinterpretações de temas clássicos como arcos triunfais, frontões de templos, êxedras e estátuas públicas em pedestais. Da mesma fonte aprenderam a aplicar a perspectiva a paisagens urbanas, isto é, erguendo proscênios através dos quais a paisagem podia ser vista, usando contínuos planos de ruas para criar o necessário alinhamento em direção à profundidade, e fixando o ponto de fuga com um marco terminal. Além de convergência e simetria, o projetista do cenário podia estabelecer uma ordem geral através de ruas de fachadas uniformes (1991: 222).*

Projetada como uma obra de arte clássica, fundamentada na harmonia entre as partes, a cidade ideal de Alberti era composta por elementos de dimensões, proporções e implantações diferenciadas. A singularidade dessa cidade era a disposição ordenada de ruas, praças e edifícios, de acordo com as variadas funções e os distintos prestígios. A unidade compositiva pressupunha algum atrator visual, mais precisamente, um elemento central ou focal, ponto de convergência e divergência, ponto de tensão entre forças centrípetas e centrífugas, elemento este capaz de dominar todo o conjunto. Os marcos referenciais do espaço urbano eram praças públicas comparáveis a palcos teatrais, pois se encontravam delimitadas pelos edifícios circundantes e, simultaneamente, exibiam os aspectos artísticos dessas construções. O efeito dramático de obras públicas e artes cívicas ficaria reduzido caso estivessem espalhadas pela cidade, mas, agrupadas em torno de um vazio central e dominante na cena urbana, a cidade assumia uma forma unitária. No entanto, para cada praça Alberti prescreveu forma e função específicas: "Uma praça deve servir como mercado para finanças ou vegetais, para gado ou madeira, assim por diante; cada tipo de praça deve ser implantada em seu próprio lugar na cidade e ter seu próprio ornamento diferenciado" (1989: 263).

A praça pública constituía, então, um vazio tridimensional limitado pelas superfícies bidimensionais das construções do entorno. O fechamento espacial era a expressão do sentido de lugar, era a criação de uma ordem que excluía o caos indiferenciado do mundo exterior. A impressão de fechamento era acentuada pela continuidade e unidade visual das fachadas, resultantes da repetição de tipologias, ou ainda pela inserção de colunatas ou arcadas ininterruptas, que ligavam as construções e definiam uma passagem coberta. Esse artifício arquitetônico já tinha sido mencionado por Vitrúvio: "Os gregos implantam praças de formas quadradas circundadas por amplas colunatas duplas, que são adornadas com colunas dispostas muito próximas e com entablamentos de pedra ou mármore, e constroem passarelas no pavimento superior" (1960: 131). A noção de fechamento dependia também da relação entre as alturas dos edifícios e a largura da praça. A dimensão crítica, contudo, era a altura porque o olhar se movimenta sobretudo na direção horizontal. Se os edifícios muito altos eram opressivos, elementos muito baixos poderiam tornar-se meramente periféricos e perder relevância no campo visual.

As relações entre dimensões de edifícios, praças e ruas articulam as diversas escalas da cidade e tornam o espaço urbano adequado à escala humana. Quando essas proporções fogem aos parâmetros usuais, os elementos urbanos tendem a assumir diferentes funções no ambiente construído. Como as dimensões aparentes dos objetos são relativas a suas posições no contexto e a suas conexões com edifícios adjacentes, os arquitetos pesquisaram um sistema de proporções que atribuísse medidas corretas aos elementos da composição. Para a estética renascentista, tornar apreensível a totalidade das construções e tornar perceptível a unidade formal da composição eram condições inquestionáveis. A ordem visual no espaço urbano pressupunha, por consequência, a legibilidade do todo, que resultava da recognição das partes, passíveis de serem organizadas em um modelo coerente.

O princípio de ordem foi dominante desde a Antiguidade. A ordem, definiu Vitrúvio, "[...] atribui medida correta para os elementos de uma obra considerados separadamente, e a harmonia simétrica para as proporções do todo" (ibid.: 13). Os teóricos renascentistas mantiveram e aprofundaram esse conceito. Segundo Alberti, todo elemento deve ser ajustado, "[...] de acordo com o número, de tal modo que par seja equilibrado por ímpar, direito por esquerdo, superior por inferior; nada que possa prejudicar a composição ou a ordem deve ser introduzido, tudo deve ser disposto em ângulos retos e linhas proporcionais" (1989: 164). O objeto arquitetônico precisava conjugar beleza com ornamento. A beleza ideal era exatamente a *concinnitas*, a lei absoluta da natureza, a harmonia compositiva racional, totalizante e imutável, em que nada poderia ser acrescentado, retirado ou alterado sem muito depreciar a obra. O ornamento, em vez de inerente ao objeto, era apenas um valor agregado ou adicional. A *concinnitas* implicava a articulação entre o *numerus*, fator quantitativo ou formalismo dos cânones, a *finitio*, fator qualitativo ou contorno da figura, e a *collocatio*, agencia-

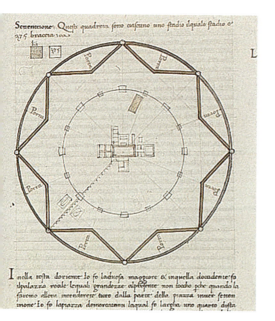

2.13
Sforzinda

mento ou posicionamento dos elementos na composição. A *concinnitas* era, para Alberti, "[...] o principal objetivo da arte de construir e a causa de sua dignidade, atração, autoridade e valor" (ibid.: 303).

A beleza da obra arquitetônica não decorria, portanto, de uma opinião subjetiva, mas de um conhecimento objetivo, que prescrevia a utilização de proporções derivadas das harmonias musicais de Pitágoras. Seguindo o enfoque dos pensadores gregos, Alberti estabeleceu uma analogia entre música e geometria, em que a música era geometria traduzida em som, e a arquitetura, música congelada: "Os mesmos números que fazem os sons terem aquela *concinnitas*, agradável aos ouvidos, podem também encher nossos olhos e nossa mente com enorme prazer" (ibid.: 305). As regras de proporção deviam ser extraídas da música ou de formas da natureza, supostamente dotadas de perfeição. Portanto, a beleza visual, mais do que um simples fenômeno óptico, representava um acordo com a harmonia geral do mundo. A busca de cânones regidos por relações matemáticas como suporte teórico para a forma artística remetia ao pitagorismo e, principalmente, à cosmologia platônica. Assim como o demiurgo criava o cosmo a partir de arquétipos ou ideias eternas preexistentes, o artista encontrava uma ordem espacial através de formulações racionais.

A primeira cidade ideal renascentista foi inteiramente planejada no final do século XV por Antonio di Pietro Averlino, conhecido como Filarete. A cidade era Sforzinda, dedicada ao tirano milanês Francesco Sforza. O espaço urbano era delimitado por uma circunferência, onde se inscrevia uma figura estelar de oito pontas, resultante da interseção de dois quadrados (2.13). Filarete adotou um diagrama de ruas radiais que convergiam para um conjunto de três praças, uma para a catedral e o palácio do governante, e as outras para atividades mercantis. Uma via anelar intermediária conectava as praças secundárias de funções religiosas e comerciais, situadas nas ruas radiais. Inspirado no modelo platônico, o arquiteto projetou territórios rigidamente centralizados, delimitados e hierarquizados, mas talvez o traçado radial tenha sido influenciado pela cidade agostiniana, na qual zonas de virtudes e de vícios estavam isoladas. Se Sforzinda ainda conservava as instituições sociopolíticas moralizantes da tradição medieval, inovava ao incluir elementos destinados às estratégias militares de proteção, compatíveis com o aperfeiçoamento da artilharia de fogo.

Alguns anos depois, Francesco di Giorgio Martini elaborou um diagrama para conciliar o esquema de ruas radiais centralizadas em um espaço público com uma muralha periférica de bastiões, que funcionava como instrumento de defesa e ataque. Vicenzo Scamozzi passou da teoria à prática com seu projeto para uma cidade ideal fortificada: Palmanova. Embora Scamozzi tenha desenvolvido em seu tratado um sistema reticulado circunscrito por uma muralha defensiva, o traçado de Palmanova era mais condizente com a descrição da cidade vitruviana. A compatibilização do polígono de nove lados, que definia o perímetro de bastiões, com o hexágono, que limitava a praça central, exigiu uma complexa disposição das ruas radiais (2.14). Além da praça principal no centro, foram implantadas, simetricamente entre as quadras residenciais, seis praças secundárias. Por sua rigidez formal e funcional, essa cidade materializava a antiga vontade de transpor os conhecimentos matemáticos para as técnicas de organização da cidade.

2.14
Palmanova

ESPAÇO DA MEMÓRIA

No final do século XVI, o papa Sisto V e o arquiteto Domenico Fontana elaboraram um plano para Roma baseado em princípios ordenadores que antecipavam os projetos urbanos barrocos e, assim, modificaram radicalmente o traçado da cidade medieval. O programa de obras visava a reunir em uma rede de percursos retilíneos as principais obras arquitetônicas, especialmente igrejas, repovoar as colinas pelo suprimento contínuo de água e, sobretudo, criar uma estética urbana capaz de organizar os espaços públicos, antes delimitados por edifícios aleatoriamente justapostos. Kostof discutiu as diretrizes utilizadas para estruturar a cidade: *trivium*, perspectiva, obelisco e ordenação geométrica (1991: 216). O *trivium* resultava da convergência de três ruas, quase sempre, para uma praça. A perspectiva procurava enquadrar, trazer para o primeiro plano, uma paisagem distante, tornada relevante pela presença de um elemento que atuava como protagonista no espaço. A rua existente entre a moldura e esse marco referencial podia prescindir de fachadas uniformes, desde que fosse reta e suficientemente longa para gerar uma imagem perspectivada impactante. Não mais considerada espaço residual entre edifícios, a rua retilínea, larga e, consequentemente, bela, tinha agora uma identidade diferenciada. Por sua verticalidade e esbelteza, o obelisco foi reapropriado como atrator visual, fixando o ponto focal de uma rua sem bloquear a visibilidade dos edifícios mais afastados. Marcos e cruzamentos específicos foram, posteriormente, circundados por espaços públicos.

Ao transformar Roma na cidade dos monumentos interligados por percursos memoráveis, o projeto de Sisto V não apenas favorecia os rituais religiosos de peregrinação mas, principalmente, inaugurava um urbanismo público. Esse urbanismo estava empenhado em construir a urbanidade como memorial, em perpetuar a memória instalada na cidade, por meio da própria cidade. O plano de Roma operava através da montagem de cenários urbanos e, desse modo, tornava as arquiteturas personagens de uma narrativa teatral, que podia ser inventada e reinventada pela memória individual (2.15). Nos deslocamentos pela cidade, os visitantes desenhavam mapas que, armazenados na memória, serviriam de ferramenta para recognição dos espaços urbanos. Assim, o reconhecimento de uma rede de monumentos, organizados em uma hierarquia, também reconhecível, foi determinante para se criar a imagem, a identidade da cidade.

Por tornarem os lugares privilegiados e referenciais, os monumentos eram agentes da memória. Os monumentos não têm significados intrínsecos às suas formas, representam acontecimentos extrínsecos que integram a memória coletiva. Ao contrário da memória individual, a memória coletiva não pressupõe qualquer invenção, é mera reprodução de discursos baseados em experiências compartilhadas pelo grupo social. Um monumento, como definiu Alois Riegl, "[...] em seu sentido mais antigo e mais original, é uma criação humana, erguida com o objetivo específico de manter vivos nas mentes de futuras gerações os atos ou eventos humanos singulares, ou uma combinação destes" (1998: 621). Patrocinados por instituições de poder, os monumentos antigos, medievais ou renascentistas, tinham um aspecto intencional, memorial, pois pretendiam comemorar e deixar como herança para as gerações seguintes as marcas do passado de um povo. Essas obras, entretanto, eram conservadas somente enquanto durasse a lembrança das

2.15
Plano de Roma

espaço da memória

condições que motivaram suas construções. Os monumentos intencionais precisavam, portanto, superar o duplo desafio de conservar seus significados na memória coletiva e manter uma imagem capaz de resistir às mudanças dos paradigmas estéticos.

O empenho em revitalizar o passado tinha surgido no Renascimento italiano com a apreciação e a consequente preservação de monumentos, que, por refletirem a cultura de uma época histórica imponente, eram considerados capazes de revelar regras universalmente válidas. Em vez de serem abandonadas ou danificadas pelo tempo, essas obras criadas para propósitos então apagados da memória receberam *status* artificial, transformando-se em monumentos não intencionais. Essa mudança de enfoque, na Itália do século XV, resultou de uma nova atitude comemorativa. A reatualização de obras antigas convertia as conquistas de gerações do passado em conquistas da sociedade do presente. No entanto, para os acadêmicos renascentistas, ainda não havia distinção entre valor artístico e valor histórico, distinção que foi estabelecida somente no século XIX. Segundo Riegl, o valor artístico é indissociável da *Kunstwollen*, da intencionalidade, expressão da vontade de arte que caracteriza uma época (ibid.: 623). O valor artístico não é absoluto, é sempre relativo às contingências de cada formação histórica. O valor histórico, porém, remete a um período específico da atividade artística, pois cada obra de arte é um acontecimento necessário e irrepetível na trajetória temporal. Apesar de não explicitado, no século XV, esse valor histórico já estava implícito no privilégio concedido aos monumentos que resgatavam a memória do poder imperial. A arte gótica foi recusada por não adotar os cânones de uma estética supostamente verdadeira, perfeita, ideal.

A história não apenas permite a emergência, mas também valida e legitima a preservação de monumentos. O monumento é historicamente determinado e, simultaneamente, subordinado aos valores de seus períodos históricos. Em seu dinamismo, a história altera as concepções de mundo, podendo às vezes desprezar e até mesmo excluir alguns objetos artísticos ou, então, restaurar e retirar outros da obscuridade. A percepção do passado, inevitavelmente imprecisa, obriga o presente a reverenciar obras talvez rejeitadas em outros períodos, pois "[…] não há um passado objetivo, constante ao longo do tempo, apenas uma contínua refração do ausente na memória do presente" (Forster, 1998: 31). A atividade da memória engendra alterações. A memória retira sua potência transformadora da possibilidade de ser alterada. Desse modo, modificam-se tanto a memória, ao ser mobilizada, quanto o objeto, lembrado apenas quando já desaparecido. O deslocamento no espaço da memória teria, portanto, um efeito transformador no sujeito e no objeto, "[…] nunca convergindo para uma totalidade ilusória mas, ao contrário, baseando-se em clarões de lembrança inconscientes que, como partes de um calidoscópio, aparecem repentinamente em novas composições e construções visuais" (Boyer, 1998: 174). Assim, também a memória urbana, sustentada em fragmentos da cidade, em marcos referenciais, produz um espaço metafórico, uma tessitura de monumentos ou vestígios selecionados de arquivos, extraídos de inventários subjetivos.

A memória da cidade, individual ou coletiva, está vinculada à espacialidade, aos elementos do ambiente construído. A retórica romana já considerava que a memória emergia a partir da reconstrução imaginária de uma sequência espacial. A arte da memória pressupunha uma construção mental que organizava uma série de lugares, nos quais seriam armazenadas imagens relevantes. Essa arte era um sistema mnemônico utilizado desde o século V a.C. para treinar e desenvolver a memória artificial, que passava a atuar como instrumento do conhecimento. O surgimento dessa técnica foi descrito por Frances Yates (1996: 1). Em um banquete oferecido por Scopas, um nobre da Tessália, o poeta grego Simônides de Ceos recitou um poema em homenagem ao anfitrião, mas incluiu uma passagem dedicada a Castor e Pólux. Indignado, Scopas decidiu pagar apenas metade do valor acordado, alegando que o restante deveria ser cobrado aos deuses citados no poema. Ao final do banquete, Simônides recebeu a mensagem de que dois jovens estariam aguardando do lado de fora e saiu à procura dos desconhecidos. Na ausência do poeta, o telhado desabou, matando Scopas e seus amigos. Os visitantes invisíveis, Castor e Pólux, pagaram a dívida retirando Simônides da construção antes do desastre. Muito desfigurados, os convidados não puderam ser identificados. No entanto, ao lembrar suas posições no espaço, o poeta conseguiu nomear os corpos. Essa experiência sugeriu os princípios de uma técnica que Simônides inventou: a arte da memória.

Para o treinamento da memória, eram necessárias a ordem e a visão. No mundo antigo, que não dispunha de mecanismos de reprodução gráfica, a memorização de discursos envolvia a memorização visual de lugares e imagens. O orador precisava selecionar um sistema espacial e inserir em seus compartimentos as marcas ou os sinais que serviriam de índices para sua exposição. A arte da memória exigia um conjunto de lugares, reais ou imaginários, que o orador visitava em sequência, além de indutores da memória associados a esses lugares. Partindo da premissa de que a memória se desdobra no espaço, no século I, Marco Fábio Quintiliano descreveu em *Institutio Oratoria* a arte da memória, escolhendo os compartimentos de uma residência que, marcados com signos, remeteriam posteriormente aos temas do discurso. Quintiliano acreditava que algumas impressões deixadas na mente eram comparáveis a marcas de carimbo sobre a cera. Platão já havia proposto que a mente humana teria um dispositivo análogo a um bloco de cera capaz de gravar informações que ficariam disponíveis à memória: "[...] sempre que queremos lembrar-nos de algo visto ou ouvido, ou mesmo pensado, calcamos a cera mole sobre nossas sensações ou pensamentos e nela os gravamos em relevo, como se dá com os sinetes dos anéis" (2001b, Teeteto: §191d). Na filosofia platônica, entretanto, os sentidos, sempre produtores de equivocidades, não conduziam ao conhecimento da verdade. Conhecer implicava recuperar a memória das ideias contempladas pela alma antes da vida terrena e, portanto, a retórica derivada da memória, considerada uma arte de persuasão, não deveria ser utilizada para vantagens pessoais ou políticas, mas para fazer emergir a verdade e convencer os ouvintes a desejarem a verdade.

A mnemotécnica, enquanto arte de forjar uma memória artificial, mais conveniente aos propósitos dos sofistas, foi desprezada pelos filósofos. Mas o mesmo não ocorreu com a memória oral dos antigos egípcios, praticada por sábios supostamente em contato direto com a realidade. Sócrates relatou que o rei Tamuz recebeu a visita do deus egípcio Tot, inventor do número e do cálculo, da geometria e da astronomia, mas cujo maior orgulho era ter inventado as letras. Tot procurou explicar a utilidade de cada invenção e declarou entusiasmado que a escrita era um elixir da memória e da sabedoria, um artifício para desenvolver a memória e, consequentemente, tornar os egípcios mais sábios. Contrariando as expectativas, o rei não se encantou, e recusou a oferta do alfabeto. Tamuz julgava que a escrita faria os seres humanos confiarem em marcas externas e negligenciarem, assim, o exercício da memória. A escrita seria um instrumento do esquecimento e, portanto, da ignorância.

> *[...] não descobriste um remédio para a memória, mas para a recordação. Aos estudiosos oferece a aparência da sabedoria e não a verdade, já que, recebendo,*

graças a ti, grande quantidade de conhecimentos, sem necessidade de instrução, considerar-se-ão muito sabedores, quando são ignorantes na sua maior parte e, além disso, de trato difícil, por terem a aparência de sábios e não o serem verdadeiramente (id., 1997b: §275a,b).

No século XVI, o neoplatonismo contribuiu para a criação de um sistema de memória que tinha a pretensão de conhecer a estrutura velada da realidade. O teatro da memória de Giulio Camillo Delminio era um artefato que se propunha a revelar os segredos de um universo tornado apreensível, cognoscível, memoriável. Embora influenciado pelo pensamento florentino, Camillo parecia mais ligado ao movimento renascentista veneziano, que priorizava a memória artificial e a oratória do poeta Cícero. O sistema de Camillo restituiu a arte da memória à retórica classicista, porém essa memória aparecia agora vinculada à magia e ao misticismo. O espectador do teatro de Camillo contemplaria imagens que seriam capazes de imprimir na memória desse espectador toda a enciclopédia do saber humano: "A mente e a memória humanas tornam-se divinas, tendo poderes para alcançar a profunda realidade por meio de uma imaginação magicamente ativada" (Yates, 1996: 157).

A construção do teatro foi financiada por um importante patrono das artes, François I, rei da França, que almejava ampliar seu poder através da obtenção de um saber totalizado. O projeto arquitetônico tinha como referência o teatro romano descrito por Vitrúvio, que pretendia materializar o divino mundo das proporções e, por esse motivo, as sete passagens no auditório e as cinco entradas para o palco eram determinadas pelos vértices de quatro triângulos equiláteros, inscritos em uma circunferência de centro coincidente com o centro da orquestra (2.16). Adaptando o teatro vitruviano às práticas mnemônicas, Camillo construiu um anfiteatro em madeira, onde podiam permanecer somente dois espectadores, que teriam o privilégio de contemplar a estrutura de um mundo ordenado e estratificado. Ao contrário do teatro tradicional, onde a plateia

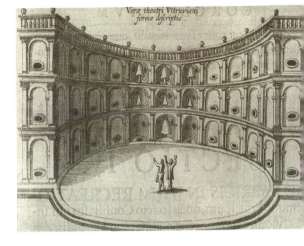

2.16
Teatro vitruviano

espaço da memória 95

assistia a encenações que se desdobravam no palco, o teatro da memória fazia o espectador ocupar o lugar de palco, olhando para o auditório, para as imagens exibidas nas sete portas imaginárias que substituíam as coxias. Abaixo dessas imagens, estavam dispostas múltiplas gavetas, contendo todo o conhecimento existente para que, depois da experiência, o orador pudesse discursar sobre qualquer assunto com a mesma eloquência de Cícero.

As imagens visíveis estabeleciam interconexões com os conteúdos que, apesar de invisíveis, se revelariam para o observador. Camillo inventou um mundo imagético místico, supostamente representação de um mundo verdadeiro, regido por ordenações secretas e metafísicas, que poderia ser armazenado na memória. Ao propor esse processo de memorização de informações, Camillo fez do teatro um aparato mediador do conhecimento e transformou os intelectuais em espectadores. A memória, que na Idade Média tinha a função de suprir uma deficiência, adotava no Renascimento um novo enfoque, buscava compreender a natureza de um mundo harmônico, de um macrocosmo divino espelhado no microcosmo da mente humana: "A magia da proporção celestial flui de seu mundo de memória para as palavras mágicas de sua oratória e sua poesia, para as proporções perfeitas de sua arte e sua arquitetura" (ibid.: 172). Assim, o encantamento mágico do sistema de memória de Camillo consistia na possibilidade de duplamente apreender e traduzir as imagens perfeitamente proporcionais da arte renascentista. Porque tal experiência era sobretudo visual, a construção foi denominada teatro.

ESPAÇO DO CONHECIMENTO

O teatro da memória ganhou existência material nos gabinetes do mundo, nos confusos e desordenados espaços de exposição em que se misturavam natureza, arte e livros (2.17). Por inventar um *theatrum mundi*, um sistema representativo vinculado à arte da memória, o espaço de exposição renascentista atuou decisivamente na tarefa de configurar o mundo como imagem. Em meados do século XVI, surgiu em Florença um protótipo do gabinete, o *studiolo* de Francesco I de Medici, no Palácio Vecchio. O *studiolo* foi projetado como espelho da natureza, tanto para reunir artefatos,

2.17
Gabinete de curiosidades

2.18
Studiolo de Francesco I

que reproduzissem a ordem do mundo, como para instituir um lugar reservado, no qual o príncipe assumia simbolicamente a posição de governante daquele mundo (2.18). O *studiolo* era uma sala escura, sem fenestração, e tão secreta que nem constava do inventário do palácio. O espaço parecia um grande armário contendo pequenos armários, que deviam permanecer fechados. Nas portas dos armários, pinturas ou esculturas faziam referência a seus conteúdos e funções no sistema cósmico. As imagens exibiam um conhecimento ordenado, estruturado, hierarquizado, porém invisível. Embora presentes em suas materialidades, os objetos colecionados apenas ofereciam uma experiência abstrata, pois seus significados eram indicados por símbolos. Essa configuração aproximava-se das imagens pintadas e caixas fechadas do teatro da memória de Camillo, em que as cenas remontavam a um modelo cósmico mágico. Entretanto, se no teatro de Camillo o espectador ocupava o lugar do palco, no *studiolo* o príncipe declarava o domínio sobre um mundo centralizado em sua figura.

Nos *studioli* do Renascimento, precursores das coleções reais dos regimes absolutistas, o poder da visão era reservado ao príncipe. O campo visível, as pinturas e esculturas nas portas, mediavam o acesso exclusivo do príncipe aos conteúdos velados dos armários e, consequentemente, à ordem do cosmo que estes representavam. Estabelecer relações de troca entre visibilidades e invisibilidades era um objetivo inerente a todas as coleções. Os aspectos visíveis assumiam relevância por permitirem a comunicação com um domínio ausente e oculto, todavia, a revelação do invisível ficava restrita aos indivíduos treinados para decifrar as codificações dos objetos expostos. Como a explicação do cosmo era construída a partir de um ponto de vista, de uma posição de observação, o mesmo processo que definiu o ser humano como observador configurou o mundo como visão. A observação adquiriu precedência sobre a interpretação. Ver era conhecer. Assim, o gabinete do mundo procurava apresentar uma espacialização específica do saber, derivada da reconstrução da ordem universal por meio de elementos tanto naturais como artificiais. O espaço de exposição reunia e organizava objetos com identidades e conexões que deviam ser interpretadas segundo suas assinaturas, suas visibilidades superficiais, para traçar uma imagem, total ou parcial, de mundo.

O espaço de exposição era um simulacro do espaço sagrado, pois também envolvia seleção e proteção de vestígios ou fragmentos de objetos simbólicos, que remetiam a uma totalidade passada e ausente. A caixa opaca e compartimentada, esconderijo de tesouros, era análoga à Caixa de Pandora (Montaner, 1995: 13). Embora capaz de desvelar e liberar terríveis males, a caixa prometia a esperança de encontrar o conhecimento. Simultaneamente museu, teatro e biblioteca, o gabinete do mundo foi personagem do projeto enciclopédico surgido no final do século XVI. Naquele período proliferavam espaços de exposição, jardins botânicos e conjuntos zoológicos nos ambientes culturais europeus, com o objetivo de produzir modelos universais de natureza, porém para uso privado. Intelectuais, tanto nobres como burgueses, tinham gabinetes de curiosidades, onde realizavam pesquisas e exibiam suas coleções. A acumulação de objetos singulares, mesmo em quantidade limitada, possibilitaria conhecer o mundo por meio de uma observação sistemática. Nesse processo, o espaço de visibilidade e descrição dos objetos transformou-se.

> *No Renascimento, a estranheza animal era um espetáculo; figurava nas festas, nos torneios, nos combates fictícios ou reais, nas reconstituições lendárias, onde quer que o bestiário desdobrasse suas fábulas sem idade. O gabinete de história natural e o jardim, tal como são organizados na idade clássica, substituem o desfile circular do mostruário pela exposição das coisas em quadro. O que se esgueirou entre esses teatros e esse catálogo não foi o desejo de saber, mas um novo modo de vincular as coisas ao mesmo tempo ao olhar e ao discurso. Uma nova maneira de fazer história* (Foucault, 1990: 145).

O conhecimento que prevaleceu desde o início do século XVII até o final do século XVIII estabeleceu uma descontinuidade com os conceitos renascentistas. Essa descontinuidade foi provocada pela emergência de um racionalismo que dissipou as crenças supersticiosas e introduziu o pensamento científico. Até o século XVI, predominou na cultura ocidental a cosmovisão grega de um universo constituído por esferas concêntricas de água, ar e fogo, centralizadas na Terra e delimitadas por uma camada externa, a *quinta essentia*. Ao inferir a teoria heliocêntrica para o sistema solar, Nicolau Copérnico deslocou o centro do cosmo, destituindo o geocentrismo do modelo ptolomaico. No entanto, o universo copernicano ainda tinha forte herança platônica, ainda era finito, geométrico, hierárquico. A ousadia de descrever um universo infinito e acentrado partiu de Giordano Bruno. Suas premissas só puderam ser confirmadas posteriormente pelas investigações de Galileu Galilei e pelas leis da mecânica racional. No final do século XVII, a partir dos fundamentos da física matemática, Isaac Newton, considerado o último mago que observou criteriosamente o mundo com a intenção de ampliar o patrimônio intelectual da humanidade, promoveu a transição da alquimia medieval para a ciência moderna (Thuillier, 1994: 148).

O racionalismo científico impôs ao mundo dogmático das evidências um ceticismo. Para afrontar esse mundo de incertezas, tornado infinito, René Descartes precisou encontrar um ponto fixo, um referencial no universo, mediante a depuração dos efeitos da sensibilidade, que apenas induziriam à ilusão. O *cogito ergo sum* gerou uma imagem de pensamento que anunciava o surgir da subjetividade e o deslocamento dos postulados objetivos. No método cognitivo platônico, a razão intuía verdades transcendentes, pois a totalidade pensável estava fora do corpo. Mas Descartes propôs, ao contrário, que a alma tinha poder de reflexão. As verdades eternas eram então representadas pelo discurso matemático, e a natureza, entendida através das ideias inatas ao sujeito: "Ao dessacralizar a natureza de sua magia pitagórica — a dos números harmônicos — a nova geometria desencanta corpo e alma: metaforizado em conceito, o corpo converte-se em fetiche, a alma em sujeito" (Matos, 1999b: 201). O método cartesiano era, portanto, uma tentativa de procurar a verdade nas ciências, por meio da razão matemática, a única com possibilidade de engendrar clareza e ordem.

Sustentado no método cartesiano e na física newtoniana, o racionalismo lutou incansavelmente para tornar mecânica e calculável a natureza. Para Foucault, entretanto, o sucesso ou o fracasso do mecanicismo e o direito ou a impossibilidade de matematizar a natureza eram menos relevantes do que o aparecimento de uma nova disposição do conhecimento capaz de estabelecer uma sucessão ordenada de objetos (1990: 72). Assim como a interpretação caracterizou o Renascimento, a ordem marcou a idade do catálogo. A exigência de um princípio de ordenação, de um ponto fixo de origem no encontro dos eixos cartesianos, para medir, distribuir e organizar, abalou a figura da semelhança, que agora trazia a possibilidade de engano: "No começo do século XVII, nesse período que, com razão ou não, se chamou barroco, o pensamento cessa de se mover no elemento da semelhança. A similitude não é mais a forma do saber, mas antes a ocasião do erro […]" (ibid.: 66). A semelhança que, até o século anterior, tinha construído o saber ocidental como representação, como espelho do mundo, foi substituída pela necessidade de designar, analisar, decompor e recompor as representações, determinar suas identidades e suas diferenças, para instituir um sistema ordenado. Apesar de a análise ter conquistado valor de método universal, nem todo o conhecimento possível se apoiava na matemática. Dissociados de um mecanicismo ou de uma matematização, novos domínios empíricos constituíram-se a partir do projeto de uma ciência geral da ordem. Se tais domínios dependiam da análise, o instrumento para isto não era o método algébrico, mas um sistema de signos.

O conhecimento já não consistia na ligação através das semelhanças, consistia na discriminação baseada nas diferenças aparentes. Os objetos eram analisados apenas em suas superfícies, ficando reduzidos aos elementos considerados relevantes para a descrição de propriedades localizadas nas estruturas visíveis, que ganharam maior interesse com as invenções do telescópio e do microscópio. Os vínculos entre objetos não mais resultavam de semelhanças ocultas, circulares, infinitamente variáveis, mas de morfologias análogas que permitiam suas inclusões nas mesmas classificações ordenadas. Classificar era referir o visível a si mesmo, devendo um destes elementos representar os outros. Logo, os diversos saberes assumiram a tarefa de descobrir elementos que, dispostos em progressão, poderiam organizar um mapa ou um quadro, uma exposição espacial e gráfica de conhecimentos. A ordenação de naturezas complexas, de representações como existentes no real, constituía uma taxonomia através de um sistema de signos. A taxonomia envolvia uma série que, iniciada no elemento mais simples, mostrava diferenças como níveis de complexidade. Essa disposição serial contínua surgia em decorrência da ligação temporal de representações descontínuas, e a passagem de um elemento a outro da série gerava um movimento ininterrupto. Assim, a noção implícita de temporalidade exigiu que se investigasse a origem dos acontecimentos. Se a taxonomia estabelecia quadros que instauravam identidades e diferenças visíveis, a origem, a gênese, pressupunha uma série sucessiva. A taxonomia mapeava os signos em uma simultaneidade espacial, como sintaxe, porém era a gênese que distribuía esses signos em uma sequência temporal, como cronologia.

A natureza mágica, variada, desordenada era então controlada, nomeada e disposta em tabelas que operavam como premissas para o conhecimento. Alguns objetos, que anteriormente eram expostos no mesmo espaço para mostrar a diversidade e a riqueza do mundo, passaram a ser exibidos isoladamente. Surgiram coleções especializadas e, paralelamente, instituições especializadas, destinadas a tabular o conhecimento gerado pela cultura em formação. As pinturas, que no século XVI estavam misturadas a um conjunto variado de objetos, nem sempre artísticos, mas ligados por semelhanças ocultas, no século XVII eram expostas junto a outras pinturas, cobrindo extensões inteiras de paredes. Nessas composições bidimensionais, as telas dispostas simetricamente eram agrupadas segundo temas ou tamanhos. Réplicas e miniaturas complementavam as representações, pois a autenticidade das obras tinha menor relevância que a completude das coleções, imprescindível para compor um sistema totalizado.

ESPAÇO DO INFINITO

"A necessidade de pertencer a um sistema absoluto, e ao mesmo tempo mais aberto e dinâmico, é a atitude essencial da época barroca" (Norberg-Schulz, 1985: 151). O barroco coincidiu com a expansão do esquema copernicano ao mundo científico, a emergência do autoritarismo político e a crise religiosa marcada pela luta entre Reforma e Contrarreforma, correlata à dissolução de certezas e dogmas. Os centros econômicos, científicos, políticos e religiosos passaram a constituir focos de propagação ideológica no intuito de ultrapassar seus limites espaciais. A organização sistemática renascentista e o dinamismo maneirista foram ressignificados na produção artística dos séculos XVII e XVIII, que atuava como veículo de publicidade e persuasão de dois grandes sistemas centralizados: a Igreja católica romana e o Estado político francês. Os arquitetos participaram desse projeto estético em seu duplo aspecto, de arte sensual e extravagante, expressada na fluidez das formas arquitetônicas, e de ciência matemática e óptica, manifestada na rigidez dos planos urbanísticos, no traçado ordenado das avenidas e nos desenhos geométricos dos jardins.

Arte do gesto, do espetáculo teatral, da ilusão, do passageiro, das curvas, dos jogos de luz, dos reflexos, das pulsões e do tormento, o barroco gerava movimentos que remetiam ao infinito, que provocavam vertigens. Com o desaparecer dos ideais de perfeição e de bela proporção, a arquitetura tornou-se um acontecimento. Wölfflin discutiu algumas distinções entre obras renascentistas e obras barrocas, como as passagens do linear ao pictórico, do plano à profundidade, da forma fechada à forma aberta, da pluralidade à unidade, da inteligibilidade absoluta à clareza relativa (1989: 15). A arte linear privilegiava o percurso da visão e a apreensão de objetos isolados com limites claramente definidos, tanto em contornos quanto em superfícies. Na arte pictórica, porém, o olhar era atraído pelas manchas. As formas perdiam a rigidez e as massas entravam em movimento. As forças que rompiam limites faziam emergir luzes e sombras, produzindo variações incessantes e, consequentemente, indeterminações. Como tudo era passível de deslocamento, as aparências alternantes nunca coincidiam com a forma do objeto.

Na arte linear, a forma era permanente, mensurável, finita, mas na arte pictórica a forma situava-se no instante para expressar fugacidade, e sua beleza imaterial resultava da diluição dos traços precisos em uma multiplicação de contornos. A violação dos limites transformou a harmonia das partes independentes da arte renascentista em uma contextualização, na subordinação dos elementos ao todo da arte barroca. Também na arquitetura nada se cristalizava em linhas ou superfícies tangíveis. A ruptura das margens provocava a desintegração do objeto, o transbordamento da individualidade, a liberação da matéria aprisionada pela forma. O determinado se derramava sobre o indeterminado fazendo desaparecer toda geometria, toda geografia. A desorientação suscitava a emergência de diferentes paisagens e a descoberta de novos territórios. O objeto barroco era, portanto, uma nova afecção das grandezas variáveis: "Pelo seu novo estatuto, o objeto é reportado não mais a um molde espacial, isto é, a uma relação forma-matéria, mas a uma modulação temporal que implica tanto a inserção da matéria em uma variação contínua como um desenvolvimento contínuo da forma" (Deleuze, 1991a: 35).

A arte barroca não era uma representação de formas, mas uma expressão dos agenciamentos dos fluxos ou das dobras em série do mundo, que substituíam o essencialismo das ideias cartesianas. O barroco remetia a uma função operatória, traduzida pelas dobras, que, divididas até o infinito em dobras cada vez menores, faziam a matéria transgredir seus limites para entrar em um ciclo, ou uma série. A matéria tornava-se expressiva, criava bifurcações e metamorfoses ao longo de sua trajetória, estabelecendo conexões com as profundidades e as variações luminosas de claro e escuro. A forma multiplicada pelas dobras constituía uma força plástica, maquínica, produtora de sentido, em vez de uma força mecânica, que admitia somente relações perfeitamente codificadas com o exterior. As matérias convertiam-se em superfícies portadoras, estruturas abstratas revestidas de texturas. As matérias eram os fundos, e as formas dobradas, as maneiras. Essa estética marcou, assim, a passagem das matérias às maneiras.

A estética barroca foi considerada absurda e grotesca por mostrar tudo, de todas as maneiras, na variedade múltipla e infinita das aparências, na aparição de uma intensidade que exigia estar posicionado em todos os pontos de vista sobre o mundo. A perspectiva renascentista, lançada sobre um campo visual limitado, tinha apenas um ponto de fuga e buscava capturar a profundidade pela infinitização do objeto no tempo presente na tentativa de retratar a eternidade. A arte barroca, com vários pontos de fuga, apontava para o ilimitado. As configurações perdiam seus centros e ganhavam pontos de vista, singularidades que traçavam envoltórias em um espaço preenchido por forças expansivas, no qual passado e futuro eram indiscerníveis. Apesar de essa nova percepção ainda valorizar a construção da visibilidade, o perspectivismo não implicava um sujeito previamente definido mas, ao contrário, tornava-se sujeito aquele que se instalava em um ponto de vista, condição para apreensão de uma variação. O fundamento da perspectiva barroca não era a variação da verdade de acordo com o sujeito, era a possibilidade da verdade de uma variação aparecer ao sujeito. Em vez do relativismo do verdadeiro, o perspectivismo era a verdade do relativismo (ibid.: 39).

O mundo descrito por Gottfried Wilhelm Leibniz era uma curva infinita tocando, em uma infinidade de pontos, uma infinidade de curvas, era uma única curva, a série convergente de todas as curvas. O mundo infinito, ou da curvatura variável, incluía-se em um ponto de vista, em uma mônada, definida como unidade individual e irredutível. Leibniz fez da mônada um ponto de vista sobre a cidade, ponto de vista que apreendia uma perspectiva sempre diferente, revelando a série de todas as suas infinitas curvaturas ou inflexões: "O que se apreende de um ponto de vista não é, pois, nem uma rua determinada nem sua relação determinável com as outras ruas, que são constantes, mas a variedade de todas as conexões possíveis entre percursos de uma rua qualquer a outra: a cidade como labirinto ordenável" (ibid.: 44). Em vez de uma linha dissolvida em pontos focais independentes, o universo labiríntico era uma tessitura subdividida em dobras, decomposta em movimentos curvos determinados por suas vizinhanças. O jogo barroco consistia em estender séries infinitas que percorriam as singularidades, depois em instaurar regras de convergência e de divergência, para essas séries de possíveis serem organizadas em conjuntos infinitos, e finalmente inserir as singularidades de cada mundo no núcleo das mônadas.

Não eram somente as séries, as artes igualmente se prolongavam umas sobre outras. A pintura barroca extravasava os limites da moldura para realizar-se na escultura em mármore. Assim também, sugeriu Deleuze, "[...] a escultura ultrapassa-se e realiza-se na arquitetura; e a arquitetura, por sua vez, encontra na fachada uma moldura, mas essa própria moldura desloca-se do interior e coloca-se em relação com a circunvizinhança, de modo que realiza a arquitetura no urbanismo" (ibid.: 187). No entanto, o urbanismo barroco, fenômeno das cidades capitais europeias, parece ter sido mais influenciado pelas prescrições cartesianas do que pelo pensamento leibniziano. Para Descartes, os objetos arquitetônicos e os desenhos urbanos deviam ser sistemas racionais, unitários e totalizantes (1972: 20). Os espaços deviam ser ordenados geometricamente e eternizados através da eliminação do tempo e da memória, do acaso e do pluralismo. Por isso, uma sequência de edifícios projetados pelo mesmo arquiteto tinha, supostamente, maior beleza do que um conjunto de obras de autorias e estéticas variadas. Analogamente, as cidades inteiramente planejadas em um único ato, sem linhas sinuosas ou irregulares, sem justaposições arbitrárias de edifícios, eram mais racionais, eram mais perfeitas.

Esse urbanismo de intenção despótica e militar privilegiou um traçado ortogonal de quadras urbanas regulares com dimensões constantes. O símbolo mais importante da cidade era a avenida, simultaneamente causa e efeito da aceleração do movimento. O espaço, então conquistado e controlado, convidava ao deslocamento em um tempo sucessivo, regido pelo movimento. Marcada pela tensão entre linearidades e centralidades, a cidade era um sistema de percursos que convergiam para pontos referenciais, para monumentos centralizados em praças públicas. Ao contrário dos caminhos irregulares da cidade medieval, que enquadravam paisagens mutáveis, o projeto urbano barroco podia ser apreendido em quase sua totalidade, pois até mesmo os elementos situados fora do campo visual tinham formas dedutíveis e previsíveis. A monotonia dessa estética da uniformidade era atenuada não apenas pela arborização, mas sobretudo pelo rápido deslocamento nas carruagens, que introduzia a velocidade na atividade perceptiva. Na caminhada, como apontou Lewis Mumford, "[...] o olhar corteja a variedade, mas, em ritmo mais acelerado, o movimento exige repetição das unidades que se hão de ver: somente assim é que a parte individual, à medida que se desloca velozmente, pode ser recuperada e constituída" (1991: 400).

Versalhes, o último gesto barroco do *ancien régime*, materializou os princípios da filosofia cartesiana e as intenções da monarquia absolutista: "Não foi somente a Igreja Romana que descobriu o poder da arte para impressionar e dominar pela emoção. Os reis e príncipes da Europa seiscentista estavam igualmente ansiosos por exibir seu poderio e assim aumentar a sua ascendência sobre a mente de seus súditos" (Gombrich, 1999: 447). Nesse período, com exceção das colônias ultramarinas, foram construídas apenas cidades para residência do poder real. Os soberanos desejavam assumir uma reputação divina e parecer superiores a seus subordinados. Assim, o poderoso governante do final do século, Luís XIV, não mediu esforços para demonstrar o sucesso de seu programa político e o esplendor de sua figura, que deveria coincidir com o centro da ordem cósmica. Projetado por Louis Le Vau, André Le Nôtre e Jules Hardouin-Mansart, Versalhes foi o mais ousado investimento barroco. Como o espaço interior do palácio era de acesso restrito à nobreza e, consequentemente, tinha menos visibilidade do que o território exterior, de escala desmesurada e sem precedentes, a arquitetura foi obrigada a expandir e transbordar seus limites, para adquirir realidade em um urbanismo monumental (2.19).

2.19
Versalhes vista de um balão

espaço do infinito

2.20
Parterres de
Versalhes

A forma urbana adotou as premissas projetuais utilizadas nas práticas paisagísticas e, segundo Norberg-Schulz, "durante o século XVII, pela primeira vez na história, assistimos a uma verdadeira transformação da paisagem natural. Até então a natureza era tudo que estava fora dos limites da *civitas*" (1985: 152). Planejada como uma paisagem totalizante, plenamente controlável, Versalhes não era uma cidade, era um parque no qual estavam inseridos, como elementos acessórios, os edifícios necessários ao funcionamento da corte. A natureza ganhava poder por meio da geometrização de um espaço excludente das formas arquitetônicas, consideradas incapazes de expressar o ideal de perfeição (2.20). A arquitetura fazia-se subordinada a uma natureza civilizada, destituída de aparências efêmeras, mas reveladora da ordem subjacente ao purismo das figuras circulares e quadradas. Para acentuar a indeterminação das dimensões territoriais, a topografia natural foi aplainada, possibilitando a implantação de uma série de terraços com grandes espelhos de água, refletores do espaço: "Aqui o Rei Sol tem condições de criar um ambiente perfeitamente regular mas desabitado: pôr em ordem as colinas, as árvores, os cursos de água, mas não as casas dos homens" (Benevolo, 1983: 514).

O ambiente construído era uma extensão ilimitada centralizada no palácio, interface entre cidade e jardim. A cidade era estruturada a partir de um *trivium*, três avenidas principais direcionadas para o centro, e uma retícula ortogonal de ruas secundárias. O palácio atraía as avenidas assim como o governante concentrava o poder político, anteriormente disperso entre os diversos senhores feudais e as corporações municipais. O projeto paisagístico também passava a privilegiar uma rede de movimentos convergentes. O eixo longitudinal induzia a um percurso em direção ao espaço infinitizado, enquanto os esquemas radiais, de linhas transversais e diagonais, rasgavam os contornos estáticos das formas geométricas, enfatizando o alcance do sistema político. Os dois contextos, cidade e jardim, urbanidade e natureza, geravam cenários perspectivados, com o centro no palácio. Versalhes era a manifestação do mundo como uma matriz óptica constituída de paisagens com foco no poder monárquico. O traçado visava a estimular a contemplação, sobretudo a contemplação do rei, protagonista escultural do jardim. Le Nôtre utilizou, então, "[…] diferentes artifícios formais que enquadram, refratam ou bloqueiam o olhar, que literalmente apagam seu objeto através da colossal escala militar das vistas perspectivadas, produzindo a experiência perceptiva da noção barroca de infinito" (Gandelsonas, 1999: 18).

A aplicação dessas estratégias projetuais exigia um território sem as limitações de escala das cidades italianas. O poder e a riqueza da autocracia centralizada de Luís XIV abalaram a hegemonia artística de Roma, e Versalhes tornou-se modelo para as intervenções urbanas nas capitais europeias. Assim, em meados do século XVII, o centro de difusão cultural deslocava-se da Itália para a França. A ascensão política e intelectual francesa fez prevalecer a razão cartesiana e promoveu o retorno aos ideais classicistas, que subordinavam a arte a leis universais. Na expectativa de constituir um fórum com legitimidade nacional para reinterpretar racionalmente o dogmatismo tradicional e propor uma estética normativa, foi fundada em Paris a *Académie Royale de Peinture et de Sculpture* e, posteriormente, a *Académie Royale d'Architecture*. Contudo, as práticas de investigação inerentes à ciência moderna também influenciaram as teorias arquitetônicas e, no final do século XVII, a imagem renascentista da Antiguidade como um legado hermético com segredos atemporais estava sendo desafiada pela noção de conhecimento como um processo progressivo, aberto ao futuro, capaz de superar as formas e as proporções do passado. Os valores universais baseados em sistemas de crença religiosa, mágica ou cosmológica, que se apresentavam como inquestionáveis, foram problematizados e, depois, refutados.

A revolução científica, o universo de leis mecânicas, definido por Newton, negou a concepção de mundo como um todo finito, estático, hierarquicamente ordenado. O cosmo revelado pela ciência era infinito, dinâmico, porém ainda governado pela harmonia matemática e criado por uma inteligência divina, tal como o mundo descrito por Timeu. O universo era composto de espaço absoluto, tempo absoluto, matéria e movimento. Espaço e tempo eram formas vazias e neutras que deviam ser preenchidas, respectivamente, por matéria e movimento. O espaço absoluto, compatível com as exigências da geometria euclidiana, era homogêneo e contínuo, infinitamente extenso e infinitamente divisível. Analogamente, o tempo absoluto era uniforme e inerte. No entanto, esse universo de abstrações, totalmente inteligível, mas conhecido apenas pelas equações matemáticas que prescindiam da experiência sensível, era também intangível, havia perdido os vínculos com o formalismo, que tinham sido preservados até mesmo pelos sólidos regulares componentes do mundo platônico. A ruptura com os dogmas universais e atemporais de um mundo ancorado nos critérios de harmonia, beleza e perfeição implicou um afastamento da realidade material. O mundo tornava-se destituído de objetividade, reduzido à subjetividade arbitrária do gosto. Assim, uma divisão entre subjetividade e objetividade marcou a posterior produção artística. A empatia irrompia no romantismo, enquanto a abstração resgatava, pelo viés neoclássico, os princípios racionais de ordem na arte.

Inseridos no âmbito do racionalismo, alguns intelectuais franceses passaram a pesquisar as leis verdadeiras e eternas que pudessem reger a arte de construir e que estivessem, portanto, ligadas à origem da arquitetura. Para o abade Marc-Antoine Laugier, a marca inicial, o princípio simultaneamente natural e racional da arquitetura, estava no primeiro abrigo, na cabana primitiva. Laugier pretendia transformar as premissas do projeto arquitetônico, recusando a autoridade da tradição vitruviana-humanista e recuperando os ideais não corrompidos de uma arquitetura protogrega. As reformas de Laugier resultaram de duas forças convergentes no século XVIII. A primeira era uma reação na França aos excessos do rococó. A segunda era a descoberta e a apreciação da regularidade formal grega, até então desconhecida. A arquitetura francesa, tanto renascentista como neoclássica, havia tido como modelo as formas romanas, consideradas hegemônicas no mundo antigo. A alta cultura grega era difundida por meio de textos literários, mas poucos tinham tentado ou conseguido entrar na Grécia otomana para inventariar seus remanescentes artísticos. Em meados daquele século, porém, com o acesso permitido a viajantes ocidentais e o aumento da atividade arqueológica, iniciou-se uma gradual experimentação incluindo as ordens gregas e suas variadas proporções.

A harmonia entre os humanos primitivos, em condição pré-social, exaltada por Laugier, era condizente com a crítica de Jean-Jacques Rousseau às sociedades civilizadas e a mitificação do nobre selvagem: "Pois o homem natural inocente é primeiramente o habitante decorativo da arcádia pastoral idealizada; e se assim ele foi muito conhecido na Antiguidade, após sua reentrada no palco da cultura renascentista ele se tornaria necessariamente um acessório moral cada vez mais útil" (Rowe; Koetter, 1992: 16). A utilidade moral consistia em fazer o sentimento ter primazia sobre a razão, que Rousseau julgava insuficiente para desvelar os mistérios subjacentes à organização da natureza. Essa misteriosa diversidade, característica do espaço natural, deveria servir de modelo para os ambientes construídos, como recurso para aplacar a monotonia da excessiva uniformidade dos projetos totalizantes. Laugier sugeriu, então, comparar a cidade a uma floresta. O desenho urbano já era muito influenciado pelo paisagismo, mas agora os jardins ganhavam outro enfoque. Manfredo Tafuri mostrou que "[…] a variedade da natureza, que é chamada a fazer parte da estrutura urbana, contraria o naturalismo consolador, oratório e formativo que durante toda a época que vai de 1600 a 1700 tinha dominado a episódica narração das sistematizações barrocas" (1985: 14). Ao apelar ao naturalismo, Laugier propunha uma intervenção crítica na urbanidade existente, fortemente marcada por ideologias autoritárias. Para substituir a homogeneidade espacial por uma heterogeneidade definida como um todo irregular composto de distintas partes regulares, a cidade deveria apresentar ordem nos detalhes e variação, confusão, tumulto, no conjunto. A coexistência entre formal e aformal, regular e irregular, faria emergirem sequências de paisagens urbanas mutáveis e imprevisíveis.

ESPAÇO DO PODER

Os projetos urbanos sempre estiveram comprometidos em reafirmar a autoridade religiosa, política ou econômica, mas, a partir do século XVII, os mecanismos de poder foram aperfeiçoados e diversificados. As monarquias daquela época conceberam aparelhos de estado e instauraram procedimentos que fizeram circular os efeitos do poder continuamente, regularmente, na totalidade da sociedade: "[...] o avanço do Iluminismo viu uma estigmatização progressiva e a exclusão espacial dos lugares de interação social 'normais' para aquelas novas instituições não urbanas, horríveis, racionais — uma geometria de negatividades, de dentro e de fora; a geografia de lugares assombrados" (King, 1996: 20). Surgiram espaços especializados em separar, confinar e controlar vários grupos da população. Essa distribuição no espaço exigiu reformas institucionais, destinadas a disciplinar, racionalizar e idealizar atividades públicas. A organização celular e a clausura espacial possibilitavam a constante observação sobre os indivíduos, a total transparência de seus gestos em resposta a um medo que

> *[...] assombrou a segunda metade do século XVIII: o espaço escuro, o anteparo de escuridão que impede a total visibilidade das coisas, das pessoas, das verdades. Dissolver os fragmentos de noite que se opõem à luz, fazer com que não haja mais espaço escuro na sociedade, demolir estas câmaras escuras onde se fomentam o arbitrário político, os caprichos da monarquia, as superstições religiosas, os complôs dos tiranos e dos padres, as ilusões da ignorância, as epidemias (Foucault, 1996a: 216).*

Os processos epidêmicos ou endêmicos passaram a integrar as agendas da arquitetura e do urbanismo que, como formas de organização territorial, adotaram técnicas para higienizar o ambiente construído, lugar mais propício a contágios. Os métodos de higiene pública, vigilância e hospitalização foram desenvolvidos inicialmente na França, a partir de um aperfeiçoamento do esquema de quarentena da Idade Média. Essa medicina urbana consistia em examinar os lugares de acúmulo, de formação e difusão dos agentes de contaminação. A cidade patogênica do século XVIII foi transformada em objeto a ser medicado. A densidade populacional, a localização de bairros e cemitérios, a circulação de indivíduos e a propagação de doenças, além da ventilação e canalização dos esgotos, eram critérios decisivos para o desenho urbano. Paralelamente, com o crescimento da indústria, a cidade já não era apenas o lugar de troca, era também um lugar de produção. A lógica da produção gerou seu espaço discursivo, teórico e prático, a partir de pontos de concentração, tais como o escritório e a fábrica, porém a desorganização e as tensões políticas espalharam-se por toda a cidade. O espaço urbano converteu-se em cenário de revoltas, com saques a celeiros e mercados, que culminaram mais tarde na Revolução Francesa. Naquele momento, contudo, parecia a única alternativa para subsistência da classe operária pobre. A expansão do capitalismo industrial demandava, portanto, estratégias para regulamentar o espaço, assim como para esquadrinhar a população urbana.

2.21
Salina de Chaux

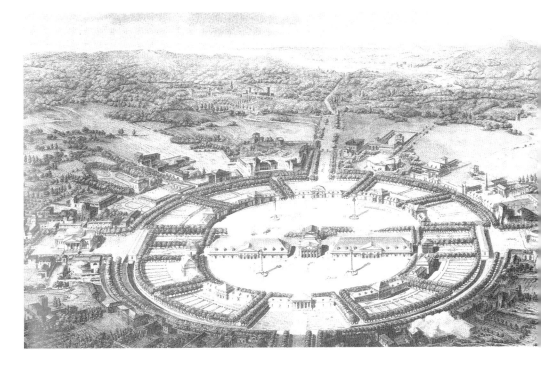

espaço do poder 113

A salina real de Chaux, projetada por Claude-Nicolas Ledoux, foi uma tentativa de materializar relações de poder, de institucionalizar dominações por meio de transparências e visibilidades (2.21). Essa cidade ideal, uma comunidade industrial modelo, traduzia as tendências morais e pedagógicas do Iluminismo, ou da *Encyclopédie*. Para conciliar igualdade moral e ordem social, para conferir à obrigação do trabalho o valor de exercício ético, a salina foi organizada segundo a estrutura vigente na monarquia absolutista. O arquiteto submeteu funções heterogêneas a uma geometria rígida para "[…] criar uma verdadeira arquitetura de produção" (Vidler, 1989: 44). A eficiência do controle administrativo era facilitada pela forma urbana circular. Em vez de um único edifício, a fábrica foi fragmentada em distintos pavilhões, necessários ao funcionamento de uma cidade industrial e à integração dos processos produtivos. O programa da salina privilegiava as construções públicas, e os indivíduos assumiam um contrato social voluntário de renúncia parcial a suas liberdades em troca do bem coletivo.

As três classes sociais eram distribuídas segundo uma hierarquia platônica: os oficiais, chefiados pelo diretor, os empregados, encarregados do suprimento de madeira e do trabalho clérigo, e, finalmente, os salineiros. Agente do poder do rei, o diretor vigiava a produção, ocupando o edifício principal, que era implantado sobre o diâmetro, onde estava também a capela. A relação entre a localização centralizada do diretor e a disposição periférica dos trabalhadores instituía uma autoridade invisível, porém sempre presente, em um ponto estratégico do diagrama, para inspecionar, julgar e até mesmo corrigir o comportamento dos indivíduos. A ambiciosa tarefa desse mecanismo de controle era desindividualizar e automatizar o poder. Ledoux considerava que a salina era comparável a um teatro, porque seu traçado remetia ao anfiteatro da Antiguidade. A arquitetura teatral encontrava-se na combinação dramática de elementos geométricos abstratos no espaço: "Como tipo e metáfora, o plano teatral conferia substância e coerência à mistura complexa do idealismo social e político de Chaux, que se situava entre o simbolismo pré-panóptico de vigilância e o modelo proto-rousseauniano de comunidade" (ibid.: 49). O olho deslocava-se sobre a linha mais curta e mais rápida, e nada podia escapar à observação sem obstáculos. Tudo estava integrado para aperfeiçoar as leis do movimento e, assim, a relação entre geometria, deslocamento e controle visual confirmava o panoptismo de Ledoux, a antecipação do modo de vigilância proposto por Jeremy Bentham.

O dispositivo funcional instalado na cidade ideal de Ledoux era um aparelho disciplinar, uma máquina para observar. Foucault mostrou que "o panóptico de Bentham é a figura arquitetural dessa composição" (2001a: 165). O diagrama do panóptico consistia em uma coroa circular dividida em celas e uma torre central. As celas tinham duas janelas, uma na parede interna, direcionada para a torre, e outra na fachada externa (2.22). A luz atravessava todo o comprimento da cela, e o efeito da contraluz permitia observar da torre as silhuetas prisioneiras, recortadas na claridade: "Tantas jaulas, tantos pequenos teatros em que cada ator está sozinho, perfeitamente individualizado e constantemente visível. O princípio do panóptico organiza unidades espaciais que permitem ver sem parar e reconhecer imediatamente" (ibid.: 166). A visibilidade foi, desse modo, transformada em um artifício para capturar liberdades, pois o panóptico não era somente um projeto de prisão modelo, era "[...] uma solução econômica para os problemas do encerramento e, de acordo com a mecânica perfeitamente arranjada de um microcosmo newtoniano, o esboço geométrico de uma sociedade racional" (Perrot, 2000: 111). O esquema era igualmente aplicável a fábricas, hospícios, hospitais e escolas, desde que na torre central estivesse um inspetor e, trancado em cada cela, um condenado: operário, louco, doente ou estudante. Sem uma destinação exata, o panóptico era "[...] o dispositivo polivalente da vigilância, a máquina óptica universal das concentrações humanas, [...] a casa dos habitantes involuntários, reticentes ou constrangidos" (Miller, 2000: 77).

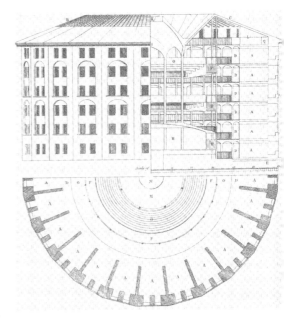

2.22
Panóptico

Símbolo do enclausuramento, o Hospital Geral, fundado por Luís XIV em meados do século XVII, foi precursor dos sistemas de vigilância iluministas. Essa instituição não investia apenas em procedimentos puramente médicos para recuperação da loucura, mas também na repressão e exclusão de indivíduos considerados perigosos, por serem insociáveis. O panoptismo requintou tal estratégia, tornando-se princípio geral de uma anatomia política que, além da soberania, almejava constituir uma sociedade disciplinar perfeita.

A disciplina tinha sido elaborada para lugares determinados e relativamente fechados, devendo ser aplicada em escala limitada e provisória, como em cidades em estado de peste. O dispositivo de Bentham podia, todavia, generalizar-se. Ancoradas nesse mecanismo elementar e facilmente transferível, as práticas disciplinares de poder seriam infiltradas, disseminadas sem interrupção, em toda a sociedade. O exercício do poder funcionaria como rituais de verdade, como uma máquina para dominação de sujeitos e objetos, que atendia aos anseios políticos vigentes. Segundo Foucault, Bentham projetou e descreveu, "[...] na utopia de um sistema geral, mecanismos específicos que realmente existem" (1996a: 227).

Bentham era o complemento de Rousseau, idealizador de uma sociedade transparente, visível e legível em sua totalidade, isenta de zonas obscuras e de zonas regidas pelos privilégios da realeza ou pelas prerrogativas de algum poder. Todo indivíduo poderia ver o conjunto da sociedade e estabelecer com seus semelhantes uma comunicação sem obstáculos: "Tem-se a impressão de estar na presença de um mundo infernal do qual ninguém pode escapar, tanto os que olham quanto os que são olhados" (ibid.: 218). A visibilidade e a consequente possibilidade de inspeção de toda a extensão espacial mantinham os indivíduos em exposição permanente e ilimitada. Entretanto, como a torre era invisível para os ocupantes das celas, o olhar indiscreto pressupunha a inteira discrição do inspetor. Sua presença, incerta e sobretudo desnecessária, transformava-se em onipresença e em onisciência, levando os detentos a adquirirem atitudes padronizadas e modelares para evitar as punições impostas pelos defensores da pretensa ordem. O uso da força, de seus métodos de subordinação e constrangimento, era dispensável, porque o poder funcionava automaticamente. O olhar invisível era interiorizado, era inscrito no corpo do vigiado, que exercia uma vigilância sobre e contra si mesmo.

Se o panoptismo era a técnica universal de coerção, o contrato social era o fundamento ideal do direito e do poder político. A forma jurídica que garantia os mesmos direitos a todos os indivíduos estava sustentada nos mecanismos de micropoder desiguais e assimétricos, inerentes às disciplinas. Foucault analisou as duas vertentes do processo que, ao longo do século XVIII, tornou a burguesia a classe politicamente dominante: a implantação de um código jurídico igualitário explícito e o desenvolvimento de dispositivos disciplinares obscuros (2001a: 182). O Iluminismo inventou simultaneamente as liberdades e as disciplinas. A disciplina é um instrumento de poder capaz de manipular comportamentos e produzir o ser humano útil, necessário ao funcionamento e à manutenção da sociedade industrial capitalista. A disciplina é uma técnica de subordinação de corpos, que tende a aumentar habilidades, velocidades e, por consequência, lucros. Esse intensificador do poder era também um multiplicador da produção. Acumulação de indivíduos e acumulação de capital tornaram-se inseparáveis. A concentração humana dependia do crescimento de um aparelho de produção que utilizasse e mantivesse seus indivíduos. Paralelamente, os procedimentos para aplicação dos recursos humanos aceleravam o movimento de acumulação de capital.

A disciplina implica, assim, uma espacialização do poder, uma organização do território, uma distribuição de indivíduos no desempenho de funções específicas, em lugares esquadrinhados e hierarquizados. As intervenções no espaço visavam a fixar posições, controlar movimentos, delimitar influências e atribuir valores. O espaço configurava um quadro epistemológico de singularidades justapostas, que tornava as diferenças visíveis e, portanto, classificáveis. A divisão de espaços e corpos resultou na elaboração de inventários e arquivos necessários para a instituição de um saber, pois a disciplina como poder e técnica operava através de um olhar prepotente normalizando julgamentos e exames. Sujeitos e objetos submetidos ao campo da visibilidade eram então alvo do conhecimento. O ponto central do exercício de poder constituía-se também como o lugar de registro do saber. No século XVIII, os mecanismos panópticos desencadearam, através de interações e regularizações, um processo circular em que a ampliação do poder e a formação do saber eram mutuamente impulsionados. No entanto, esse saber que privilegiava ou, mais precisamente, exigia individualização, separação, distinção, produzia uma análise fragmentada e reducionista, incompatível com as multiplicidades constituintes da realidade. Por desprezar as interferências externas, esse enfoque contrastava bastante com os cenários arquitetônicos e urbanos, inevitavelmente tumultuados: "Diante das prisões arruinadas, fervilhantes e povoadas de suplícios gravadas por Piranesi, o Panóptico aparece como jaula cruel e sábia" (ibid.: 170).

Exatamente porque infinitos e mutáveis, os *carceri d'invenzione*, representados por Giovanni Battista Piranesi, coincidem com o espaço da cidade, com o espaço da existência humana. Nessas prisões, o constrangimento não pres-

2.23
Cárcere XIV

supunha clausura, mas a diluição do centro e a abertura para o ilimitado. A ausência de qualquer centralidade correspondia ao desaparecimento dos antigos valores e à propagação da desordem na urbanidade. A instabilidade formal e a desintegração da coerência estrutural nos cárceres eram os efeitos da dobragem de espaços e tempos (2.23). Piranesi não escapou, entretanto, à sedução dos testemunhos arqueológicos da Antiguidade, que tanto atraíam os acadêmicos daquele século. Mas, para polemizar com o revivalismo grego em ascensão, Piranesi sugeriu que os etruscos, e não os gregos, teriam transmitido seu legado cultural aos romanos. Assim, a obra piranesiana fazia referência a precedentes históricos e apelava à austeridade da estética antiga, porém explorava simultaneamente as distensões, multiplicações e rupturas espaciais, compatibilizando a rigidez dos elementos arquitetônicos com a fluidez da dinâmica urbana. Se as partes eram reconhecíveis, o todo, sem harmonia ou legibilidade, estava muito distante do conceito de *concinnitas* de Alberti e, possivelmente, mais próximo da irregularidade decorrente da justaposição de distintas partes regulares, proposta por Laugier.

As gravuras complexas e distorcidas de Piranesi eram análogas às "[...] planimetrias cujo elemento dominante é a aleatoriedade dos episódios, a interpenetração desordenada das superestruturas, a destruição das leis da perspectiva, para fazer sequências de estruturas inexistentes parecerem reais" (Tafuri, 1995: 26). A violação dos preceitos da perspectiva centralizada e a utilização de múltiplos pontos de vista levavam a espacialidade da geometria euclidiana ao colapso. Por meio de artifícios visuais de representação, o conceito de espaço tornava-se objeto de crise e crítica. O espectador dos *carceri*, em posição necessariamente desconfortável, era induzido a participar de um processo para recompor espaços desarticulados, para reconectar fragmentos de um mosaico indecifrável.

A retórica iluminista do infinito e do imaginário propiciava a elaboração de utopias, a formulação de hipóteses sem exigência de soluções. Ao evocar um passado arqueologicamente distante ou um futuro sempre inatingível, a utopia piranesiana desviava a arquitetura de seu projeto de marcar o tempo presente, mas parecia a única alternativa para se contestar o poder que controlava toda a produção artística e para estimular projetos que não renunciassem ao compromisso com a criação. Assim, os *carceri*, de espaços e tempos em permanente metamorfose, convidavam a uma viagem, a uma aventura sem limites. No entanto, porque essa viagem era prolongável indefinidamente, o retorno era impossível. Como retornar, questionou Tafuri, "[…] de uma forma exagerada em suas dimensões, distorcida em sua realidade, e que nos confronta com as errâncias nos labirintos dos *Carceri*?" (ibid.: 41). As infinitas composições possíveis, favorecidas pela abertura da forma, como também a problematização do espaço e do tempo e os obsessivos agenciamentos, mostram que, em vez de utopias, Piranesi desenhou heterotopias, lugares capazes de representar, ameaçar ou, até mesmo, destruir os espaços reais de uma cultura.

Os experimentos envolvendo monumentos desproporcionais e destituídos de evidências arqueológicas resultaram na fantasiosa reconstrução do *Campo Marzio dell'Antica Roma*. No intuito de aumentar o impacto de suas sofisticadas iconografias, que tinham Roma apenas como pretexto para desenhar uma outra cidade possível, Piranesi utilizou artifícios dos cenógrafos barrocos, criando uma montagem de arquiteturas que transgrediam e reinventavam os cânones do passado. A estratégia era isolar as ruínas da Antiguidade e preencher o contexto com obras hipotéticas monumentais. O *Campo Marzio* celebrava o triunfo do fragmento, pois construía um espaço urbano homogêneo permeado de edifícios protagonistas que coexistiam e interagiam sem nenhuma hierarquia ou relação formal. Ao destacar o fragmento, Piranesi mostrava que alterações nas composições e nas escalas de uma referência clássica podiam gerar infinitas exceções e, porém, essa incessante procura por singularidades estava condenada a fracassar. A cidade era uma totalidade composta de partes desconectadas que, mesmo tendo formas complexas, perderiam autonomia, seriam absorvidas e, enfim, revelariam uma aglomeração indiscernível: "O choque dos organismos, imersos em um mar de fragmentos formais, dissolve até a mais remota memória da cidade como um *lugar da forma*" (ibid.: 36). O *Campo Marzio* encenava, então, colisões entre a arquitetura e a cidade, entre o objeto arquitetônico, tornado instância de ordem, e o espaço urbano, atuando como um palco, como um território aberto a outras narrativas possíveis (2.24).

O *Campo Marzio* apresentava um catálogo de modelos arbitrários em uma evocação ilusória da história, na tentativa de contestar e subverter os princípios rígidos que fundamentavam a arquitetura europeia no século XVIII. A paisagem urbana aparecia fluida, dinâmica, sempre mutável, como eram os espaços desenhados pela imaginação e pela memória. Piranesi considerava que o projeto urbano não podia se restringir à monótona combinação de tipologias canônicas. Seu personagem, Didascalo, argumentou que, se a arquitetura fosse reduzida à imitação de modelos, os arquitetos seriam profissionais medíocres e, consequentemente, menos valorizados que os pedreiros,

2.24
Campo Marzio
dell'Antica
Roma

pois estes, "[...] depois de fazerem o mesmo trabalho repetidamente, terão memorizado o procedimento e terão outra vantagem sobre vocês: sua habilidade mecânica" (ibid.: 45). Por esse motivo, tornava-se relevante distinguir a obra arquitetônica do edifício meramente funcional e, portanto, desprovido de valor artístico. Na época em que a estética emergia como reflexão sobre a arte, como teoria da sensibilidade, como discurso sobre o belo, Piranesi instalava uma crise no modelo e, também, no objeto arquitetônico. O racionalismo ortodoxo era desafiado por justaposições aleatórias de edifícios que, negando toda lógica ordenadora, geravam espaços heterotópicos. Tafuri apontou que "a heterotopia de Piranesi reside precisamente em dar voz, de modo absoluto e evidente, a esta contradição: o princípio da razão é mostrado como instrumento capaz de antecipar — longe de qualquer *sueño* — os monstros do irracional" (ibid.: 46). A história posteriormente veio confirmar a denúncia da razão como um agente de dominação, a serviço de um poder repressor, que, no entanto, nunca se afastaria totalmente das criações artísticas, filosóficas e científicas da Modernidade.

3
ENCANTAMENTOS E DESENCANTAMENTOS NA CIDADE MODERNA

Ao final do século XVIII, transformações econômicas, políticas, sociais e culturais impulsionadas pelos crescentes processos de racionalização promoveram a inauguração da Modernidade. Se a Revolução Industrial introduziu alterações nos modos de produção e intensificou as práticas capitalistas, a Revolução Francesa, defensora dos modernos ideais de igualdade, liberdade e fraternidade, gerou uma descontinuidade social e política seguida da ascensão da burguesia. A Modernidade foi também herdeira da física newtoniana, que submeteu a natureza a uma interpretação racional independente da teologia, rompendo com o conceito medieval de um universo regido pelo poder divino. Os mitos da ciência, da revolução e do progresso, que permeavam a retórica iluminista, pressupunham a razão como principal instrumento de emancipação do sujeito frente ao obscurantismo e à superstição. Esse período histórico testemunhava, portanto, a emergência de uma filosofia de viés humanista: "[...] a modernidade significa o desaparecimento dos valores absolutos, das essências, do fundamento divino e o aparecimento de valores humanos demasiado humanos. Substituição da autoridade de Deus e da Igreja pela autoridade do homem considerado como consciência ou sujeito; substituição do desejo de eternidade pelos projetos de futuro, de progresso histórico; substituição de uma beatitude celeste por um bem-estar terrestre" (Machado, 2000: 86).

EXPANSÃO DA ESTÉTICA

A estética surgiu no contexto do Iluminismo europeu. As reflexões acerca da arte, da beleza e da sensibilidade foram recorrentes desde a Antiguidade, porém somente no século XVIII os filósofos buscaram uma maior convergência entre esses temas. Aquele período foi marcado pela hegemonia do pensamento racional, que submetia todo conhecimento a investigações científicas e, paralelamente, pela inserção do sujeito humano em posição privilegiada, tornando necessário entender as transformações que o subjetivismo introduzia nos diversos campos do saber. A estética emergiu, então, como possibilidade de diálogo entre a razão e a sensibilidade. A estética, segundo Elio Franzini, "[...] nasce precisamente da exigência mediadora de um contexto cultural no qual se procura colocar o mundo da contingência no plano da razão e, simultaneamente, no qual valores absolutos como o da beleza são relacionados com faculdades subjetivas [...]" (1999:16). Esse discurso teórico procurava estender a racionalidade ao obscuro mundo da percepção e da experiência, na tentativa de sistematizar um novo campo disciplinar: "É como se a filosofia acordasse subitamente para o fato de que há um território denso e crescendo para além de seus limites, e que ameaça fugir inteiramente à sua influência. Esse território é nada mais que a totalidade da nossa vida sensível [...]" (Eagleton, 1993: 17).

A tradicional noção de experiência estética como modo de cognição da verdade deixou de ser consensual a partir do debate entre antigos e modernos, travado pelos intelectuais franceses no século XVII. Para os antigos, a beleza tinha um caráter objetivo, resultava da perfeição intrínseca à obra de arte, mas para os modernos, a resposta estética precisava ser relativizada, pois passava a depender da relação entre as faculdades do sujeito. E foi nesse complexo ambiente cultural que, em 1750, Alexander Baumgarten publicou sua *Aesthetica*, cujo escopo não se restringia a analisar os objetos artísticos, mas incluía o ainda inexplorado mundo das percepções e das sensações humanas. Derivada do termo grego *aísthesis*, a estética, definida como ciência do conhecimento sensível ou gnosiologia inferior, era considerada irmã da lógica. Para elevar a sensibilidade à condição de conhecimento, Baumgarten pesquisou algumas possíveis correspondências entre as leis da ciência do belo e as leis do domínio da lógica, estas tidas como superiores. Se a razão era capaz de conhecer o mundo inteligível, existiria provavelmente uma *analogon rationis*, uma faculdade análoga ao pensamento racional, destinada a perceber o mundo sensível, a apreender a realidade material. Baumgarten tornou, desse modo, o território da sensação vulnerável e permeável à análise racional. Mas a difícil tarefa da razão seria encontrar estratégias para penetrar no mundo sensível, sempre confuso e impreciso, obstáculo para a aplicação dos métodos científicos.

A estética alemã foi muito influenciada pelo racionalismo francês, e não menos pelo empirismo britânico. As discussões sobre a natureza e os critérios do gosto, propostas pelos filósofos ingleses, introduziram uma inflexão no julgamento da beleza. O gosto era a habilidade de avaliar, através dos sentimentos, as obras como atraentes ou como repulsivas. Porque o gosto não remetia à razão, mas à sensibilidade, o julgamento da beleza era imediato, independia da mediação de conceitos. A beleza era inseparável do prazer extraído dos objetos da experiência. Assim, as teorias do gosto estético sugeriam um afastamento da noção de beleza objetiva e absoluta, que agora era subjetiva e relativa. Se para os antigos os preceitos capazes de conferir beleza e significado às expressões artísticas estavam em uma realidade externa e superior ao ser humano, a estética moderna transferiu para a subjetividade a tarefa de atribuir valor às obras de arte. Mas os princípios de ordem, proporção e harmonia, entre outros que prevaleceram desde a Antiguidade, não desapareceram. Ao contrário, esses princípios eram estruturantes dos processos de criação. A necessidade de suporte em uma objetividade racionalista impediu a plena autonomia do mundo sensível, mostrando que essa estética ainda estava envolvida com o pensamento cartesiano.

Até meados do século XVIII, a percepção humana era considerada precária e, por isso, limitadora do conhecimento da realidade. Porém a Modernidade, em sua ênfase antropológica, operou uma importante transformação ao positivar essa condição. Quando Immanuel Kant argumentou que a consciência se encontrava inevitavelmente limitada pela realidade exterior, a pretensão metafísica de conhecer o absoluto para entender a essência do *cogito* ou para demonstrar a existência divina perdeu relevância. A partir da aceitação da finitude intransponível, do caráter obrigatoriamente limitado da consciência humana, o conhecimento sensível já não podia parecer inferior e confuso. A conquista da autonomia do mundo sensível coincidiu, portanto, com o deslocamento dos postulados teológicos, ou inteligíveis, e com o consequente advento do conceito de humano, somente desde então pensado como sujeito, pois "o humanismo do Renascimento, o racionalismo dos clássicos podem realmente ter conferido um lugar privilegiado aos humanos na ordem do mundo, mas não puderam pensar o homem" (Foucault, 1990: 334). Nesse cenário, o homem passou a ser sujeito e também objeto do saber. O novo paradigma humanista implicou a secularização da figura divina e a revalorização da sensibilidade no âmbito da teoria do conhecimento, permitindo a Kant desvincular totalmente a estética do mundo inteligível e, assim, inaugurar a Modernidade filosófica.

Kant fundou uma filosofia crítica independente e antagônica da metafísica da representação, filosofia esta que passou a subordinar todo o conhecimento ao sujeito humano, a uma subjetividade constitutiva da objetividade. Espaço e tempo atuavam na cognição racional do mundo fenomênico mediante um entendimento sustentado na percepção, na relação de distanciamento entre sujeito e objeto. Formas puras e vazias da sensibilidade, sempre originadas no sujeito, o espaço e o tempo estabeleciam as condições para ordenação da exterioridade, viabilizando a experiência humana. A realidade material apresentava-se ao sujeito como intuição sensível, organizada a partir de um espaço e um tempo imateriais. Entretanto, apesar de fundamental para esse conhecimento da realidade, a sensibilidade espaço-temporal era irrelevante para o julgamento estético. Na interação do sujeito com a obra de arte, espaço e tempo perdiam a função objetiva, deixando de ser formas aprioristicas, e a matéria aparecia como intensidade. Assim, a imaginação estética, liberta da submissão ao entendimento, não apreendia apenas as quantidades extensivas do mundo empírico, mas se tornava produtora de sentido, em seus dois aspectos: o belo e o sublime.

Na terceira crítica, a crítica do juízo, Kant desenvolveu sua teoria estética. Partindo da premissa de que o gosto é a faculdade de julgar o belo, Kant declarou: "O juízo de gosto não é, pois, nenhum juízo de conhecimento, por conseguinte não é lógico e sim estético, pelo qual se entende aquilo cujo fundamento de determinação *não* pode ser *senão subjetivo*" (1995: 48). Contudo, para garantir a validade universal do gosto civilizado sem transformar a crítica em doutrina, Kant precisou romper a esfera monádica do *cogito*, da subjetividade individual. O desafio era inventar uma intersubjetividade estética, que atuaria sem o suporte de uma razão dogmática ou de uma estrutura empírica psicofisiológica. Se para os classicistas a subjetividade do juízo estético era dissolvida em uma razão universal atuando dogmaticamente em relação ao particular, entre os empiristas a particularidade do sujeito parecia preservada, mas a intersubjetividade era finalmente reduzida a um princípio material, à noção de estrutura psíquica e orgânica comum a um grupo de indivíduos. A resposta kantiana às definições conflitantes de beleza, seja como imitação da verdade revelada pela razão ou como manifestação dos sentimentos, foi uma estética que neutralizava os termos da antinomia entre classicismo e sensualismo, introduzindo uma objetividade de critérios sem reduzir o gosto à condição de juízo científico e sem, assim, destruir sua singularidade. O juízo do gosto, como mostrou Raymond Bayer, "[...] não é determinável por princípios: não pode haver ciência do belo. As belas-artes só conhecem uma maneira (*modus*) e não um método (*methodus*)" (1995: 201).

No entanto, o prazer estético provocado pelos objetos belos não era meramente sensível, era também intelectual, pois resultava de uma subjetividade objetiva. Esses objetos, que no fluxo da diversidade material ganhavam destaque e atraíam o olhar, eram supostamente dotados de uma harmonia constatada pela razão. Os objetos belos tinham como modelo a arte da medida e, portanto, a experiência estética implicava a contemplação de formas limitadas, criadas pela natureza ou pelo ser humano. Embora independente de qualquer análise, reconhecida apenas pela percepção, a beleza apresentava-se como consensual, baseada em leis contingentes, porém tão universais e necessárias quanto as leis racionais. Todo objeto belo era singular, mas o sentimento tenderia a uma universalização subjetiva. Desse modo, o pensamento kantiano indicava uma comunicação intersubjetiva, instituída a partir de uma beleza capaz de despertar as ideias da razão em cada ser humano e de fazer emergir um senso comum a toda humanidade.

A beleza aparecia para o sujeito, que descobria um prazer puro no objeto ou em sua representação, prazer desvinculado de todo interesse sensível ou racional. Assim surgiu a famosa fórmula kantiana: o belo é o objeto de uma satisfação desinteressada. O belo deveria agradar universalmente sem conceito e, por consequência, a satisfação estética seria sentida igualmente por todos. Mas a beleza também foi traduzida como uma finalidade destituída de um fim. Essa finalidade subjetiva formal, relacionada com a presença de marcas artísticas no objeto, era distinta tanto da finalidade objetiva externa — utilidade — quanto da finalidade objetiva interna — perfeição. A beleza não devia ser confundida com a utilidade, que, derivada somente de uma função bem executada, não produzia satisfação imediata. Tampouco podia coincidir com a perfeição, que pressupunha a realização do objeto em conformidade com um conceito preexistente. Finalmente, ao propor que o belo é reconhecido sem conceito, como objeto de uma satisfação necessária, Kant ressaltou a relevância da adesão de todos a um juízo, exemplo de uma regra universal, porém não enunciável.

O sentimento do belo referia-se ao objeto limitado, definido pela forma, mas o sublime apontava para o ilimitado, para a totalidade do mundo fenomênico. A finitude humana entraria em contato com objetos que tendem a um excesso, a uma aformalidade, seja pelo caráter dinâmico, infinito de força, seja pelo caráter matemático, infinito de grandeza. O sublime, para Kant, "[...] é um objeto (da natureza), cuja representação determina o ânimo a imaginar a inacessibilidade da natureza como apresentação de ideias" (1995: 114). A imaginação era desafiada, era obrigada a enfrentar seu limite, o inimaginável. Mas, ao tentar apresentar a noção de totalidade, a imaginação fracassava, porque a sensibilidade espaço-temporal teria limitações insuperáveis, impedindo o alcance das magnitudes absolutas. A experiência do sublime era marcada pela impossibilidade de representar, de medir e descrever um espaço e um tempo infinitizados. Sem intuição sensível, o disforme na natureza constituía-se como resistência aos interesses dos sentidos, podendo ser pensado somente como uma ideia da razão. Como os sistemas de recognição e o senso comum tornavam-se impotentes, surgiu uma imagem de pensamento sem a pretensão de comunicabilidade imediata ou, mais precisamente, instaurava-se uma intersubjetividade estética. Assim, o espetáculo do sublime nada fazia descobrir sobre a natureza, apenas tornava o ser humano uma finalidade racional, uma destinação moral independente do mundo fenomênico, enquanto, segundo Kant, a beleza que se apresentava na natureza possibilitava, ao contrário, conhecer e inferir conceitos inerentes à arte.

Na arte ou na natureza, a beleza era a expressão de ideias estéticas. A arte era uma obra humana, que tinha na razão o fundamento para sua criação. Produto de uma intenção, alguma representação deveria sempre preceder o fazer artístico. No entanto, para aspirar pertencer ao âmbito da estética, a beleza artística precisava preservar um aspecto da beleza natural. Ainda que semelhante, a beleza da obra de arte, entendida como representação bela de um objeto, era inconfundível com a beleza mostrada pela natureza: "A natureza era bela se ela ao mesmo tempo parecia ser arte; e a arte somente pode ser denominada bela se temos consciência de que ela é arte e de que ela, apesar disso, parece ser natureza" (ibid.: 152). Se a natureza imitava a arte, também a arte deveria imitar a natureza. A arte imitava a natureza quando revelava com exatidão seus princípios de composição, porém sem deixar transparecer os vestígios acadêmicos reguladores da forma. A arte devia, portanto, expressar uma finalidade sem fim, buscando dissimular sua intencionalidade para parecer isenta de qualquer coerção de regras arbitrárias e conseguir comparar-se à natureza.

Na filosofia kantiana, a arte se distinguia tanto da natureza quanto do artesanato. A prática artística produzia objetos belos, mas a atividade artesanal produzia apenas objetos úteis, comercializáveis. Quando a obra resultava da aplicação, da aprendizagem ou da mera reprodução de métodos, a arte era mecânica, porém, quando resultava da intenção de despertar o sentimento de prazer, a arte era estética. Somente as artes dotadas de beleza, ou as belas-artes, eram consideradas modos de conhecimento, porque teriam potência para expandir os limites do mundo conhecido e, por meio da experiência estética, conseguiram transformar o sujeito. As belas-artes eram as artes do gênio, do indivíduo dotado de habilidade para idealizar as regras que fundamentavam a realização de uma arte original, distinta das práticas de imitação e, simultaneamente, modelo exemplar para outras obras. As regras eram imprescindíveis para a materialização do fim subjacente à arte, que do contrário seria um simples produto do acaso. Entretanto, não podiam convergir para uma fórmula nem servir de preceito, pois se tornariam juízo sobre o belo, determinável segundo conceitos. Tais regras eram misteriosas para o contemplador da obra e, também, para o artista que, envolvido com a criação, não imitava, mas inventava o real. A criação artística consistia na presentação de ideias estéticas sem enunciação possível, sem nenhuma linguagem capaz de definir ou explicar, porém com um alcance que se pretendia universal.

A estética kantiana conquistou uma tripla autonomia (Lacoste, 1997: 34). O sujeito contemplador da beleza libertou-se das restrições impostas pelos cânones tradicionais. O artista superou a condição de artesão e atingiu o *status* de gênio criador a partir da distinção entre as belas-artes, originais e exemplares, e as artes aplicadas, regidas pela técnica, pela manufatura e, posteriormente, pela produção industrial. Por último, a obra de arte como finalidade sem fim ganhou autonomia com a emergência de um gosto desinteressado, desvinculado do desejo e da necessidade. Todavia, essa tríplice autonomia resultava de uma incontestável subordinação ao interesse da razão iluminista, que, paradoxalmente, deveria emancipar o sujeito humano. Segundo Kant, a humanidade tinha adquirido liberdade para fazer uso público da razão sem precisar se submeter a qualquer autoridade e, portanto, o racionalismo daquele período era compatível com o surgimento de uma atitude crítica. A crítica, como análise e reflexão sobre limites e potencialidades, fez-se fundamento do pensamento iluminista e, reciprocamente, o Iluminismo tornou-se a idade da crítica. Desde então, a filosofia

> *[…] só é possível como uma filosofia crítica, enquanto a literatura e a arte só são possíveis ligadas à crítica literária e à crítica de arte […]. Por outro lado, só mediante a apropriação crítica da filosofia, da literatura e da arte é que também o público chega a se esclarecer, até mesmo a se entender como processo vivo de Iluminismo (Habermas, 1984: 58).*

EXPANSÃO DA CRÍTICA

No contexto cultural francês, a partir do século XVII, o termo *public* designava o grupo de leitores, espectadores e ouvintes que atuavam como consumidores e, sobretudo, como críticos de arte e de literatura. Esse público era constituído por segmentos da corte e da cidade, esta representada pela nobreza urbana e pela alta burguesia. No contato com o mundo dito elegante, a burguesia vanguardista aprendeu as técnicas do debate público racional. Sua ascensão econômica alterou as relações de poder ao conferir superioridade também cultural a um grupo social originalmente detentor de grande riqueza. Assim, os herdeiros da aristocracia humanista associados à classe média emergente outorgaram-se o direito de enunciar julgamentos racionais e, consequentemente, legislar sobre a formação da opinião pública.

Contrastando cultural e politicamente com a corte, a cidade viabilizou a formação de uma esfera pública burguesa, instruída, liberal, não descendente da antiga burguesia de artesãos e pequenos comerciantes, mas composta de intelectuais e capitalistas — banqueiros, empresários, comerciantes e industriais — que, através da crítica iluminista, conquistaram o privilégio de proferir discursos. Para consolidar seu domínio, essa população citadina precisou constituir um espaço urbano e, principalmente, um espaço público burguês sustentado em instituições democráticas, fóruns para exposição e discussão de arte e cultura, locais que substituíram o salão da corte no qual o monarca reunia artistas e escritores. Tais instituições promoveram o processo crítico racional, inicialmente literário e depois político, desenvolvido por indivíduos que interagiam respaldados por uma igualdade previamente pactuada, com o intuito de garantir a autoridade do argumento, independente de qualquer hierarquia social. Bibliotecas, teatros, museus e salas de concerto, espaços arquitetônicos construídos para ampliar o acesso do público ao conhecimento, transformaram a cidade no centro da vida econômica e, também, intelectual da sociedade (3.1). Desde o Renascimento, a cidade expandiu gradualmente suas atividades culturais, porém foi com a transferência da residência real para Versalhes que o espaço urbano se converteu no território inevitável da esfera pública. A supremacia da cidade, como sugeriu Habermas, "[…] é assegurada por aquelas novas instituições que, em toda a sua diversidade, assumem na Inglaterra e na França funções sociais semelhantes: os cafés em seu período áureo de 1680 a 1730, os salões no período entre a Regência e a Revolução" (ibid.: 47).

As cafeterias proliferaram quando, no início do século XVIII, bebidas como chá, chocolate e café tornaram-se usuais. Por permitirem o ingresso de indivíduos pertencentes a vários setores da classe média, inclusive artesãos e pequenos comerciantes, as cafeterias eram espaços aparentemente mais democráticos. Os salões, ao contrário, eram restritivos, eram lugares de encontro em que acadêmicos discutiam suas teorias, em que artistas e escritores submetiam suas obras à apreciação de um público que fazia uso da razão. Os debates públicos foram facilitados pela crescente quantidade de obras de arte introduzidas no mercado, produzidas como mercadorias para consumo, supostamente disponíveis a todos, mas efetivamente destinadas à elite intelectual. Como as produções artísticas e culturais modernas já não estavam comprometidas em expor ao público o poder do soberano, não mais simbolizavam os poderes feudais ou monárquicos, a tarefa de atribuir significados e valores foi absorvida por consumidores de cultura, através de organizações envolvidas com a consolidação do projeto filosófico da crítica. Todavia, ao se desvincular da representatividade pública eclesiástica ou

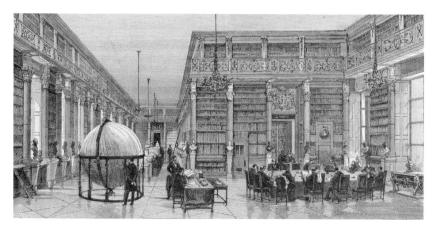

3.1
Bibliothèque
Mazarine

3.2
Society of Arts

cortesã, essa produção ficava vulnerável à profanação (3.2). A análise crítica violava a arte, pois toda interpretação exige a intermediação de signos, de outra linguagem, que reproduz a obra e, portanto, reduz ou anula suas singularidades: "As pessoas privadas, às quais a obra se torna acessível enquanto mercadoria, profanam-na à medida que, por vias do entendimento racional, entre si, por conta própria, determinam o seu sentido, conversam sobre ela e, assim, precisam verbalizar o que, até então, exatamente tinha podido, na não verbalização, desenvolver a sua autoridade" (ibid.: 52).

O debate público, entretanto, era acessível somente a indivíduos que atendessem aos requisitos de propriedade e formação acadêmica. Desse modo, um grupo restrito de interlocutores, que se intitulava público, reivindicava a autoridade como instância de saber, para representar e educar o restante da população. A circulação, a difusão de opiniões, concedeu a essas sociedades fechadas maior controle sobre as criações artísticas. Os intelectuais burgueses utilizaram suas posições para impor à cultura a ideologia do sistema de produção capitalista, e adquiriram, então, poder para atuar duplamente como objeto e como instrumento da verdade. Agentes da consciência e do discurso da silenciosa verdade de todos, os intelectuais assumiam a eloquência das massas, traduziam a verdade para o povo e pelo povo (Foucault, 1996a: 71). Resguardados apenas pelo gosto, esses indivíduos proferiam julgamentos, determinavam paradigmas, quase sempre aleatórios e inconsistentes. Os artistas, embora emancipados da submissão à corporação, à Igreja e à corte, viam-se agora obrigados a trabalhar para o mercado. As forças capitalistas não apenas imprimiram na arte um valor de troca, de mercadoria, e expandiram o poder da alta burguesia, mas, sobretudo, tornaram a cultura moderna ainda mais questionável.

O julgamento leigo sobre a arte foi simultaneamente estimulado e reprimido por uma nova instituição: o museu público. Nos gabinetes de curiosidades, colecionar e contemplar obras de arte eram dois aspectos da mesma atividade, praticada por comerciantes, aristocratas ou pesquisadores. Com o surgimento da cultura democrática, as exposições passaram a atrair um público cada vez maior, proveniente de diversas classes sociais, que geralmente nada conhecia sobre o processo de colecionar e, por esse motivo, não tinha o privilégio de participar das discussões. A crítica era conduzida por profissionais, árbitros da arte, que utilizavam a argumentação como método de persuasão. Os especialistas dirigiam-se a um público previamente envolvido com os critérios apresentados, porém rejeitavam o debate com os indivíduos não solidários, considerados desprovidos de formação intelectual. Foi traçada, assim, uma divisão entre os produtores do saber e os consumidores do saber, entre os especialistas e os leigos: "O sujeito produtor 'trabalha' nos espaços escondidos do museu, enquanto o sujeito consumidor 'trabalha' nos espaços públicos" (Greenhill, 1995: 190). Esses espaços, seriados e controlados, que ofereciam conhecimento a um público passivo, transformaram o museu em uma tecnologia disciplinar.

Fundado para exibir coleções antes enclausuradas em espaços privados, o museu público disponibilizava para a apreciação das classes populares os objetos de arte acumulados pela monarquia e pela Igreja por meio de pilhagens ou confiscos. As coleções foram retiradas de contextos que estabeleciam vínculos com a tradição, com a memória, para serem reorganizadas em espaços neutros. Esse processo iconoclástico atendia aos interesses revolucionários de expor a decadência da tirania absolutista e a emergência da democracia republicana. O museu apresentava duas funções contraditórias, de templo elitista para arte e de instrumento utilitário para educação, pois os integrantes da alta cultura, apoiando o sistema de governo, tinham a pretensão de reformar, de modelar os aspectos morais, mentais e comportamentais da população. Veículo estratégico para instrução pública, para inscrição e divulgação de mensagens em toda a sociedade, o museu tornava-se o espaço em que os indivíduos rudes deveriam aprender códigos civilizados, imitando as atitudes dos grupos intelectualizados. No entanto, em vez de homogeneizar, o museu de arte enfatizava a distinção entre a elite e as classes sociais populares, estas meramente espectadoras de uma exibição de poder.

A transformação das galerias do palácio real do Louvre em museu público constava no programa de reforma social dos vencedores da Revolução (3.3). Para Georges Bataille, "a origem do museu moderno estaria portanto ligada ao desenvolvimento da guilhotina" (1997: 22). Enquanto nas coleções particulares predominavam os objetos do acervo, o principal conteúdo do museu era o público, que reencontrava periodicamente o prazer de contemplar as obras de arte: "O museu é como os pulmões de uma cidade — todo domingo as multidões fluem através do museu como sangue, saindo purificado e fresco" (ibid.: 22). Nesses espaços de exposição, as experiências estéticas eram transformadoras, atuando como um espelho para autocontemplação, fazendo os indivíduos se reconhecerem como sujeitos do saber: "Domingo, às cinco horas, na saída do Louvre, é interessante admirar o fluxo de visitantes, que estão visivelmente animados pelo desejo de serem exatamente como a aparição celeste com a qual seus olhos ainda estão encantados" (ibid.: 22).

Ao convidar os visitantes a encenarem ou testemunharem um drama, a participarem de um ritual simbólico, o museu público construía seu espaço teatral. Se nos gabinetes de curiosidades ou nas salas de tesouros a ordenação dos objetos em exposição era pouco relevante, no museu moderno a

3.3
Grande galeria do Museu do Louvre

expansão da crítica   135

seleção e a disposição das obras eram determinantes para o prazer ilusório de conhecer. As instalações desse novo espaço cerimonial possibilitaram não somente redefinir a identidade cultural de seus visitantes, mas também atribuir valores, qualificar ou depreciar os objetos expostos. Surgiu, consequentemente, um olhar curatorial, como triunfo do pensamento iluminista que buscava racionalizar os antigos sistemas de classificação. Em vez de um universo desordenado, repleto de artefatos heterogêneos justapostos arbitrariamente, que incitava múltiplas explorações, o museu era um arquivo histórico rigidamente estruturado, e o ritual ali encenado pelos cidadãos, com supostamente o mesmo direito de acesso ao acervo cultural, restringia-se a contemplar à distância. Os visitantes eram remetidos a um espaço e a um tempo inexistentes, utópicos, ideologicamente comprometidos.

"O espaço de representação constituído pelo complexo expositivo foi definido pelas relações entre um conjunto de novas disciplinas: história, história da arte, arqueologia, geologia, biologia e antropologia" (Bennett, 1996: 75). A inauguração de uma epistemologia da arte obrigou a obra de arte a ocupar um lugar específico na história e no museu ou, mais precisamente, no espaço idealizado do museu imaginário de André Malraux: "Com a história da arte, a entidade de arte que Goethe chamou de Itália está para sempre perdida" (Crimp, 1995: 98). A arte *in situ* estava sendo substituída pelo conceito de arte como fragmento, de arte autônoma, subtraída de seus contextos espaciais e temporais, afastada de suas funções originais. A invenção do museu era inseparável da ficção de representar a realidade do mundo e a trajetória humana por meio de um deslocamento metonímico do fragmento para a totalidade. Assim, os discursos arqueológicos e históricos propuseram critérios de classificação e disposição, na tentativa de narrar os acontecimentos marcantes das nações, a partir de suas inserções na história geral da civilização ocidental. Paralelamente, a geologia e a biologia permitiram atrelar essas séries culturais às linhas de tempo geológicas e naturais. A noção de historicidade formulada pelas ciências empíricas modernas exigia, desse modo, a inclusão do tempo no conhecimento.

A história da arte ganhou visibilidade através da arquitetura do museu. A compartimentação espacial contribuiu para a representação de uma cronologia, de um fluxo de desenvolvimento do passado para o presente. As coleções eram expostas em sequências temporais, desprezando as antigas ligações ocultas de semelhança e a proximidade por temas ou tamanhos.

Para se instituir uma história da arte, as pinturas foram ordenadas de acordo com períodos artísticos e produções nacionais. Segundo Eilean Hooper-Greenhill, "na disposição das pinturas por divisões geográficas e históricas em 'escolas' de artistas, um 'livro ilustrado' de história da arte é apresentado. As relações entre as pinturas dependem do país de origem do artista em vez da aparência física da própria obra" (1995: 188). O tema visível na superfície da tela tinha menos importância do que a necessidade de distribuir em séries. Ao estabelecer uma sequência historizada, a tecnologia das séries tendia a anular as singularidades das obras-primas, consideradas apenas obras que antecediam ou sucediam a outras. A série temporal converteu o museu em instrumento de espacialização do progresso da arte, e fez isto mediante a predeterminação de um percurso por sucessivas salas, que impunha aos visitantes uma *promenade* cultural e pedagógica.

Museus e bibliotecas do início do século XIX eram heterotopias do tempo, eram instituições que lutavam para preservar marcas e restos do passado, para acumular infinitamente o tempo por meio de documentos sobre as conquistas e derrotas da civilização. A partir de então, o mundo exterior precisou ser internalizado nos acervos culturais. Nos procedimentos arquivistas, Gustave Flaubert descobriu o território da imaginação como uma experiência visionária, retirada da erudição, da leitura dos signos impressos nos documentos preservados. Édouard Manet, por sua vez, pintou telas inspiradas nas coleções expostas, que eram classificadas segundo os períodos artísticos: "Flaubert está para a biblioteca como Manet está para o museu. Ambos produziram obras em uma relação autoconsciente com pinturas ou textos anteriores — ou talvez com o aspecto da pintura ou da escritura que permanece indefinidamente aberto" (Foucault, 1980: 92). Esses autores modernos revisitaram as obras dos séculos anteriores para criar uma arte que, em vez da continuidade com o passado, propunha uma ruptura temporal. *Olympia* escandalizou um público ainda despreparado para aceitar tais mudanças na criação artística. A equivocidade dos temas explorados por Manet desterritorializava os sistemas de recognição, multiplicando as interpretações, impedindo uma análise exata e definitiva.

Mesmo que implicitamente, a acumulação temporal passava a estar inscrita em toda obra de arte. A Modernidade investiu no projeto de um arquivo universal, para reunir toda a produção humana e todos os tempos em espaços paradoxalmente imóveis, excludentes do tempo, inacessíveis à devastação pela ação do próprio tempo. A crescente conservação de textos, a instauração de arquivos, a reorganização de catálogos, repertórios e inventários revelavam mais que uma nova sensibilidade ao tempo, ao passado, à espessura da história, pois constituíam um modo de introduzir nos vestígios deixados pela humanidade uma ordem semelhante à estabelecida entre os seres vivos. Assim, o final do século XVIII foi marcado por um deslocamento, análogo à dissolução do pensamento renascentista no início do século XVII, e essa disposição de saber produziu outras utopias.

3.4
Galeria de anatomia comparada da *Ecole de Médecine*

Sem escapar às classificações e às hierarquias, a história estabeleceu uma série temporal de analogias para aproximar organizações distintas, assim como a ordem tinha, anteriormente, definido uma taxonomia através de identidades e diferenças. No saber moderno, a simples aparência superficial não era suficiente para se conhecer o objeto, agora considerado uma estrutura orgânica, com diversos níveis de complexidade e com diversas relações internas. A cultura europeia inventava uma profundidade, fazendo desaparecer o interesse pela investigação das identidades, dos caracteres distintivos, para surgir a pesquisa das forças desenvolvidas a partir de um núcleo inacessível, no qual se inseriam a causalidade e a história. Essas estruturas invisíveis, essas causas mais profundas, eram muito diferentes dos textos secretos ou das semelhanças ocultas do século XVI. Abalando o estatuto da análise, classificar já não era referir o visível a si mesmo, mas reportar o visível ao invisível, para depois retornar aos sinais manifestos na superfície dos objetos.

A passagem do visível para o invisível, da superfície para a profundidade, tornava possível também a transição da história natural para a biologia moderna (id., 1990: 280). Carlos Lineu considerava que o conhecimento histórico do visível poderia viabilizar um saber sobre os sistemas da natureza, mas o conhecimento filosófico do invisível, ou das causas intrínsecas, era irrelevante. Georges Cuvier, ao contrário, priorizou a função interna em vez do caráter externo, substituindo a classificação pela anatomia, a estrutura pelo organismo, o quadro pela série (3.4). Os elementos, que antes não passavam de diferenças justapostas a identidades, deviam ser pensados e ordenados segundo uma homogeneidade funcional. Na história natural, o órgão definia-se tanto pela estrutura morfológica, o identificável, como pela estrutura funcional, o utilizável, porém a biologia subordinou a configuração à função do órgão. A singularidade do objeto não mais emergia do fundo de um quadro de variáveis, mas do fundo de grandes unidades funcionais capazes de cumprir suas finalidades. A função, entendida como o efeito não perceptível a ser atingido, permitia relacionar vários conjuntos desprovidos de identidade visível. O princípio ordenador não mais dependia da forma, da disposição espacial, da configuração, era então determinado pela estrutura orgânica, pela atividade funcional.

EXPANSÃO URBANA

Nesse contexto, que oscilava entre o entusiasmo pela forma e a ênfase na função, os arquitetos precisaram elaborar novos paradigmas e encontraram nas tipologias as fórmulas para legitimar suas obras. Embora partindo de premissas diferentes, Jean-Nicolas-Louis Durand e Antoine-Chrysostôme Quatremère de Quincy preconizaram a utilização de tipos para construir os diversos edifícios exigidos por uma sociedade regida pelas leis da produção e do consumo. Influenciados pelos esquemas tipológicos das ciências naturais, aqueles tipos arquitetônicos eram comparáveis aos elementos da natureza. Durand concebeu um método racional baseado na composição de elementos arquitetônicos simplificados. Quatremère de Quincy defendia os ideais clássicos e considerava a cabana primitiva o tipo eterno da arquitetura, materializado com perfeição no templo grego. A proposta era inserir na tradição neoclássica uma teoria de tipos originais, que evidenciassem a existência apriorística de formas naturais e arquitetônicas ideais, tanto geométrica quanto construtivamente.

Durand desenvolveu um sistema classificatório que não se baseava na descrição superficial, mas na análise de identidades e diferenças funcionais. Seu projeto tipológico privilegiava a estrutura interna, o funcionamento programático dos objetos, refletindo a noção, instalada desde Cuvier, de que os aspectos não perceptíveis, puramente funcionais, fundavam a possibilidade de classificar a natureza. O procedimento de Durand, que consistia em primeiro dividir o edifício em elementos construtivos fundamentais, depois retirar seus ornamentos e, por fim, aplicar regras lógicas de composição para criar outras formas arquitetônicas, era um desdobramento das técnicas de classificação racionalistas do Iluminismo. A prática projetual pressupunha a utilização de uma retícula ortogonal, que induzia ao posicionamento das colunas nos pontos de interseção, as paredes ao longo das linhas e as aberturas nos centros dos módulos. Embora esses elementos irredutíveis — colunas, paredes e aberturas — admitissem combinações diversificadas, as soluções adotadas para cada programa arquitetônico pouco variavam e, afinal, constituíam fórmulas previsíveis, tipologias imutáveis. Assim, a substituição dos cânones classicizantes por uma composição de planos horizontais e verticais sem ornamentos fazia surgir uma arquitetura padronizada como pura técnica, que dissociava a forma da estrutura. A tendência de Durand a abstração, geometrização e padronização antecipava, portanto, a arquitetura funcionalista do início do século XX.

O sistema compositivo de Durand teve muita influência em toda a Europa, sobretudo na Alemanha. No entanto, sua metodologia foi menos utilizada na França, onde a *École des Beaux-Arts*, organizada no final do século XVIII por intelectuais oriundos da *Académie Royale d'Architecture*, tentava, através de um neoclassicismo ortodoxo, resgatar o prestígio da arquitetura. Admirador das formas clássicas, Quatremère de Quincy utilizou a noção de passado ideal como instrumento crítico no presente. No seu entendimento, somente uma ordem clássica sustentada em tipologias poderia retirar a arquitetura da decadência consequente dos abusos formais. Esse enfoque normativo da história remetia às noções de origem e lei, prevalecentes no conhecimento do século anterior. A arquitetura era definida como a arte de tornar visível o caráter de um edifício mediante uma composição de signos capaz de sensibilizar o olhar e o intelecto. Quatremère retomou, então, uma questão já pesquisada por Lineu na história natural: a decodificação da forma do objeto a partir da visibilidade e da inteligibilidade das superfícies, a relação entre as partes através dos signos e seus significados. O tipo arquitetônico resultava de elementos esvaziados de seus valores formais ou artísticos, resultava de formas que, privadas de suas singularidades, eram reportadas ao valor indeterminado de uma imagem ou de um signo. Para Quatremère, o tipo, como origem e causa primitiva de toda a arquitetura, recuperava os cânones tradicionais que o ecletismo tinha negligenciado.

As tipologias pareciam atender à necessidade de formalizar as múltiplas funções que estavam invadindo a cidade liberal. Até o século XVIII, as obras arquitetônicas que se destacavam na paisagem urbana apresentavam pouca variação programática e eram destinadas a um público restrito. O acelerado crescimento das cidades e a migração da população rural para os centros urbanos exigiram a ampliação das dimensões dos edifícios públicos, porém, para que os espaços não se tornassem excessivamente grandes, a alternativa era a diversificação funcional. Desse modo, as novas tipologias permitiram não apenas alterar as antigas funções, mas também projetar e construir os programas que começavam a integrar o repertório arquitetônico, tais como fábricas, estações ferroviárias, lojas de departamentos, bancos e edifícios de escritórios (3.5). Entretanto, sem um planejamento coerente, essas atividades interpenetravam-se, saturando e desorganizando o espaço urbano e, consequentemente, prejudicando a saúde pública. A vitória do progresso, que impôs à cidade uma escala desmesurada e em conflito com a capacidade das estruturas existentes, promoveu a desordem e o desequilíbrio do ambiente construído.

Essas transformações nas cidades resultaram de avanços tecnológicos e socioeconômicos que conduziram à Revolução Industrial, inicialmente na Inglaterra, e logo se estendeu ao mundo europeu. Naquele período, a indústria mecanizada tinha suas bases econômicas na exploração das minas de carvão, no aumento da produção de ferro e na utilização da máquina a vapor como fonte contínua de energia. As mudanças nos modos de produção, a intensificação das atividades agrárias, industriais e comerciais, o desenvolvimento dos meios de transporte e de comunicação, associados ao declínio da mortalidade devido às conquistas da medicina e à melhora da nutrição, originaram concentrações populacionais sem precedentes. Os antigos traçados medievais e barrocos eram inadequados para suportar essas expansões urbanas, e as cidades entraram em processo de deterioração, pois seus monumentos, seus marcos referenciais, agora dividiam o espaço com edifícios residenciais e industriais, construídos inclusive sobre as áreas verdes (3.6). Iluminação, ventilação e condições sanitárias insuficientes fizeram surgir epidemias e incentivaram as elites a abandonarem os centros urbanos degradados em busca de periferias menos densas e mais salubres.

3.5
Charing Cross Station

3.6
Over London - By Rail

O crescimento descontrolado, o inelutável adensamento e a perda de identidade na cidade industrial, além dos prejuízos físicos e mentais causados à população geraram protestos e estimularam novos experimentos urbanísticos. Os arquitetos do século XIX procuraram projetar uma forma urbana determinista da moral e da conduta dos cidadãos, e retornaram aos discursos teóricos e práticos envolvendo as cidades ideais, com suas recorrentes ambições de ordenar e racionalizar o ambiente construído. Subjacente a esses modelos utópicos, havia a promessa de progresso, de um futuro melhor, no qual a produção industrial pudesse suprir as demandas de consumo e a higiene pudesse erradicar as doenças urbanas. As ameaças de contaminação entre as arquiteturas e, sobretudo, entre os indivíduos deviam ser combatidas por meio do isolamento, do zoneamento de atividades, que regularia, simultaneamente, território e sociedade. A estética urbana demandava a divisão e a distribuição de funções em zonas que, tal como os órgãos dos seres vivos, teriam autonomia para desempenhar tarefas específicas. Os projetos progressistas também rasgavam o espaço para inserir áreas verdes, ou até mesmo vazias, e assim dissipar os focos epidêmicos ou endêmicos. Mas esses critérios científicos modernos não conseguiram solucionar os conflitos da forma urbana real, pois as utopias apenas consolam.

> *[...] se elas não têm lugar real, desabrocham, contudo, num espaço maravilhoso e liso; abrem cidades com vastas avenidas, jardins bem plantados, regiões fáceis,*

expansão urbana 143

ainda que o acesso a elas seja quimérico. As heterotopias inquietam, sem dúvida porque solapam secretamente a linguagem, porque impedem de nomear isto e aquilo, porque fracionam os nomes comuns ou os emaranham, porque arruínam de antemão a sintaxe (Foucault, 1990: 7).

Ao contrário da densa cidade tradicional, algumas dessas utopias urbanas previam a proliferação de pequenas comunidades autossustentáveis, que refutavam a propriedade privada para alcançar harmonia entre as classes sociais em equilíbrio com a natureza. Se a fragmentação territorial era semelhante à distribuição geográfica medieval, o traçado urbano remetia à geometrização barroca. No entanto, não somente o traçado urbano, mas também as tipologias arquitetônicas seriam supostamente capazes de controlar o comportamento social. Os reformistas apoiavam suas hipóteses de reabilitação da sociedade em modelos que privilegiavam a habitação típica projetada para as necessidades, cientificamente deduzidas, de um indivíduo típico. Os modelos emblemáticos desse período foram elaborados por Charles Fourier e por Robert Owen. O falanstério de Fourier era uma reinterpretação do monumental Palácio de Versalhes, devolvido ao povo (3.7). Owen preferiu uma forma urbana retangular: na periferia localizavam-se os edifícios residenciais e, no centro, os edifícios públicos destinados à educação e ao lazer, circundados por áreas livres (3.8). Embora defensores das formas de associação e cooperação, tais sistemas utópicos, ainda investidos das antigas noções platônicas de centralização, delimitação e hierarquização espaciais, eram regidos por critérios de higiene e repressão, sem esconder um despotismo tecnocrático. Contudo, depois de algumas décadas, as propostas de Fourier e Owen influenciaram os projetos para as cidades-jardins.

3.7
Falanstério

3.8
New Harmony

Longe das investigações teóricas, Luís Napoleão Bonaparte e seu prefeito, Georges-Eugène Haussmann, realizaram obras que modificaram significativamente a paisagem parisiense: "[...] a nova Paris demonstra o sucesso da gestão pós-liberal, e se torna o modelo reconhecido por todas as cidades do mundo, da metade do século XIX em diante" (Benevolo, 1983: 589). As ruas muito estreitas da antiga cidade geravam problemas quase insuperáveis de infraestrutura, circulação, habitação e saúde e a reforma priorizou a construção de uma rede de ruas retilíneas, que, sem irregularidades ou obstruções, imprimiam velocidade e eficiência nos deslocamentos pela cidade, intensificando o trânsito de pessoas e mercadorias. A abertura de largas e extensas avenidas no compacto ambiente medieval possibilitava controlar a propagação de doenças contagiosas e evitar as barricadas das oposições políticas (3.9). Avenidas e bulevares tinham sido primeiramente implantados nas periferias como elementos defensivos que estabeleciam o limite entre cidade e campo, porém, com o crescimento urbano, em meados do século XVII, a muralha parisiense foi destruída e transformada em passeio público arborizado, acessível a pedestres e carruagens. Essas áreas de recreação, que no passado eram restritas à periferia, espalhavam-se agora por todo o espaço urbano. O traçado geométrico de Haussmann trouxe, segundo Kostof, "[…] a escala e a forma, antes exclusivamente suburbanas, para o antigo centro de Paris" (1991: 252).

3.9
Demolições para a abertura da *rue des Écoles*

As grandes quadras urbanas, resultantes de desapropriações e demolições, remapearam as antigas texturas labirínticas, abrindo espaço para a apresentação das mais recentes tecnologias: edifícios dotados de sistemas de instalações sanitárias, e também ruas com iluminação a gás e transportes públicos. A destruição da cidade medieval estava, entretanto, associada a um esforço de reconstrução de seu passado histórico e geográfico. Haussmann não desprezou as tendências historicistas da época, ao contrário, disponibilizou recursos para pesquisa e descrição de todo o processo de intervenção em Paris. Orgulhoso por documentar a cidade que estava desaparecendo, o artista demolidor legitimava sua obra por meio de fotografias, mapas e outros registros gráficos ou escritos, sutilmente utilizados para evidenciar a ausência de valor do patrimônio arquitetônico e urbano. Somente alguns monumentos cívicos mereceram ser preservados e, mesmo assim, isolados

3.10
Paris

de seus contextos, constituindo pontos focais de eixos perspécticos. Apesar de muito ousado, o projeto de Haussmann ainda tinha critérios estéticos tradicionais, que eram, como apontou Leonardo Benevolo, "[...] a busca da regularidade, a escolha de um edifício monumental antigo ou moderno como pano de fundo de cada nova rua, a obrigação de manter uniforme a arquitetura das fachadas nas praças e nas ruas mais importantes" (1983: 595).

A estética urbana, extremamente comprometida com o embelezamento da cidade, visava a resgatar os valores culturais que tinham sido abalados pelos turbilhões do progresso, da revolução política e das epidemias no século XIX (3.10). Assim, Napoleão e Haussmann transformaram Paris em um museu para exposição de uma coleção de obras arquitetônicas monumentais que celebravam o passado e, principalmente, o presente. A noção de museu como uma pequena cidade inverteu-se naquela cidade, então convertida em um grande museu. A clássica arte da memória, baseada na associação entre signos e lugares singulares de uma estrutura imaginária, talvez tenha inspirado o projeto de uma *promenade*, um caminho memorial ligando grandiosas construções representativas das conquistas do regime vigente. A intenção de tornar os edifícios personagens da dramatização urbana foi plenamente realizada no teatro da *Opéra de Paris*, a nova catedral da sociedade burguesa. Situado no centro de convergência de bulevares, que escavavam os vestígios da cidade medieval, e na interface entre os bairros frequentados pela burguesia e os bairros das classes operárias, o teatro tinha ampla visibilidade, podendo ser apreciado a partir de vários pontos de vista e sem nenhum obstáculo visual (3.11).

Paris adquiriu a imagem de cidade com vocação para o lazer e a diversão. Os belos bulevares traziam para exibição pública passatempos modernos, que ofereciam rituais de prazer e fantasia, e afastavam a preocupação com o trabalho e o sofrimento com as doenças. A cidade espacializava um tempo que foi sendo gradualmente alterado ao longo do século XIX por processos de desfamiliarização do olhar, tais como as viagens de trem, o telégrafo e os fluxos de informações tipográficas e visuais: "A paisagem através da qual o viajante de trem era transportado tornou-se repentinamente uma grande tela desdobrando seus quadros fugidios" (Boyer, 1998: 41). Essa proliferação de signos estava fragmentando o mundo visual regido pelos códigos renascentistas e barrocos, códigos que, na tentativa de configurar um espaço homogêneo, unificado e totalmente legível, excluíam inconsistências e irregularidades. Assim, ao dotar o espaço urbano de mecanismos ópticos associados a percursos que favoreciam deslocamentos mais rápidos, a reforma de Haussmann inscreveu Paris no contexto dos exuberantes espetáculos da Modernidade, onde tudo interagia, tudo existia em simultaneidade e em permanente mutação.

3.11
Avenue de L'Opéra

3.12
Magasin Au
Bon Marché

Inserido em todos os aspectos da vida burguesa, o espetáculo pressupunha a exposição e a encenação da arquitetura e da sociedade, ambas empenhadas em exibir seus poderes com elegância e realizar performances teatrais no espaço público. Esse espetáculo implicava instalarem-se no cenário urbano parques e *promenades*, além de enormes e luxuosos edifícios — lojas de departamentos, museus, teatros, hotéis, bancos e escritórios (3.12). Guy Debord ressaltou que, "como a tarefa do espetáculo é mostrar através de diferentes mediações especializadas um mundo que não é mais diretamente apreensível, é inevitável que o sentido humano da visão seja elevado ao lugar privilegiado antes ocupado pelo tato […]" (1998: 17). Embora acusada pelas filosofias ortodoxas de ser enganosa, a percepção foi exatamente a faculdade humana que conquistou a primazia em uma sociedade ansiosa para penetrar na realidade ilusória da circulação e do consumo de imagens. Portanto, a modernização do observador envolveu a adaptação do olho humano às novas formas racionalizadas de movimento.

ESPETÁCULOS URBANOS

O aprofundamento dos conhecimentos sobre luz, lentes e visão humana resultou na criação de linguagens imagéticas especializadas em representar os ambientes naturais e construídos (3.13). Por consequência, nas primeiras décadas do século XIX o interesse em percorrer as coleções estáticas dispostas em museus, ou em espaços de exposição, concorria com a vontade de participar de experiências mais dinâmicas. Dispositivos ópticos e sonoros originalmente produzidos para as cenografias teatrais estenderam-se às exibições temporárias, inventando mundos efêmeros, que dissolviam os limites entre arte e ciência, fazendo convergir estúdio e laboratório. Os panoramas e, posteriormente, os dioramas exploraram técnicas avançadas de iluminação e sonorização para organizar espetáculos sensacionais e educacionais: "No panorama não havia projeção. O espectador era introduzido numa plataforma elevada, erguida no centro e à meia altura de uma rotunda de teto cônico, e desse ponto contemplava uma grande tela pintada, estendida sobre uma parede circular" (Mannoni, 2003: 187).

3.13
Zootrópio

Essas vistas panorâmicas da cidade espelhavam uma cidade também construída como panorama. A imagem pictórica da cidade como obra de arte foi substituída pela cidade como um panorama aberto e expansivo, que mostrava as transformações do espaço e do tempo, transformações estas promovidas pelos modernos meios de transporte. No século XIX, a cidade tradicional, de imagens e percursos conhecidos, estava se modificando, a continuidade espacial ordenadora das antigas formas urbanas desfazia-se, podendo ser recuperada apenas metonimicamente, através de artifícios, de paisagens imutáveis, que remetiam a um presente transitório, então situado no passado do tempo. Para fazer o mundo reaparecer como uma outra imagem, distinta da realidade, uma imagem em que as composições visuais fragmentadas estivessem unificadas, os panoramas registravam cenários de cidades desaparecidas e possibilitavam, assim, a análise das mudanças no ambiente construído: "A arte de paisagens urbanas reconstituídas, tal como vistas da cidade ou panoramas, estava entre os espetáculos de verossimilhança que permitiam ao observador viajar instantânea e metaforicamente através do espaço e do tempo para outras cidades e terras distantes" (Boyer, 1998: 252).

3.14
Colosseum

O panorama estático com pinturas cenográficas admitia percursos não controlados, mas o diorama retirou a autonomia do observador que, imóvel em um aparato mecânico, era submetido a uma sequência predeterminada de efeitos ópticos e sonoros (3.14). Segundo Walter Benjamin, "os dioramas assumem o lugar da lanterna mágica, que nada sabia sobre perspectiva, mas com a qual, evidentemente, a magia da luz se insinuava de modo muito diferente dentro de residências que ainda eram mal iluminadas" (2002: 531). Os espetáculos imagéticos promovidos pelos dioramas eram entretenimentos visuais passivos, que impunham ao público uma recepção prazerosa, porém desatenta, destinada ao escapismo da vida urbana despersonalizada e regida pela mesmice. Além disso, esses dispositivos alteravam a atividade perceptiva e, sobretudo, enfatizavam a pouca confiabilidade dos sentidos, pois buscavam convencer os espectadores da autenticidade das ilusões: "A questão não era apenas como se sabia o que era real, mas que novas formas do real estavam sendo fabricadas, e uma nova verdade sobre as habilidades do sujeito humano estava sendo articulada nesses termos" (Crary, 1999: 40).

Nesse período, tecnologias audiovisuais de reprodução, como a fotografia e o cinema, também atuaram decisivamente na reorganização da percepção do espaço. As diversidades e os contrastes do presente eram espetáculos que deviam ser captados e gravados pelas câmeras fotográficas, para assim conduzirem ao futuro as evidências daquele tempo que se tornava passado. A fotografia retirava as imagens de seus contextos originais e reduzia a realidade tridimensional a uma superfície plana reveladora de um espaço e um tempo que, embora para sempre paralisados, podiam ser infinitamente reapresentados. Como o negativo fotográfico permitia a produção de inúmeras cópias, a impressão original perdeu relevância. A possibilidade de reprodução técnica destruía, portanto, a singularidade e a autenticidade do objeto registrado. Para Benjamin, "[...] o que entra em decadência na idade da reprodução mecânica é a aura da obra de arte. [...] a técnica de reprodução desvincula o objeto reproduzido do domínio da tradição" (1988: 221). O processo de reprodução convertia a existência única da obra em uma pluralidade de cópias, e essa inversão afastava a arte dos rituais tradicionais, dos cultos cerimoniais, transformando a experiência estética. Os instrumentos de produção e de reprodução, que facilitaram o conhecimento e a difusão das formas sensíveis, portavam igualmente o princípio de empobrecimento estético, a perda da aura inerente ao objeto artístico.

A fotografia substituía a visualização da totalidade pela focalização em pequenos detalhes, enquanto o cinema usava a tecnologia para recortar a realidade em uma série de imagens que remetiam a enquadramentos do espaço urbano moderno, e o movimento imagético resultava do encadeamento desses instantâneos. Na tentativa de captar o fluido, espontâneo e efêmero, o instante qualquer, o cinema buscou inspiração na velocidade da metrópole, apropriando-se de seus processos de desterritorialização do olhar. De modo análogo à cidade material, a montagem de espaços e tempos imateriais, filmados a partir dos pontos de vista mutáveis da câmera, desintegrava a visão convergente, mostrava-se incapaz de apresentar uma perspectiva integrada e coerente. A visão, sugeriu Paul Virilio, "antes substancial, torna-se acidental" (1996: 13). As justaposições dos fragmentos heterogêneos e descontínuos, dos mosaicos de Modernidade, registrados em vinte e quatro fotogramas por segundo, desestabilizavam as formas inteligíveis, desfazendo a recognição, desafiando a memória, inserindo uma pausa no fluxo da experiência da realidade. Ao suscitarem um olhar distraído, uma percepção neutralizada, as projeções cinematográficas reeditavam as condições urbanas, que impeliam o observador a ressimbolizar um conjunto de informações visuais desconexas.

3.15 Nadar elevando a fotografia ao *status* de arte

Na metrópole do século XIX, a rapidez dos deslocamentos associada à extensão espacial impedia o enquadramento das paisagens, que, apreendidas segundo os modelos da fotografia e do cinema, faziam as obras arquitetônicas perderem suas singularidades (3.15). As fachadas dos edifícios montavam um fundo enquanto o primeiro plano era marcado pelo movimento ininterrupto de veículos e da multidão de pedestres anônimos: "É o ambiente descrito pelos escritores realistas — Flaubert, Zola — reproduzido pelos pintores impressionistas — Monet e Pissarro; o vulto da metrópole, onde entre milhões de outros homens Baudelaire se sente sozinho" (Benevolo, 1983: 595). Mas essa solidão era compensada pelo prazer de caminhar sem destino pelas ruas da cidade, sem outro objetivo que não fosse ver e, talvez, ser visto: "A rua conduz o *flâneur* para um tempo fugaz. Para ele, toda rua é precipício [...]. Uma intoxicação captura o homem que anda muito e sem rumo ao longo das ruas. A cada passo, o caminhar ganha mais força [...]" (Benjamin, 2002: 416). O *flâneur* era o nômade urbano que transitava por uma cidade de referenciais imprecisos, tentando decifrar seus enigmas. Nada era previsível em sua exploração do espaço urbano, no qual todas as marcas apreendidas eram, imediatamente depois, apagadas. Desventura para o racionalista, essa transitoriedade era a possibilidade de aventura para o *flâneur*.

O caráter transitório do mundo tinha grande importância na agenda da Modernidade, definida por Charles Baudelaire como "[...] o efêmero, o fugidio, o contingente, a metade da arte cuja outra metade é o eterno e o imutável" (1987: 23). A beleza do novo e do transiente, apreciada na idade moderna, era antítese de uma beleza permanente, esta supostamente capaz de resistir a todas as transformações culturais no decorrer dos tempos. Baudelaire considerava, contudo, que ser moderno não consistia em reconhecer ou aceitar a descontinuidade epistemológica, a ruptura com a tradição, a vertigem diante da passagem do tempo. Ser moderno implicava adotar, em relação ao movimento perpétuo, a deliberada e difícil atitude de extrair o eterno do transitório, de capturar o aspecto heroico do momento presente. Mais do que um período histórico, a Modernidade representava uma atitude, um modo diferenciado de relação com a realidade. A Modernidade não se constituía, portanto, apenas como um fenômeno da sensibilidade ao tempo fugaz, mas como a vontade de heroificar o presente, de reinventar o presente, de imaginar um outro presente possível.

As noções de moderno e de presente sempre estiveram correlacionadas, mesmo adotando diferentes conotações. Segundo Habermas, "a palavra moderno em sua forma latina *modernus* foi usada pela primeira vez no final do século V para distinguir o presente, que tinha se tornado oficialmente cristão, do passado romano e pagão" (1995: 3). O termo moderno assumiu três sentidos sucessivos — de atual, de novo e de transitório — que indicam a inquestionável relevância do presente (Heynen, 1999: 8). Inicialmente, moderno remetia ao conceito de atual, como contrário de anterior. No século XVII, passou a ser traduzido por novo em oposição a antigo. Mas, durante o século XIX, surgiu o significado de transitório, momentâneo, em contraposição a uma duração indeterminada, e não mais a um passado determinado. Assim, a Modernidade reservou para o presente o lugar de intervalo. Ao afastar o passado do futuro, o presente revelava uma interrupção no fluxo temporal, permitindo apreender o tempo como passagem.

Já constatada nos processos de transformação capitalistas, a passagem do tempo foi também comprovada pelas pesquisas científicas. A segunda lei da termodinâmica enunciou a irreversibilidade dos fenômenos, a partir da noção de entropia, de perda de energia no universo, partindo da hipótese de que todo sistema natural em liberdade evolui para um estado de máxima desordem, correspondente à máxima entropia. A tendência à anulação da energia apontava uma assimetria entre passado e futuro, representada por uma flecha do tempo deslocando-se do passado, mais determinado, para o futuro, menos determinado. O tempo sucessivo, progressista e irreversível, direcionado para o futuro, em nada se assemelhava ao tempo circular do mito grego, caracterizado por eternos retorno do mesmo passado, nem ao tempo linear das religiões monoteístas, com sua promessa de uma existência futura na eternidade. A estrutura da história propunha um futuro inelutavelmente condicionado pelo passado e, consequentemente, um presente permeado de vestígios acumulados pelo tempo.

Essa abordagem determinista gerou atitudes ambivalentes em relação ao presente, que repercutiram em intenções estéticas, oscilando entre o esforço para conquistar o futuro e a nostalgia pelo passado, irreversivelmente perdido. Para Marshall Berman, "ser moderno é encontrar-se em um ambiente que promete aventura, poder, alegria, crescimento, autotransformação e transformação das coisas em redor — mas ao mesmo tempo ameaça destruir tudo o que temos, tudo o que sabemos, tudo o que somos" (2003: 15). Assim, a estética moderna visava a revelar um mundo em crises sucessivas, desencadeadas pelo tempo inexorável das ideologias de progresso, que estavam sempre pressionando na direção do futuro, e acumulando o lixo do passado histórico. As vanguardas artísticas pretendiam desafiar as falsas premissas da cultura burguesa do século anterior, para expor os conflitos e as fissuras de uma sociedade em busca de novos valores. As necessidades de mudança e desenvolvimento contínuo convergiram para uma lógica de negação do passado e ruptura com a tradição. A estratégia adotada foi a luta iconoclástica, a destruição das normas e formas artísticas vigentes.

A condição moderna apresentava, portanto, um aspecto objetivo, ligado às relações de poder capitalistas, e outro, subjetivo, vinculado sobretudo às expressões artísticas e reflexões críticas: "A Modernidade, então, constitui o elemento mediador entre um processo de desenvolvimento socioeconômico conhecido como modernização e as respostas subjetivas a esse processo na forma de discursos e movimentos modernistas" (Heynen, 1999: 10). Industrialização e capitalismo fizeram surgir um paradigma estético fundamentado em duas forças: produção em massa e permanente inovação. O confronto entre o presente e a tradição resultou em contínuas descontinuidades, sustentadas na decepção com o progresso que obrigava arte e cultura a investirem na produção de um novo, que seria inevitavelmente superado e substituído por outro novo. A compulsão por criar constantemente o novo e a velocidade das transformações predestinavam a produção moderna a jamais alcançar o presente, a permanecer no esquecimento do passado. Assim, a metrópole moderna tornava realidade um universo de fantasmagoria e mito, universo dominado pelo capitalismo, conivente com a alienação e desqualificação da experiência humana. A cidade emergia do improvável. A cidade emergia da tensão entre encantamento e desencantamento, entre atração e repulsão por imagens calidoscópicas e sons polifônicos.

Na instabilidade das paisagens urbanas, uma impressão sempre apagava a impressão anterior, reduzindo a ruínas os símbolos dos desejos da burguesia antes mesmo que os monumentos que os representavam fossem demolidos.

Diante desse cenário, Benjamin lamentava o desaparecimento das arcadas de comércio parisienses, convertidas em resíduos de uma cidade de sonhos, lugar da sedução moderna. As arcadas eram passagens, ruas cobertas por telhados de ferro e vidro, com lojas em ambos os lados, exibindo suas mercadorias luxuosas, objetos fantásticos e fantasiosos (3.16). Construídas com materiais que simbolizavam o progresso tecnológico, as arcadas eram as obras arquitetônicas mais sofisticadas das primeiras décadas do século XIX, eram os monumentos erguidos para a performance das mercadorias fetichizadas do consumismo capitalista. A disposição dos objetos nas vitrinas contribuía para gerar um espetáculo de infinita variedade. O olhar era atraído por cores, luzes, manequins e letreiros que participavam da composição de um espaço teatral.

3.16
*Galerie
Véro-Dodat*

As arcadas, enquanto ruas interiorizadas e protegidas das intempéries, introduziram um deslocamento funcional ao transformarem o espaço arquitetônico em espaço urbano. As arcadas eram, no entanto, espaços seletivos, pouco democráticos, que expulsavam e excluíam os grupos sociais indesejáveis, supostamente perturbadores da ordem. Naqueles locais, a burguesia satisfazia seus desejos de consumo, enquanto indivíduos de menor poder aquisitivo somente contemplavam os maravilhosos objetos que jamais conseguiriam possuir. Entretanto, apesar de todo o glamour, as arcadas não escaparam à transitoriedade, perderam rapidamente o fascínio e foram demolidas, consideradas anacrônicas no final do século. A proibição às prostitutas, a valorização do espaço livre e a construção dos bulevares projetados por Haussmann foram alguns fatores que conduziram à sua decadência.

Paris, a famosa capital do século XIX, testemunhou a formação da cultura da mercadoria e, paralelamente, a transformação da cultura em mercadoria. No culto da mercadoria, estimulado nas arcadas, estavam implícitas a exaltação da produção industrial e da dominação da natureza, questões publicizadas nas exposições mundiais, que eram, segundo Benjamin, "lugares de peregrinação para o fetichismo da *commodity*" (1989: 151). As exposições mundiais, desde a *Crystal Palace Exhibition*, em 1851, glorificavam o valor de troca das mercadorias. Três aspectos marcaram o *Crystal Palace* como um novo programa arquitetônico: a utilização da estrutura de ferro e vidro para fechar e iluminar uma enorme área, a delimitação dos espaços de exposição e das circulações, centrais e laterais, para facilitar o fluxo ordenado do público, além da previsão de galerias elevadas para vigilância, para possibilitar a observação da totalidade espacial e dos movimentos dos visitantes (3.17). As tecnologias de visão alcançaram maior eficiência com a torre Eiffel, na *Exposition Universelle de Paris,* em 1889, exposição que comemorava o centenário da Revolução Francesa (3.18). Porque a multidão tornava-se visível, tornava-se um espetáculo, as exposições mundiais realizavam os ideais do panoptismo, mantendo os indivíduos sob o constante controle de um olhar desconhecido.

Nesses imensos palácios para exposição, a população urbana encontrava entretenimento ao contemplar a sensacional coleção de objetos, tradicionais e exóticos, manufaturados e industrializados, antigos e modernos, oriundos de lugares próximos ou distantes. Interface entre o museu e a feira, as exposições mundiais eram tecnologias de progresso, máquinas de progresso, que privilegiavam a disposição ordenada e inteligível das peças, mas ainda surpreendiam os visitantes, deslumbrados com a descoberta do excêntrico e do extraordinário. Assim como os museus, as exposições eram empreendimentos didáticos que combinavam arte e ciência. Como as feiras, eram construções transitórias, semelhantes às exibições itinerantes renascentistas, que se instalavam nas periferias das cidades para mostrar as extravagâncias da natureza. As exposições mundiais "[...] abrem uma fantasmagoria em que as pessoas entram para se divertir. A indústria do entretenimento facilita isso elevando as pessoas ao nível das mercadorias. Essas pessoas se submetem à manipulação enquanto desfrutam a alienação de si e dos outros" (ibid.: 152).

3.17
Crystal Palace Exhibition

Ao final do século XIX, a diversão e a instrução parecem ter adquirido maior organização e sofisticação, sobretudo nas feiras internacionais e nos programas audiovisuais. A possibilidade de dedicar algum tempo ao lazer

3.18
Exposition Universelle

era um privilégio inédito para os trabalhadores urbanos, que desde então passaram a buscar um mundo de jogo e mistério nos espaços projetados para o entretenimento das massas. A lógica do capitalismo dominava o indivíduo, resignado a trabalhar nas linhas de produção industrial e a desejar experiências aparentemente gratificantes, para preencher seu tempo de lazer. A diversão, como apontaram Theodor Adorno e Max Horkheimer, "[...] é procurada por quem quer escapar ao processo de trabalho mecanizado, para se pôr de novo em condições de enfrentá-lo [...]. Ao processo de trabalho na fábrica e no escritório só se pode escapar adaptando-se a ele durante o ócio" (1985: 128). Desse modo, a indústria cultural subordinou e perverteu a arte, oferecendo o prazer das interpretações previsíveis, anulando o esforço intelectual e a reflexão crítica. A indústria cultural condenou o ser humano à alienação e conduziu a arte ao utilitarismo, reforçando ainda mais os vínculos entre o valor de uso e o valor de troca dos objetos artísticos.

AMNÉSIAS URBANAS

A diversão popular parecia um choque alternativo frente ao choque das contradições e dos conflitos da vida urbana da sociedade industrial. A cidade moderna era o lugar do choque, era o lugar que submetia uma multidão de indivíduos anônimos a um excesso de informações e estímulos parcialmente assimilados. A cidade moderna era o ambiente da profusão de impressões aleatórias e da surpresa de colisões repentinas, no qual o indivíduo ficava maravilhado, porém desesperado, diante de um tempo apreendido tarde demais, diante de um tempo perdido para sempre, resgatável somente pela memória. O momento do encantamento coincidia com o momento da despedida: "O prazer do poeta urbano é o amor — não à primeira vista, mas à última vista" (Benjamin, 1988: 169). Quando seu olhar esbarrou na atraente figura que apareceu e logo desapareceu na multidão, Baudelaire estranhou o mundo. O tumulto da cidade permitia a troca de olhares, no entanto negava a aproximação e as relações entre as pessoas, fazendo o poeta experienciar como choque o amor despertado pela passante.

Un éclair... puis la nuit! — Fugitive beauté
Dont le regard m'a fait soudainement renaître,
Ne te verrai-je plus que dans l'éternité?

Ailleurs, bien loin d'ici! Trop tard! Jamais peut-être!
Car j'ignore où tu fuis, tu ne sais où je vais,
Ô toi que j'eusse aimée, ô toi qui le savais! (Baudelaire, 2001: 31).

A condição urbana moderna, marcada por exageros e desmesuras, teve forte impacto na estrutura mental dos indivíduos, alterando a apreensão da realidade. Para Georg Simmel, "a fundação psicológica, sobre a qual a individualidade metropolitana se ergue, é a intensificação da vida emocional devido à rápida e contínua mudança dos estímulos externos e internos" (1997: 70). A imprevisibilidade dessas imagens mutáveis gerava no indivíduo reflexos mecânicos e automáticos. Tal incapacidade de efetivamente reagir à agressão dos estímulos desencadeava uma estratégia defensiva, um processo de adaptação do sistema nervoso para neutralizar o mundo exterior. A resistência ao choque metropolitano era a atitude *blasé*, como paralisia e torpor, como indiferença e indistinção entre os objetos, e como renúncia a responder aos incompreensíveis signos da urbanidade. A experiência coerente e convergente, correlata ao conhecimento inteligível e comunicável, foi destruída e substituída pelas impressões desconexas de um inconsciente confuso e desordenado, para o qual eram defletidos os choques não processados pela consciência. A urbanidade moderna provocou, assim, a fragmentação e deterioração da experiência do mundo exterior e conferiu primazia ao mundo interior, fundamento de uma memória que era, sobretudo, um esquecimento: a *mémoire involontaire* proustiana.

O contador de histórias, personagem de Benjamin, utilizava a *mémoire volontaire* para recuperar um passado indireto, experienciado como um antigo presente. Resgatada através de uma atividade mental direcionada e controlada, a memória voluntária é inseparável da inteligência e da percepção consciente e, por esse motivo, somente reproduz instantâneos do passado. O passado da memória voluntária é, segundo Deleuze, "[…] duplamente relativo: relativo ao presente que foi, mas também relativo ao presente com referência a que é agora passado. O que vale dizer que esta memória não se apodera diretamente do passado: ela o recompõe com os presentes" (1987: 57). A memória involuntária, situada entre a lembrança e o esquecimento, revela um passado puro, coexistente com o presente atual, porém não mais relativo a um presente agora passado. Assim também o gosto da *madeleine* molhada em chá mobilizou repentinamente lembranças apagadas, instigando Marcel Proust a descrever um encontro inesperado com o passado, a descrever um tempo redescoberto nos precários traços da memória, onde "Combray aparece como não podia ter sido vivida: não em realidade, mas em sua verdade; não em suas relações exteriores e contingentes, mas em sua diferença interiorizada, em sua essência" (ibid.: 60). Segundo Benjamin,

> *a coisa importante para o autor que lembra não é o que ele experienciou, mas a tessitura de sua memória, a obra de Penélope da lembrança. Ou esta deveria ser chamada,*

> *talvez, de obra de Penélope do esquecimento? Não é a lembrança involuntária, a mémoire involontaire de Proust, mais próxima do esquecimento do que aquilo que geralmente se chama de memória? E não é essa obra de lembrança espontânea, na qual a lembrança é o tecido e o esquecimento o bordado, um contraponto à obra de Penélope, em vez de sua semelhança? Pois aqui o dia desfia o que a noite teceu. Quando acordamos a cada manhã, seguramos em nossas mãos, quase sempre de modo fraco e frouxo, não mais que algumas franjas da tapeçaria da vida vivida, tal como tecidas para nós pelo esquecimento (1988: 202).*

O complexo entrelaçamento dos fios da memória individual é análogo à textura urbana. A memória e a cidade são territórios labirínticos, traçados como uma rede infinita de percursos e nós, com centros e periferias mutáveis, referências e limites fluidos, dimensões e posições instáveis. As múltiplas orientações levam à desorientação, à exploração sem mapa ou, mais precisamente, sem pontos fixos. A falta de suportes referenciais induz a um fluxo nômade que permite fazer, desfazer e refazer o espaço e o tempo. O desejo de errância é simultâneo ao de atingir um porto, porém sempre provisório. Essa atração pelo nomadismo também se manifestou no herói da Odisseia, que decidiu se arriscar a descobrir novos territórios. Mas ao final da jornada, em busca de um lugar permanente e estável, Ulisses retorna a Ítaca, o centro de seu mundo. A terra natal, entretanto, tinha se tornado estranha, irreconhecível, imemorável, porque "Ulisses é agora um outro Ulisses, que reencontra outra Penélope. E Ítaca é também uma outra ilha, no mesmo lugar, mas não na mesma data. A viagem no espaço é uma viagem no tempo, e o ponto de chegada, o ponto fixo ansiado não existe, deixando-nos à deriva" (Matos, 1999a: 155). A experiência do personagem homérico explicita que, embora os percursos no espaço tornem visíveis as mudanças no mundo, a potência transformadora da realidade está no tempo. O deslocamento no espaço é, portanto, um deslocamento no tempo.

O deslocamento acelerado no tempo moderno converteu a cidade em lugar da amnésia, da dissolução da lembrança em esquecimento. Os movimentos na cidade e na memória da cidade constituem um persistente deslocamento para nenhum lugar específico, induzindo à perpétua redescoberta de fragmentos urbanos. A perda parcial da memória condena o nômade urbano a revisitar os mesmos espaços, a rever as mesmas paisagens, a reencontrar um passado dissimulado de presente. O antigo aparece como novo exatamente porque os registros das imagens são, muitas vezes, apagados. A partir dessas investigações sobre a cidade da memória individual, ou a cidade lembrada, e sobre a memória urbana, ou a memória que emerge na cidade, Benjamin interpretou o monumento como marco comemorativo dos vencedores do passado: "Quem emergiu vitorioso participa até hoje da procissão triunfal na qual os atuais governantes pisam sobre aqueles que estão estendidos prostrados" (1988: 256). Segundo essa abordagem, todo documento da civilização seria igualmente um documento de barbarismo. Ao registrarem as conquistas como atemporais, como mitos petrificados, os monumentos constroem uma história oficial do triunfo dos valores burgueses, falsária da história real. Os monumentos e os museus da cidade conspiram, assim, para tornar o passado fantasmagórico.

Somente as historiografias alternativas e subversivas, empenhadas em escrever uma contra-história que enfatizasse o passado como inacabado e contestável, conseguiriam desmascarar as práticas de dominação respaldadas por uma cidade construída com o objetivo de garantir a hegemonia e o mito burgueses. O presente era, desse modo, o espaço para o confronto crítico com um enfoque de passado ilusório e enganoso. Ao rejeitar a noção de um *continuum* histórico transcorrido em um tempo linear e homogêneo, Benjamin problematizava o passado: "Pois toda imagem do passado que não é reconhecida pelo presente como uma de suas questões ameaça desaparecer irreversivelmente" (ibid.: 255). A tarefa do arqueólogo era, então, escavar a superfície da sensibilidade moderna, para resgatar e reintegrar os fragmentos retirados das narrativas de progresso da história universal. Em vez de caçar tesouros, o arqueólogo perseguiria os traços de um passado recusado e esquecido, sem monumentos para documentar sua passagem. Enquanto o historicismo se restringia a dignificar o heroísmo dos dominadores e poderosos, o materialismo histórico consistia em relatar os desastres e sofrimentos da humanidade para redimir a memória dos oprimidos e excluídos.

Decifrar a cidade implicava analisar os elementos urbanos preteridos, porque considerados triviais e insignificantes. Uma interpretação heterodoxa dos signos urbanos revelava uma tessitura de diferenças, de objetos refuncionalizados ou reinscritos em um contexto capaz de imprimir significados inesperados, surpreendentes e, talvez, incoerentes. A prática de decodificação do ambiente construído era especialidade do fisionomista urbano, simultaneamente arqueólogo, colecionador e detetive. O fisionomista explorava as múltiplas imagens metafóricas da metrópole, que "[...] aparece como um lugar de perda e desorientação (labirinto), como um lugar de deterioração e transitoriedade (ruína) e como um lugar de espontaneidade e performance (teatro)" (Gilloch, 1997: 34). A experiência da cidade como um palco teatral para encenações não ensaiadas, imprevisíveis, improváveis, pressupõe uma porosidade, uma permeabilidade entre obras arquitetônicas, recentes e antigas, públicas e privadas, sagradas e profanas. Essa ausência de fronteiras, tanto espaciais como temporais, associada à improvisação necessária para que fossem interpretados criticamente os cenários urbanos, tornava a tarefa do fisionomista uma aventura mágica.

Apesar de aparentemente imperceptível, a cidade moderna se encontrava dividida em zonas permitidas e zonas proibidas. A ordem burguesa precisava tornar silenciosas e invisíveis as práticas marginais e, então, impunha a exclusão ou o confinamento dos menos prestigiados no presente e, também, no passado urbanos. Negligenciadas pela história, as classes populares foram segregadas ou afastadas da cidade, para que os grupos sociais dominantes não testemunhassem os malefícios causados pelos processos capitalistas. Os métodos de produção e os preceitos higienistas fizeram desaparecer os indivíduos sem competência para impulsionar a máquina inventada pela Modernidade, que, em vez de êxito da civilização, era sobretudo o refinamento do barbarismo. Embora seduzido pela intoxicação e pela excitação modernas, Benjamin condenava suas misérias e lutava para ressaltar as experiências periféricas, para preservar os vestígios ameaçados de destruição.

PLANEJAMENTOS URBANOS

As práticas de exclusão e inclusão, de marginalização e centralização, através do zoneamento do espaço urbano, foram recorrentes no mundo ocidental desde as utopias platônicas. No século XX, entretanto, surgiu um ineditismo: em vez de buscarem inspiração no passado, os arquitetos tentavam prognosticar o futuro para planejar a cidade do presente. Peter Hall analisou diversas tendências urbanísticas, que tinham como modelos principais a cidade no jardim, a cidade na região, a cidade dos monumentos, a cidade das torres e a cidade próxima à rodovia (2005: 9). Apesar de muitos aspectos divergentes, todas as propostas apresentavam a cidade do futuro como descontinuidade em relação às precárias e lamentáveis condições do presente. Para os arquitetos, a antiga ordem estava superada, e somente a total redefinição do conceito de cidade desencadearia profundas transformações, capazes de promover um maior estágio de civilidade. Em vez de melhorias graduais, era inevitável uma reestruturação radical, uma revolução urbana, para solucionar a crise da urbanidade e suas distorções socioeconômicas.

Primeira resposta ao ambiente vitoriano, a cidade-jardim projetada por Ebenezer Howard procurava conciliar valores sociais e políticos com o tradicional interesse inglês pela natureza. Para intensificar as vantagens e eliminar as desvantagens da cidade e do campo, Howard pretendia instalar comunidades cooperativas em núcleos urbanos autossustentáveis. O campo urbanizado parecia uma alternativa promissora frente ao congestionado centro londrino e suas miseráveis periferias. Cada cidade-jardim tinha ocupação máxima de trinta mil pessoas em um território de mil acres, para garantir densidade inferior à existente nos espaços urbanos medievais. Circundada por uma faixa verde agrícola permanente, que mantinha seu isolamento, a cidade era compacta, eficiente, saudável e bela. Quando um

3.19
Diagrama de crescimento de uma cidade

núcleo urbano atingisse o limite populacional, outro núcleo seria construído nas proximidades, sucessivamente, até se finalizar a implementação da configuração planejada (3.19). Apesar de autônomas, as unidades estavam interligadas por um sistema de transporte rápido, que diminuiria os prejuízos com a dispersão, oferecendo as mesmas oportunidades sociais e econômicas de uma metrópole.

Howard estava convencido de que a possibilidade de usufruir de um ambiente urbano mais equilibrado estimularia a evasão da população e a consequente contração das grandes metrópoles. A cidade-jardim não seria, portanto, satélite de um centro urbano, nem reproduziria a organização da metrópole para constituir-se como mais um espaço, em escala reduzida, de concentração de recursos. A intenção de instaurar um poder descentralizado para uma sociedade democrática era premissa inegociável, supostamente traduzida pelo desenho urbano. Essas cidades circulares, distribuídas a partir de uma centralidade, enfatizavam a perfeição do círculo, ainda considerado a mais bela e eficiente figura geométrica. Uma simetria compositiva seria causa, mas também efeito, da cooperação e da harmonia sociais. Os diagramas da cidade-jardim, entretanto, eram análogos aos traçados urbanos ortodoxos. Se, por um lado, os conceitos de planejamento que viabilizariam a utopia socialista de Howard eram opostos às ideias que fundamentavam a república despótica de Platão, por outro, o formalismo, o zoneamento funcional e a limitação espacial eram aparentemente muito semelhantes. Apenas as recomendações de preservar a escala humana e de evitar qualquer hierarquia, social ou espacial, não constavam na cidade platônica. Assim, após séculos de experimentações, até mesmo os arquitetos defensores de ideologias mais liberais ainda sustentavam seus modelos urbanos na rigidez da geometria euclidiana.

O surgimento da cidade na região, a cidade regional, tornou necessário um procedimento específico para a reestruturação urbana: o planejamento regional. Esse método operacional, desenvolvido por Patrick Geddes no início do século XX, introduziu a interdisciplinaridade no urbanismo, pois o planejamento de cidades era então entendido como o planejamento sistemático de regiões inteiras. Uma região era qualquer área geográfica com alguma unidade climática, vegetativa, industrial ou cultural, e seu planejamento dependeria da análise prévia das fontes de riquezas naturais, para uma adequada exploração pela comunidade local. As delimitações regionais segundo aspectos geográficos facilitariam intervenções para corrigir as distorções de um sistema, quase sempre prejudicado pela destruição da natureza. Geddes pretendia atenuar os problemas ambientais procedentes das chamadas cidades paleotécnicas, as cidades da primeira era industrial que, deterioradas pela utilização incoerente dos recursos materiais e humanos, teriam gerado uma *kakotopia*. Nas paisagens urbanas carboníferas, descreveu Mumford,

> *nuvens negras de fumo rolavam das chaminés da fábrica e dos pátios ferroviários, que muitas vezes penetravam dentro da cidade, poluindo o próprio organismo, a espalhar fuligem e cinzas por toda parte. A invenção do gás artificial de iluminação foi um auxiliar indispensável dessa propagação: o invento de Murdock data dos fins do século XVIII, e durante a geração seguinte o seu emprego difundiu-se, primeiro nas fábricas, em seguida nos lares, primeiro nas grandes cidades, depois nos pequenos centros; pois, sem a sua ajuda, o trabalho teria sido frequentemente interrompido pela fumaça e pela bruma (1991: 509).*

Os instrumentos neotécnicos, tais como a energia elétrica e a máquina de combustão interna, estavam promovendo a descentralização industrial. Se até o século XIX o baixo desempenho dos meios de transporte tinha restringido o crescimento das cidades, na era neotécnica o prolongamento da rede ferroviária na direção dos depósitos de carvão e das jazidas de ferro permitiu que a metrópole monopolizasse as atividades produtivas. As cidades antes centralizadas e isoladas realizaram um movimento de expansão da superfície urbana e, consequentemente, de conexão com outras cidades. E foi esse processo que Geddes denominou conurbação. Diferente da formação da cidade histórica, grandes extensões territoriais estavam se urbanizando. O desenvolvimento inicial do sistema fabril tinha estimulado o aumento da população nos centros já existentes, porém, mais tarde, o automóvel e a rodovia favoreceram a mobilidade e ampliaram essa ocupação através do preenchimento dos interstícios entre os espaços urbanos consolidados. Enquanto a cidade tradicional, mesmo que muito espalhada, ainda era capaz de preservar uma identidade, a cidade regional sem limites precisos, a conurbação, era marcada pela diversidade mas negava a primazia de qualquer singularidade. Assim, visando a regenerar a metrópole, vítima do crescimento desmesurado, Geddes elaborou um método de pesquisa para intervir na escala das microestruturas, método este que, finalmente, transformaria a macroestrutura urbana, gerando uma *eutopia*, uma utopia realizada.

Na mesma época, estavam sendo elaboradas as premissas do *City Beautiful Movement*, que desconsiderava questões sociológicas e buscava atuar sobre territórios de dimensões menores através de projetos monumentais com forte impacto na paisagem urbana. A principal meta desse movimento era o embelezamento das cidades. A tarefa de tornar estéticos não somente os espaços urbanos, mas também a arquitetura e todas as outras artes, pressupunha recuperar cânones tradicionais e imitar rigorosamente os modelos renascentistas, para combater o ecletismo dominante e o crescente prestígio da mecanização. Influenciado pelos preceitos acadêmicos da *École des Beaux-Arts* de Paris, esse revivalismo clássico foi um fenômeno tanto europeu quanto norte-americano. Uma arquitetura e um urbanismo classicizantes foram, portanto, os protagonistas no evento comemorativo dos quatrocentos anos de descobrimento da América, realizado em Chicago em 1893: a *World's Columbian Exposition* (3.20). Como as exposições internacionais exaltavam as conquistas técnicas e científicas mais recentes, Daniel

3.20
World's Columbian Exposition

Hudson Burnham, autor da *Cidade da Luz* ou *Cidade dos Palácios*, explorou os efeitos da iluminação elétrica, que era então utilizada pela primeira vez em grandes espaços públicos. Apesar disso, Burnham considerava que o acontecimento excepcional daquela exposição precisava ser a arquitetura, uma arquitetura necessariamente neoclássica, para mostrar que a imponência e a elegância das grandes civilizações do passado estavam renascendo nos Estados Unidos (Relph, 1987: 30).

A cidade aberta dos monumentos, construída para a *World's Columbian Exposition*, era fictícia, porém talvez mais encantadora que as cidades reais americanas. Assim, em 1909, Burnham e Edward Bennett decidiram transferir aqueles princípios compositivos para o plano de Chicago. O projeto

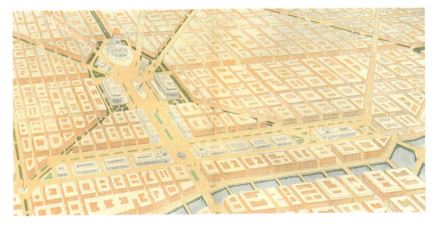

3.21
Plano de Chicago

urbanístico envolvia toda a extensão da cidade e, paralelamente, sugeria diretrizes de desenvolvimento e vetores de crescimento. As fórmulas para embelezar a cidade remontavam aos conceitos urbanos de duas intervenções paradigmáticas: a Roma de Sisto V e a Paris de Haussmann. Burnham inseriu no traçado retilíneo ortogonal de Chicago avenidas diagonais, largas e arborizadas que, além de valorizarem os cenários perspectivados, diminuíam o percurso até os pontos focais (3.21). Nessas belas avenidas, seriam implantados centros cívicos, instituições governamentais, museus, bibliotecas ou teatros, projetados a partir das tipologias arquitetônicas tradicionais. No intuito de evitar a superposição visual das formas classicizantes dos monumentos públicos com os volumes geometrizados das sedes de empresas privadas, comerciais ou corporativas, que também reivindicavam um espaço privilegiado na cidade, Burnham delimitou uma área, na qual estariam concentrados esses edifícios altos e pouco ornamentados. Permeável e fragmentada pelos vazios existentes entre as construções verticalizadas, a área central de negócios contrastava com o espaço público delimitado pelas fachadas contínuas e horizontalizadas das arquiteturas *beaux-arts*. A setorização funcional e, principalmente, formal era a solução do *City Beautiful Movement* para resguardar os edifícios cívicos e culturais de interesses meramente econômicos. Embelezar a cidade implicava imprimir no território um traçado racional e distribuir seletivamente as obras arquitetônicas. Através da ordem urbana, a beleza ganharia visibilidade.

Seguindo uma abordagem oposta, alguns arquitetos discordavam da apropriação do classicismo para regenerar ou planejar cidades, e defendiam o retorno aos critérios de coesão e fechamento espaciais inerentes às formas urbanas medievais, pré-industriais. Camillo Sitte considerava que a monotonia dos espaços públicos modernos era o prejuízo inevitável da imitação de modelos destituídos de valor artístico: "Hoje, quase ninguém mais se ocupa da construção urbana enquanto obra de arte, mas apenas enquanto problema técnico" (1992: 94). Os projetos urbanos que desprezavam a escala humana, enfatizando perspectivas axiais e alinhamentos precisos de edifícios prismáticos isolados, tinham transformado as cidades em lugares desinteressantes: "Uma alameda demasiado longa e de todo reta tem um efeito entediante mesmo no mais belo dos lugares. Ela vai contra a natureza e, sem se adaptar às irregularidades do terreno, gera um efeito tão monótono que nos sentimos tensos e mal podemos esperar o seu fim" (ibid.: 96). Para atenuar as consequências indesejáveis da rigidez formal, ruas e praças, os principais elementos do espaço público, deveriam ser redesenhados. Quando a continuidade das fachadas que circundam uma praça precisa ser interrompida por ruas que atravessam ortogonalmente o espaço a unidade compositiva se desfaz. A alternativa seria intervir nas cidades a partir de um enfoque pitoresco, priorizando ruas sinuosas e praças irregulares. Assim, os espaços construídos atuariam como envoltórias para os espaços livres, os planos verticais contínuos delimitariam fragmentos de urbanidade, de acordo com Sitte, projetados segundo princípios artísticos.

Mas as relações entre abertura e fechamento espaciais nem sempre eram aplicáveis às centralidades onde o aumento das atividades ligadas à indústria e ao comércio exigia a concentração de lojas, armazéns e escritórios. Apesar do relativo esvaziamento do centro pela migração para a periferia, o espaço disponível era insuficiente para suprir a crescente demanda. A solução inevitável era densificar e verticalizar. O edifício alto, que surgiu no final do século XIX, nas cidades americanas de Nova York e Chicago, foi viabilizado pela combinação de dois fatores: o elevador mecânico e a estrutura de aço. Além disso, inovações como a iluminação elétrica, o telefone e a máquina de escrever, que estavam modificando a operacionalização dos trabalhos em escritórios, tornaram o edifício alto uma demonstração do progresso e, sobretudo, um símbolo do capitalismo. Não por acaso, os primeiros arranha-céus foram construídos para companhias de seguro e jornais metropolitanos, que consideravam vantajoso agrupar os funcionários para conseguir uma rápida comunicação dentro das empresas. Embora patrocinadas pela iniciativa privada, essas torres, que agora predominavam na paisagem urbana, passaram a representar a imagem do espaço público moderno.

Os ensaios arquitetônicos mais relevantes do período foram realizados pelos integrantes da Escola de Chicago. Louis Henry Sullivan transferiu o esquema tripartido da coluna clássica para a estrutura volumétrica das torres, situando as lojas no embasamento, os escritórios na lâmina e as casas de máquinas no coroamento: "O conceito de função é central para Sullivan. Ele vê todas as formas de vida como expressões da função, e cada função cria sua própria forma [...]. Para a arquitetura isso significa que a função de um edifício deve determinar sua organização e sua forma" (Kruft, 1994: 357). O funcionalismo promovia a continuidade e a flexibilidade dos espaços internos, porém, mais do que apenas subordinar a forma, esse funcionalismo impunha dissimuladamente um formalismo de viés geométrico, purista, que rejeitava os excessos ornamentais prescritos pela tradição acadêmica (3.22). As torres sintetizavam a tensão entre a aspiração ao céu e a fixação à terra, assumindo o lugar simbólico antes ocupado pela catedral na comunidade gótica, contudo, não tinham a mesma autonomia dos marcos referenciais que podiam ser observados de todos os lados, e que compreendiam um grande campo visual. A nova tipologia era paradoxal, já que, "quanto mais os edifícios altos se acumulavam na área central de negócios, mais cada um ficava desprovido desse espaço livre e do impacto que sua forma diferenciada poderia provocar" (Kostof, 1991: 326). Embora Sitte tenha argumentado o contrário, a lógica do traçado regular retilíneo obrigava esses edifícios a atuarem como definidores dos espaços públicos, apesar de se implantarem como volumes isolados.

3.22
A questão do arranha-céu

UTOPIAS PROJETADAS

As torres atraíam os olhares dos atores e, principalmente, dos autores da cidade do início do século XX. Mas o fascínio por grandes alturas era menor na Europa, onde os contextos urbanos consolidados não estimulavam intervenções radicais na imagem da cidade. Somente depois das primeiras experiências americanas, em 1922, Ludwig Mies van der Rohe desenhou, uma torre de vidro para escritórios, que seria construída no centro de Berlim. Incompatível com os recursos financeiros disponíveis, esse edifício era mais um manifesto do que uma proposta exequível. O arranha-céu transparente era apenas uma teorização sobre o potencial do vidro e sobre a dissolução do objeto arquitetônico (3.23). O abstracionismo e a uniformidade das superfícies envidraçadas eram bastante distintos das fachadas tripartidas e fenestradas dos edifícios projetados pelos arquitetos da Escola de Chicago. Os jogos de reflexos pareciam mais interessantes que os efeitos de sombra e luz sobre um material opaco. Alternadamente transparente, refletora, ou refratária, segundo a iluminação e a posição do observador, a cortina de vidro suprimia, espelhava ou distorcia as imagens do entorno, enquadradas nas fachadas desmaterializadas da torre (Hays, 1995: 187). A forma, não mais resultante da justaposição de volumes diferenciados, impedia que se decifrasse pela simples análise da exterioridade a distribuição das funções internas. Nas torres de vidro, forma e função adquiriram autonomia.

Ainda no continente europeu, outros arquitetos desenvolveram projetos utópicos envolvendo a verticalização do espaço urbano: "Era contra o que lhes parecia uma limitação artificial e míope da forma do arranha-céu que modernistas como Le Corbusier começariam a lutar nos anos 1920. Os arranha-céus eram maravilhosos, mas não como elementos a serviço da imagem da rua tradicional" (Kostof, 1991: 259). A rua do cenário teatral trágico, delimitada por fachadas contínuas, que convergiam para o ponto focal da perspectiva, era inadequada para a escala da metrópole. A rua sinuosa do pulsante ambiente cômico também já não atendia às exigências de mobilidade urbana moderna. O discurso modernista precisou, então, desfazer todos os vínculos com um passado impotente, desprezar os esquemas pictóricos conservadores e inventar um modelo capaz de responder às demandas da era industrial. O esquecimento do passado nos projetos de Le Corbusier, apontou Vidler, "[...] assumiria a forma de um apagamento, literal e figurativo, da própria cidade, em favor de uma *tabula rasa* que reinstalou a natureza como a fundação para um urbanismo disperso e fez seus monumentos a partir das funções da vida moderna — os burocráticos arranha-céus" (1992: 179).

A cidade vista das torres era uma composição abstrata que subvertia o espaço tradicional e, portanto, o olhar tradicional. A enorme distância entre um observador localizado no topo do edifício e o solo urbano anulava, paradoxalmente, a altura do próprio edifício. A antiga cidade como panorama estava perdendo a terceira dimensão, a profundidade, para tornar-se uma superfície plana, recortada geometricamente, na qual as identidades do espaço urbano e de seus monumentos desapareciam. A transformação da cidade renascentista perspectivada na cidade modernista da figura-fundo era coerente com a tendência da pintura a responder à crise da representação. Se entre os séculos XV e XIX os artistas perseguiram o ilusionismo do espaço tridimensional, criando janelas imaginárias para a realidade, os modernistas reduziram gradualmente o afastamento da moldura até o pano de fundo e, desse modo, conquistaram o primeiro plano (3.24). Mas a ausência de profundidade, a totalidade planificada exposta na tela, levou à supressão da experiência do tempo sucessivo, decorrente do deslocamento do olhar sobre o espaço pictórico. Ao contemplar

3.23
Maquete de arranha-céu de vidro

utopias projetadas 171

3.24
Amarelo-
Vermelho-Azul

uma pintura abstrata, como demonstrou Clement Greenberg, "o olho tem dificuldade em localizar a ênfase central e é compelido a tratar mais diretamente o todo da superfície como um único campo indiferenciado de interesse, e esse, por sua vez, nos compele a sentir e julgar a pintura mais imediatamente em sua unidade geral" (1996: 148).

No início do século XX, Amédée Ozenfant e Charles Édouard Jeanneret, depois conhecido pelo pseudônimo Le Corbusier, criaram uma estética purista, que integrava as experimentações da primeira fase da arte abstrata. A pintura purista, marcada pelas tentativas de mostrar um absoluto racional através da linguagem geométrica, aspirava a um *status* quase científico. Inseridos no contexto de uma segunda revolução industrial, os arquitetos puristas também pretendiam extrair as essências, as características típicas dos objetos, para criar tipos padronizados de valor artístico, os *objets types*, que seriam fabricados em série. A obra de arte, baseada em leis supostamente universais que reconciliariam natureza e máquina, tinha como intenção revelar um mundo mecanizado, controlado, previsível. Ordenação, clareza e simplicidade eram necessariamente alguns conceitos que sustentavam essa estética. Nas artes visuais, na arquitetura ou no urbanismo, a beleza de formas geométricas regidas por proporções matemáticas provocaria uma emoção oriunda da razão, fazendo emergir uma ordem harmônica como reflexo da ordem cósmica.

> *O arquiteto, ordenando formas, realiza uma ordem que é pura criação de seu espírito; pelas formas, afeta intensamente nossos sentidos, provocando emoções plásticas; pelas reações que cria, desperta em nós ressonâncias profundas, nos dá a medida de uma ordem que sentimos acordar com a ordem do mundo, determina movimentos diversos de nosso espírito e de nossos sentimentos; sentimos então a beleza (Le Corbusier, 1998: 3).*

Embora Le Corbusier tenha buscado inspiração no purismo, seu método não consistia em transferir as imagens da tela para a prancheta, consistia em utilizar a pintura para ensaiar formas que seriam convertidas em arquiteturas e cidades. Os desenhos urbanos tornaram-se totalidades retalhadas por linhas ortogonais, que delimitavam territórios homogêneos nos quais eram introduzidos objetos arquitetônicos esvaziados de referências históricas: "Em todos os lugares o arquiteto e urbanista cortava o tecido em distintas unidades e as recompunha em um todo estruturado e utópico: desordem era substituída por ordem funcional, diversidade por repetição serial, e surpresa por expectativa uniforme" (Boyer, 1998: 46). Os traçados reguladores eram a condição de possibilidade da ordem e do controle sobre a forma urbana: "A obrigação da ordem. O traçado regulador é uma garantia contra o arbitrário" (Le Corbusier, 1998: 41). Tal exigência de ordenação foi alcançada na combinação de rigidez formal com fixidez funcional que, reeditadas na *Ville Contemporaine* e na *Ville Radieuse*, resgatavam os princípios geométricos da arte clássica de construir cidades.

3.25
Cité Industrielle

A fórmula das cidades ideais de Le Corbusier era muito coincidente com a descrição da *Cité Industrielle* de Tony Garnier, a primeira cidade inteiramente planejada desde Ledoux (3.25). Partindo da premissa de que o futuro urbano seria indissociável do processo de industrialização, Garnier adaptou os conceitos da cidade-jardim aos avanços e aos retrocessos de uma sociedade industrial, e propôs a utilização de materiais modernos, tais como o concreto armado. Projetada como um enorme parque público, em que se

utopias projetadas 173

implantava um sistema racional de construções e conexões, essa cidade industrial isolava as zonas residenciais das industriais, ligadas somente por ferrovias: "O lugar ideal possuía, convenientemente, terraços na paisagem, que ajudavam a articular as diferentes zonas, mas a hierarquia das partes foi também ordenada e enfatizada pelo uso de eixos" (Curtis, 1996: 244). Apesar das alusões ao classicismo *beaux-arts*, a noção de zoneamento funcional na *Cité Industrielle* influenciou não apenas Le Corbusier, mas sobretudo as recomendações que constavam na Carta de Atenas.

Na cidade contemporânea, para três milhões de habitantes, os princípios definidores da forma urbana eram a distribuição geométrica regular e a centralização (3.26). Contudo, nenhuma arquitetura religiosa ou cívica ocupava o ponto focal. Na interseção dos eixos principais, Le Corbusier pretendia inserir uma estação intermodal, com diversos níveis de circulação, inclusive subterrâneos, conectados a rodovias ou ferrovias, e na cobertura se localizava um aeroporto, que agora substituía o portão de entrada da cidade. O congestionamento do centro seria evitado mediante a combinação da menor ocupação possível do solo urbano com a maior concentração admissível de edifícios altos (3.27). Assim, torres de vidro cruciformes, diferentes de todas as tipologias conhecidas do passado, eram construídas no entorno desse centro, compondo um conjunto empresarial monumental, enquanto os edifícios residenciais se espalhavam regularmente no parque cenográfico. A zona industrial e os subúrbios para operários estavam afastados, marcando a distinção entre o poder dominante centralizado, exercido pelos dirigentes da sociedade, como agentes do progresso para todos, e as classes populares

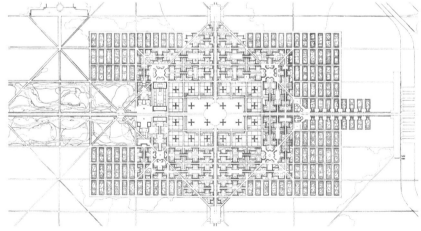

3.26
Ville Contemporaine

dispersas: "A *élite*, 'os cérebros do país' — filósofos e artistas, assim como negociantes e tecnocratas —, trabalham no alto de arranha-céus, observando o teatro da vida cotidiana em torno deles" (id., 1995: 63).

O projeto para a *Ville Contemporaine* era totalizante e totalitário, porém tinha como premissa a distribuição irrestrita dos componentes salubres da natureza. Apesar da alta concentração de edifícios, as grandes áreas livres permitiriam a circulação do ar, a penetração da luz e a proliferação do verde. Esse desenho urbano era coerente com uma estética arquitetônica que privilegiava os jogos de sombra e luz articulando formas e volumes, entretanto, além de aumentar a incidência solar, a cidade aberta também favoreceria o tráfego motorizado: "Uma cidade feita para a velocidade é uma cidade feita para o sucesso" (Le Corbusier, 1987: 179). A celebração do movimento dos automóveis demandava o traçado de ruas retilíneas, supostamente mais adequadas às atividades racionais humanas do que as ruas sinuosas, consideradas caminhos dos asnos. Se nas cidades do passado o trânsito de pessoas e mercadorias era insuficiente para congestionar os centros urbanos, esse trânsito aumentou com o advento do trem e a necessária inserção de estações ferroviárias nas áreas centrais de negócios. As ruas tornaram-se, então, muito estreitas e a única alternativa era aparentemente a abertura de largas avenidas. Sempre usando a metáfora da eficiência mecânica, Le Corbusier declarou que "a rua é uma máquina de transitar; é na realidade uma espécie de fábrica para produzir um tráfego veloz. A rua moderna é um novo órgão" (ibid.: 131). Natureza e máquina deveriam estar integradas em uma cidade higiênica e tecnologicamente eficiente que, enfim, substituiria a sombria cidade industrial.

3.27
Ville Contemporaine

As técnicas para higienizar o ambiente construído exigiam tornar visíveis as contaminações potenciais entre seres humanos e, portanto, a estratégia urbanística consistia em associar a transparência espacial ao zoneamento funcional. A utilização do conceito de espaço transparente não era, todavia, isenta de intenções sociais e políticas. A visibilidade irrestrita era, segundo Vidler, "[…] paradigma de total controle defendido por Jeremy Bentham e recuperado sob o disfarce de 'espaço higiênico' por modernistas liderados por Le Corbusier no século XX" (1992: 168). Na tentativa de afastar as crenças irracionais, a Modernidade passou a perseguir o mito da transparência. Desde as torres de vidro até a cidade sobre pilotis, os projetos modernistas foram cúmplices da vontade de conquistar o poder de observar, através da transparência. Sem resistir às pressões do capitalismo, a resposta à industrialização foi incluir as obras arquitetônicos e os projetos urbanos no processo de mecanização. Tendo adquirido *status* de segunda natureza, a tecnologia precisava ser imitada. O modelo inventado para controlar o espaço urbano adotou a imagem da tecnologia moderna, a máquina, composta de distintas partes que desempenham tarefas específicas. Assim, o zoneamento nas cidades ideais de Le Corbusier era um artifício para dominar as forças de desterritorialização inerentes à cidade real. Seguindo a setorização da cidade industrial de Garnier, as funções urbanas de habitar, trabalhar, recrear e transitar tiveram seus territórios delimitados geometricamente. Nas zonas transparentes, que concentravam atividades previsíveis e imutáveis, o espaço tendia à homogeneização, enfatizando as identidades e, sobretudo, negando as multiplicidades.

3.28
Città Nuova

A metáfora da cidade como máquina teve como efeito principal a criação de um espaço purista e eficiente, projetado para o novo corpo humano mecânico. Apesar de teorizada como lugar para satisfazer as necessidades humanas, essa cidade era um instrumento de dominação que reunia diversas aspirações modernistas. A *Ville Contemporaine* de Le Corbusier tinha uma linhagem complexa, pois "era como se ele tivesse combinado em um único plano regular os fragmentos de cidades e teorias urbanísticas de que gostava e que considerava pertinentes" (Curtis, 1996: 248). As largas avenidas e os parques da Paris de Haussmann ganharam uma geometria ainda mais rígida. A cidade-jardim de Howard e a cidade industrial de Garnier foram reapresentadas, porém em maior escala. A arquitetura monumental e o traçado reticulado das cidades americanas foram ressignificados. Também foi apropriado o futurismo da *Città Nuova*, a cidade visionária desenhada por Antonio Sant'Elia, onde a verticalidade e a mobilidade geravam um espaço urbano compacto e dinâmico, preenchido por torres multifuncionais que atuavam como nós de uma enorme rede de trânsito (3.28). Assim, por meio de um urbanismo que sintetizava tantas influências, Le Corbusier almejava promover reformas culturais e sociais, transformar pacificamente os valores, sem revoltas políticas: "Arquitetura ou revolução. Podemos evitar a revolução" (1998: 205).

3.29
Plan Voisin

O arquiteto era, indiscutivelmente, um representante do poder: "Em seu papel de supremo criador, o arquiteto, elitista por destino, transforma as leis do universo em realidade e estabelece uma harmonia com o cosmo, aliviando o mundo da tensão e tornando a revolução supérflua" (Kruft, 1994: 399). O arquiteto encontrava-se na posição que o filósofo ocupava na república utópica de Platão, assumindo a tarefa de planejar a cidade ideal para uma sociedade estratificada, distribuída em um território projetado visando a acentuar segregações. O *Plan Voisin* elaborado por Le Corbusier para Paris traduzia essa vontade de desfazer a antiga organização da cidade e de implantar autoritariamente um espaço urbano que refutava todas as referências históricas (3.29). A obsessão sanitária em demolir as ruas-corredores para introduzir imensas vias de trânsito evidenciava o desprezo pela urbanidade do presente e pela memória do passado. Os edifícios, construídos sobre pilotis, restituiriam a permeabilidade suprimida pelas ruas tradicionais, predominantes nas áreas poluídas e insalubres dos cortiços parisienses do século XIX. Le Corbusier comparava sua proposta de destruir quadras inteiras do centro parisiense a uma cirurgia para extirpar uma doença maligna: "Os centros existentes devem ser demolidos. Para se salvar, cada grande cidade deve reconstruir seu centro" (1987: 116). O *Plan Voisin* era, portanto, a inserção da *Ville Contemporaine* ideal, com seus símbolos da Modernidade, em uma cidade real, supostamente assombrada pelo passado.

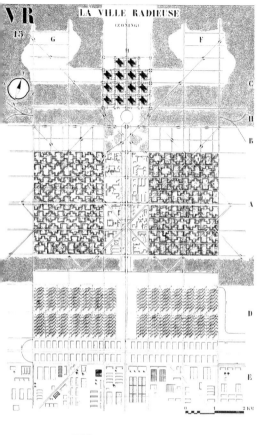

3.30
Ville Radieuse

Porque não conseguiu tornar reais suas cidades ideais, Le Corbusier afastou-se das ideologias capitalistas e projetou outra utopia urbana, dessa vez instigado a resolver o dilema sindicalista entre autoridade e participação. A solução era a *Ville Radieuse*, estruturada para uma sociedade hierarquizada, que, entretanto, somente funcionaria com a cooperação de todos. A transição da *Ville Contemporaine* para a *Ville Radieuse* foi influenciada pelo contato, nas décadas de 1920 e 1930, com as ideologias urbanísticas socialistas de arquitetos estrangeiros, especialmente alemães e soviéticos. Mas foi igualmente importante a *Ciudad Lineal* projetada para Madri, no final do século XIX, por Arturo Soria y Mata, que consistia em uma faixa contínua e expansível, constituída de rodovias e ferrovias paralelas, com habitações, indústrias e terminais de transportes implantados ao longo de seu comprimento, possivelmente a melhor solução para aproximar o campo da cidade e evitar a formação de qualquer núcleo de poder.

A cidade radiante ainda estava fundada na noção de uma circulação livre e verde, e as tipologias dominantes ainda eram os edifícios altos para administração e habitação coletiva. Embora mantivesse a simetria axial, o traçado não mais previa um poder centralizado, pois desta vez associava uma imagem antropomórfica a uma linearidade (3.30). Não apenas a estética da máquina, mas também a analogia orgânica marcou a arquitetura e o urbanismo de Le Corbusier. Desde a casa até a cidade, a perfeição corporal vitruviana atuava como referência principal e, de acordo com Vidler, "[…] sua forma configurou o traçado da *Ville Radieuse*; sua analogia introduziu a biologia na mecânica da cidade e do edifício; suas proporções estavam inseridas em cada medida através da operação dos *tracés régulateurs* ou do *modulor*" (1992: 90). Assim, apesar da retórica vanguardista, a obra do arquiteto era permeada de ambiguidades porque apontava simultaneamente para a direção oposta, de continuidade da tradição arquitetônica.

Combinando diversas tendências, Le Corbusier propôs para a cidade radiante um modelo racional descentralizado, no qual as torres das corporações tecnocráticas foram deslocadas para a periferia e a posição privilegiada era agora ocupada por democráticos edifícios residenciais. Elevadas sobre pilotis para garantir a continuidade do espaço urbano, e tendo nas coberturas terraços para instalações de lazer, as *unités d'habitation* eram uma versão verticalizada do falanstério de Fourier, com seus serviços coletivos e ruas interiores de acesso aos apartamentos. As unidades de habitação já não refletiam as desigualdades entre elite e classe trabalhadora, existentes nos espaços de produção. As residências deviam estar ajustadas à escala humana e atender às necessidades de cada família, independentemente de sua posição na hierarquia social. A preconização de uma liberdade extensiva a toda a sociedade seria a reafirmação dos ideais iluministas da Revolução Francesa. Mas como essa urbanidade ainda não tinha encontrado lugar no mundo real, Le Corbusier tentou, sem êxito, exportar seu modelo para a América. Na opinião do arquiteto, o traçado urbano de Manhattan impedia um afastamento adequado entre as torres, que tinham formas anacrônicas, alturas inexpressivas e que, portanto, deveriam ser substituídas "[...] por uma nova variante, 'o arranha-céu cartesiano', um grande edifício vertical para habitar e trabalhar, que garantiria que a cidade com um parque dentro (Manhattan) se tornaria um parque com uma cidade dentro (a Ville Radieuse)" (Curtis, 1996: 326).

UTOPIAS REALIZADAS

Por seu apelo progressista, a *Ville Radieuse* tornou-se o paradigma da cidade funcional modernista. A Carta de Atenas, documento elaborado pelos membros do CIAM IV, o Congresso Internacional de Arquitetura Moderna realizado em 1933, com o propósito de regulamentar a forma urbana, era a mera reedição do urbanismo dogmático de Le Corbusier. A cidade assumia a condição de um mecanismo composto de edifícios isolados, implantados em jardins recortados por um sistema viário para alta velocidade. Essa fórmula foi aplicada em países com culturas urbanas muito distintas, inclusive no Brasil. O desenho da cidade capital adotou as prescrições modernistas que defendiam a ordenação e o controle do ambiente construído. Projetada por Lúcio Costa em um ato único, assim como a cidade total recomendada por Descartes, Brasília mostra a mesma dicotomia da Chandigarh de Le Corbusier. O centro planejado, ocupado pelas elites políticas e sociais, contrasta com a periferia não planejada, onde a população esquecida pelos arquitetos é obrigada a favelizar-se. O plano piloto integrou os esquemas de circulação e habitação propostos trinta anos antes: a rodovia de trevos, que suprimia interseções no mesmo nível, e a unidade de vizinhança, a célula para residência e serviços, muitas vezes multiplicada sobre o território (3.31). Além da rigidez geométrica e da regularidade do traçado urbano com eixos perspécticos e superquadras, o formalismo monumental das obras arquitetônicas de Oscar Niemeyer celebravam os mitos

3.31 Brasília

3.32
Bauhaus

de progresso e as ideologias nacionais. Símbolo dos sistemas totalizantes, Brasília traduz a articulação entre ordem e poder.

Mas não foi somente Le Corbusier que pensou a cidade e seus edifícios como reflexos da tecnologia da máquina. Também na Alemanha a industrialização teve grande influência nas produções arquitetônicas e urbanísticas do início do século XX. Fundada por Walter Gropius, em Weimar, a Bauhaus era uma escola de artes e ofícios empenhada tanto em adaptar o desenho industrial aos procedimentos das linhas de montagem quanto em eliminar as fronteiras culturais entre artistas e artesãos. O programa e os objetivos da escola foram anunciados em um manifesto, que defendia o ideal da obra de arte total como síntese de todas as artes e cooperação entre os artistas: "A Bauhaus luta para unir todo esforço criativo em uma totalidade, para reunificar todas as disciplinas da arte prática — escultura, pintura, artesanatos e os ofícios — como componentes inseparáveis de uma nova arquitetura" (Gropius, 1995: 50). Com a mudança para Dessau, Gropius teve a oportunidade de projetar os edifícios para a Bauhaus, segundo os ideais da nova arquitetura, fortemente vinculada aos movimentos artísticos da *Neue Sachlichkeit* (3.32). Na agenda funcionalista e antimonumental dessa nova objetividade, a abstração suprematista, de caráter socialista, era considerada compatível com o desenho de peças padronizadas. A fabricação de objetos puristas, desprovidos dos ornamentos do repertório aristocrático e, por esse motivo, mais econômicos e mais adequados à produção em massa, sinalizou a possibilidade de emergência de uma arte e, sobretudo, de uma arquitetura destinada à classe média.

Alguns experimentos com ênfase na tecnologia aplicada ao programa de habitação social, foco da crítica modernista à cidade do século XIX, foram exibidas em 1927 na *Weissenhofsiedlung*, realizada em Stuttgart (3.33). Promovida pelo *Deutscher Werkbund* e organizada por Mies van der Rohe, essa exposição tinha como tema a residência moderna, e visava a divulgar os princípios da nova arquitetura. Os arquitetos que participaram do empreendimento projetaram conjuntos residenciais utilizando a fórmula da *Siedlung*, já adotada pelas municipalidades socialistas, principalmente na Alemanha e na Holanda, fórmula esta que atendia à necessidade de construir com rapidez e economia, para diminuir o déficit habitacional decorrente da Primeira Guerra Mundial. Projetar para as classes menos privilegiadas fez surgir uma estética comprometida com o *Existenzminimum*, a residência com todos os compartimentos reduzidos a áreas mínimas, situada em um edifício de forma geométrica sem ornamentos, e executada com elementos construtivos produzidos em massa. Essas intervenções pareciam convenientes porque mostravam uma hostilidade em relação à metrópole, revelavam uma ideologia antiurbana, marcada pela oposição entre campo e cidade: "A *Siedlung* é, portanto, um oásis de ordem, um exemplo de como se torna possível, através das organizações da classe operária, propor um modelo alternativo de desenvolvimento urbano, uma utopia realizada" (Tafuri, 1985: 81).

3.33
Weissenhofsiedlung

Os arquitetos convidados a realizar a utopia da *Weissenhofsiedlung* desenvolveram métodos para racionalizar a construção, utilizando elementos padronizados e pré-fabricados, montados por meio de processos quase industriais. A exposição era uma oportunidade para se pesquisar as possíveis interseções entre arte e indústria e, portanto, todos os edifícios seriam protótipos para uma posterior produção em série. Nesse fragmento de cidade, diferente dos conjuntos residenciais alemães da década de 1920, que tinham suas unidades dispostas em linhas paralelas às ruas e eram afastadas entre si para garantir a insolação e a ventilação, as construções eram implantadas assimetricamente sobre a topografia do terreno. Internamente, a estrutura de aço dispensava as paredes autoportantes, possibilitando materializar o conceito de espaço contínuo e flexível. Externamente, a horizontalização e a tendência expressionista dos volumes prismáticos que se interpenetravam remetiam às premissas das esculturas construtivistas. Os arquitetos projetaram edifícios baixos e preferiram a abstração das fachadas brancas e dos telhados planos.

> *As várias forças da teoria da arquitetura tinham aparentemente convergido para a realidade de um único Estilo Internacional — o nome pelo qual a arquitetura moderna como um todo mais tarde ficou conhecida. Aqui, em Weissenhof, houve a mais completa realização comunal da nova arte de construir de acordo com a política progressista, a coisa mais próxima ao admirável mundo novo que o modernismo tinha sonhado desde a guerra (Schulze, 1989: 135).*

Depois da exposição, a direção da Bauhaus foi assumida por Hannes Meyer, que imprimiu maior pragmatismo e reforçou as aspirações funcionalistas da *Neue Sachlichkeit*. Ludwig Karl Hilberseimer integrou a equipe da escola naquela época e adotou uma postura radical quanto à objetividade e à codificação dos elementos construtivos. Em suas reflexões sobre a urbanidade moderna, o arquiteto já havia comparado a estrutura da cidade a uma enorme máquina social. A cidade aparecia como uma montagem abstrata, baseada na sequência do mesmo tipo arquitetônico, que, infinitamente reproduzido, perderia sua individualidade na composição da totalidade urbana. A arquitetura da metrópole, segundo Hilberseimer, dependia da solução de duas questões: a célula elementar e o conjunto urbano. A célula era o elemento inicial de uma sucessão de operações, de uma cadeia de produção ininterrupta, que, apesar de prescindir, ou talvez por prescindir, do antigo conceito de lugar, resultaria na construção da cidade. Desse modo, a multiplicação de um espaço individual gerava um edifício, que, multiplicado, gerava uma quadra, que, multiplicada, gerava uma cidade.

3.34
Cidade de
arranha-céus

Na cidade verticalizada de Hilberseimer, a concentração populacional era ainda maior do que nos projetos urbanos de Le Corbusier. A cidade se estruturava em níveis diferentes para permitir a separação entre as circulações de pedestres e de veículos. Os imensos edifícios, com dimensões e fachadas iguais, tinham os pavimentos inferiores ocupados por escritórios e lojas, e os pavimentos superiores, por residências. A unidade da paisagem surgia a partir da confluência das diversidades. A organização de um grande espaço urbano que reunisse funções heterogêneas exigia uma regra formal válida para todos os elementos, capaz de dominar multiplicidades e anular contingências: "[…] o caso geral, a lei, ganha relevo e evidência, enquanto a exceção se vê posta à parte, os matizes se apagam e impera a medida que obriga o caos a transformar-se em forma lógica, unívoca, matemática" (Tafuri, 1985: 72). O desafio era exatamente construir uma nova ordem, uma nova utopia urbana a partir do caos capitalista daquele presente. Purismo geométrico, ordenação funcional e economia eram estratégias não apenas técnicas, mas também estéticas (3.34). Para tornar-se necessária e universal, a forma arquitetônica precisou ser reduzida a um tipo que representasse a máxima objetividade. Hilberseimer estava tentando traduzir em arquitetura o elementarismo da vanguarda pictórica: "A recomposição desarticulada dessas formas elementares sublima o universo mecânico, demonstrando que, doravante, já não há forma alguma de reconquista da totalidade (do ser ou da arte) que não dependa da problematização da própria forma" (ibid.: 64).

Apesar de na cidade-máquina os objetos apresentarem legibilidade geométrica, o funcionalismo, em vez de estabelecer um controle formal, era controlado e subjugado pelo formalismo: "O desenho de Hilberseimer demonstra peremptoriamente que a forma só pode representar a função quando a função foi inicialmente interpretada como uma possibilidade de forma" (Hays, 1995: 180). Embora prescrita pela *Neue Sachlichkeit*, a enganosa noção de função como determinante da forma arquitetônica estava sendo desarticulada. O funcionalismo perdia, então, o *status* de força motriz do paradigma modernista. Com a redução da forma urbana a uma montagem de objetos arquitetônicos, comentou Tafuri, "[…] o próprio objeto, assumido como um signo neutro, torna-se material para a construção da cidade: a arquitetura, agora considerada um 'objeto indiferente', procura suas novas *raisons d'être* na integração dentro da estrutura urbana" (1995: 214). Nas persistentes reapresentações, nas incansáveis reproduções de séries de blocos celulares, sem nenhum edifício autorreferente dominando a paisagem urbana, o projeto para a metrópole era uma tentativa de sobrecodificar o ambiente construído. Por desprezar os princípios do humanismo burguês, definidores de um sistema de conhecimento organizado, Hilberseimer perspectivou um espaço que deslocava a centralidade e a autoridade do observador. A metrópole idealizada que apagava todas as contradições e dissonâncias, que desfazia todas as diferenças era, todavia, uma condenação ao mundo monótono e implacável das identidades.

Um antiurbanismo mais ligado à dispersão do que à densificação surgiu nos Estados Unidos. A ocupação horizontal do território foi impulsionada pelo trem e, mais tarde, pelos veículos motorizados, que muito facilitaram o trânsito de pessoas e mercadorias. Os deslocamentos, que até meados do século XIX dependiam do caminhar e da tração animal, limitavam a ampliação da forma urbana tradicional. Mas as redes ferroviárias, além de imprescindíveis para a industrialização, também alavancaram o processo de suburbanização. O subúrbio americano, segundo James Vance, foi uma criação da ferrovia (1990: 370). Embora não tenha sido implantado para favorecer a construção de cidades nas periferias, o sistema ferroviário contribuiu decisivamente para o desenvolvimento de subúrbios onde já existiam aldeias rurais. No entanto, ao contrário das carruagens e dos ônibus puxados por cavalos, as primeiras locomotivas demoravam a frear e a readquirir movimento e, por esse motivo, as estações de trens precisavam ser muito afastadas, tornando descontínua e heterogênea a ocupação das áreas suburbanas.

3.35
*110/105
interchange*

A indústria automotiva e, paralelamente, a implementação de um sistema de vias expressas aceleraram o processo de suburbanização gerando, em poucos anos, uma forte transformação na paisagem das cidades. Centros urbanos e periferias ganharam outros contornos. No início do século XX, a expansão da periferia já superava o crescimento dos centros urbanos, mas ainda foram necessárias algumas décadas para que os subúrbios adquirissem mais autonomia. Os altos custos de fabricação restringiam a aquisição de veículos motorizados, considerados não mais que máquinas luxuosas destinadas ao entretenimento. Nesse contexto, as primeiras rodovias americanas, as *parkways*, foram construídas para uso exclusivo de automóveis, apenas de passeio. Somente com a introdução do taylorismo nas linhas de montagem de Henry Ford, os automóveis, sobretudo o *Model T*, passaram a ser produzidos em massa, e as rodovias espalharam-se sobre um território maior. Originalmente utilizada em projetos paisagísticos, a *parkway* foi adaptada a uma nova função: "Prolongando-se 10 ou 20 milhas campo adentro [...], dava acesso rápido da cidade-base congestionada tanto para os novos subúrbios quanto para as áreas de lazer rurais e litorâneas" (Hall, 2005: 330).

A construção de um sistema de rodovias logo transformou o automóvel no meio de transporte predominante e, consequentemente, intensificou movimentos e fluxos (3.35). Nem mesmo o trem modificou tanto a paisagem urbana quanto essa recente tecnologia de deslocamento, que não apenas reduzia os percursos, mas também subordinava e até anulava topografias.

No entanto, a ocupação urbana sucessiva, e possivelmente interminável, ao longo de uma avenida de extensão indeterminada provocava uma monotonia desesperadora. Os lugares tornavam-se indistintos e, portanto, intercambiáveis, pois desapareciam as singularidades dos espaços urbanos. Ao descrever uma cidade emblemática dessa condição, Italo Calvino problematizou a urbanidade contínua e indiferenciada, sem marcos referenciais, em que os visitantes desistem de saber "[…] se, escondida em algum bolso ou ruga dessa circunscrição transbordante, existe uma Pentesileia reconhecível ou recordável por quem ali esteve, ou então se Pentesileia é apenas uma periferia de si mesma e o seu centro está em todos os lugares" (2002: 143). A mesmice se propagou na cidade, alterando radicalmente sua imagem. Assim, as questões mais discutidas pelos arquitetos passaram a ser a indefinição formal, o tamanho e os limites da cidade suburbana.

> *No movimento coletivo em direção às áreas suburbanas, produziu-se uma nova espécie de comunidade, que constituía uma caricatura assim da cidade histórica como do refúgio suburbano arquetípico: uma multidão de casas uniformes, identificáveis, alinhadas de maneira inflexível, a distâncias uniformes, em estradas uniformes, num deserto comunal desprovido de árvores, habitado por pessoas da mesma classe, mesma renda, mesmo grupo de idade, assistindo aos mesmos programas de televisão, comendo os mesmos alimentos pré-fabricados e sem gosto, guardados nas mesmas geladeiras, conformando-se, no aspecto externo como no interno, a um modelo comum, manufaturado na metrópole central (Mumford, 1991: 525).*

Antes do processo de suburbanização ter se tornado realidade, Frank Lloyd Wright já tinha idealizado ou prenunciado um território fragmentado, inspirado na cultura nacional de espaços abertos, reticulados pela matriz de uma milha quadrada, proposta por Thomas Jefferson, no século XVIII, para estruturar grandes extensões de terras americanas. A implementação de uma retícula de dimensões sem precedentes induziu ao aumento na escala da suburbanização e à construção de infraestruturas de mobilidade urbana, que tornaram essas cidades extremamente dependentes do automóvel. Também a cidade ideal wrightiana, ao contrário da cidade da concentração de edifícios altos mecanizados, sugeria descentralização, baixa densidade populacional e edifícios horizontalizados, sendo a máquina apenas mais um instrumento utilitário para os habitantes. Assim como os arquitetos soviéticos dos anos 1920, Wright pretendia lutar contra a centralização, contra a tirania do arranha-céu, que se impunha como símbolo do urbanismo capitalista, e adotou os preceitos do Manifesto Comunista, defendendo a dissolução gradual das distinções entre cidade e campo por meio de uma dispersão homogênea da população sobre o espaço urbano ou, talvez, antiurbano.

A suburbanização em *Broadacre City* visava a espalhar a igualdade da residência unifamiliar ao longo da rodovia contínua. Para Kenneth Frampton, "o carro enquanto a modalidade 'democrática' de locomoção seria o *deus ex machina* do modelo antiurbano de Wright, seu conceito de *Broadacre City*, em que a concentração da cidade do século XIX seria redistribuída pela rede de um traçado rural regional [...]" (2003: 227). Tendo como premissas a arquitetura orgânica e as conquistas tecnológicas, o projeto baseava-se na multiplicação de propriedades com área de aproximadamente um acre, nas quais seriam implantadas casas usonianas (3.36). A arquitetura orgânica referia-se à integração com a paisagem natural e à utilização de materiais regionais para viabilizar economicamente as construções. A tecnologia incluía as energias elétrica e mecânica, consideradas forças capazes de transformar a civilização ocidental. A eletricidade, como fonte silenciosa de energia, expandiria os meios de comunicação e possibilitaria a permanente iluminação dos espaços urbanos. Os meios de transporte, representados pelo

3.36
Broadacre City

automóvel e pelo avião, promoveriam um movimento ilimitado, anulando distâncias e ampliando o contato entre as pessoas. Em *Broadacre*, a liberdade humana associada aos benefícios da mecanização resultaria em uma ordem social mais equitativa e mais justa.

Os ideais dos principais modelos urbanos das primeiras décadas do século XX — a cidade no jardim, a cidade na região, a cidade dos monumentos, a cidade das torres e a cidade próxima à rodovia — foram parcialmente realizados. As cidades construídas ou transformadas segundo esses conceitos e métodos não materializaram, entretanto, a vontade dos arquitetos de criticar radicalmente a cidade industrial. Os projetos urbanos totalizantes não passaram de tentativas desperdiçadas de regenerar ambientes degradados, por faltarem critérios capazes de responder às transformações decorrentes da inexorável industrialização e da divisão do trabalho. O equívoco dos funcionalistas defensores da densificação espacial foi compactuar com os modos de produção e reprodução que, finalmente, dominaram a arquitetura e o urbanismo. A recuperação revelou-se destruição da textura urbana existente, que precisou ser convertida em *tabula rasa* para a inserção da nova tipologia arquitetônica, a torre cartesiana, ícone da cidade modernista. Não foi maior o sucesso dos antiurbanistas ao proporem, inversamente, uma ocupação territorial dispersa que, embora tenha aproximado o campo da cidade, desertificou o espaço urbano, além de intensificar o individualismo e, sobretudo, o isolamento. As consequências da máxima urbanização e da máxima suburbanização são aparentemente coincidentes. A solidão de Baudelaire, perdido na multidão parisiense, ou a melancolia coletiva dos exilados da Escola de Frankfurt diante da ausência de urbanidade civilizada em Los Angeles, a cidade de quartzo, são variantes da mesma questão (Davis, 1992: 47). O legado do urbanismo modernista, as utopias e distopias do capitalismo avançado, inspiradoras de ficções científicas que apostam em um futuro desolador, ainda desafiam as teorias e práticas urbanísticas.

4
A ESTÉTICA URBANA COMO RESISTÊNCIA

A partir do descobrimento do Novo Mundo, Europa e América estabeleceram um complexo processo de trocas comerciais e culturais, incluindo diálogos entre os repertórios arquitetônicos e urbanísticos dos dois lados do oceano Atlântico. No período modernista não foi diferente: "Ao final do século XIX, enquanto a América constrói a *Columbian Exhibition* como uma cidade 'europeia' de papelão e estuque para preencher a falta de um passado, a Europa começa a construir visões de um futuro urbano de aço e vidro" (Gandelsonas, 1999: 54). Se, por um lado, a arquitetura classicista *beaux-arts* e o paisagismo pitoresco inglês influenciaram os projetos americanos, por outro, Le Corbusier e Hilberseimer buscaram inspiração na *tabula rasa* inerente às cidades americanas, desprovidas de longa memória urbana. Mas a Segunda Guerra Mundial interrompeu temporariamente essas trocas recíprocas. Perseguidos pelos regimes totalitários, muitos intelectuais europeus migraram para os Estados Unidos, o novo centro de irradiação cultural. Entre os eventos que confirmavam a hegemonia americana, estava a exposição *The International Style: Architecture since 1922*, realizada em 1932 no MoMA de Nova York. A mostra, que reuniu obras das vanguardas modernistas, marcou o início da transformação da imagem da cidade americana, mais tarde exportada para todo o mundo.

CIDADES VITRIFICADAS

A Europa sempre representou o patrimônio, ou a memória, do passado da civilização ocidental, enquanto a América, desde o período colonial, era o potencial cenário para a instalação do futuro. Mas a arquitetura modernista que Mies van der Rohe levou para o território americano pertencia a um passado muito recente. A torre de cristal, sonho da vanguarda europeia da década de 1920, tornava-se realidade na América da década de 1950. Os edifícios altos e transparentes, agora não somente projetados, mas também construídos, ganhavam novo significado. Distante das questões sociais e pressões políticas, a estética funcionalista, que tinha servido de suporte teórico para as utopias socialistas, foi transposta para os sistemas capitalistas. A preocupação com o *Existenzminimum* foi substituída pelo desejo de um conforto obtido por meio da nova maquinaria: "Se o grande cliente simbólico da arquitetura moderna tinha sido o proletariado, heroico protagonista de um socialismo idealista, o do período posterior foi a classe média" (Ockman, 1996: 16). Desse modo, o racionalismo tecnocientífico destinado a viabilizar uma sociedade igualitária e organizada foi assimilado pelas corporações privadas e pelas burocracias estatais das democracias capitalistas.

A estabilidade econômica dos Estados Unidos favoreceu os investimentos em suas cidades. A paisagem urbana foi invadida por prismas minimalistas que, revestidos de metal e vidro, traduziam a imagem da tecnologia e o poder dos proprietários. Entre os primeiros experimentos envolvendo a materialização do novo formalismo destacam-se os edifícios residenciais multifamiliares de Chicago, projetados por Mies no final da década de 1940. Esses edifícios tiveram forte influência naquela época, e suas reinterpretações ainda atraem os arquitetos contemporâneos. O purismo geométrico das torres esbeltas, sem ornamentos nem coroamentos, afastadas das construções adjacentes, conferia aos edifícios uma imagem impactante e contrastante com o entorno existente. Nas fachadas, os perfis metálicos com espaçamento constante, além de acentuarem a verticalidade, marcavam um ritmo regular e imprimiam uma modulação na superfície (4.1). A opacidade alternada do metal se entrelaçava com a transparência do vidro, fazendo os elementos estruturais e as janelas perder suas identidades, assim constituindo um plano de textura uniforme: "[...] a parede é aqui apresentada — segundo a prescrição de Semper — como uma tessitura, uma sutil integração de estrutura e fenestração que mostra a mesma capacidade da alvenaria de suporte para limitar qualquer extensão do espaço" (Frampton, 2003: 284).

Apesar do profundo envolvimento com a agenda funcionalista, Mies projetou um objeto arquitetônico cuja força estava na forma. Sua intenção era criar uma estética compatível com as exigências modernistas, assim como as tipologias do passado tinham respondido às necessidades de cada período histórico: "Templos gregos, basílicas romanas e catedrais medievais são importantes para nós como criações de uma época mais do que como obras de arquitetos individuais [...]. São puras expressões de seu tempo" (apud Swenson; Chang, 1980: 61). Para Mies, a autoria das obras antigas tinha menor relevância e, portanto, sua fórmula arquitetônica também poderia se tornar paradigmática. A torre de metal e vidro representava o vanguardismo e adotava os três princípios do Estilo Internacional. A arquitetura era concebida como volume e não mais como massa, o principal critério para ordenação do projeto era a regularidade, em vez da simetria axial, e

4.1
*860-880
Lake Shore
Drive*

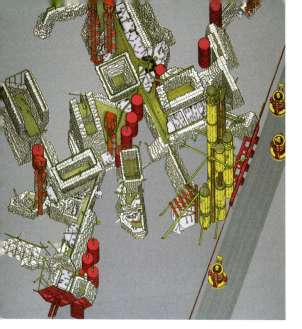

4.2
Plug-In City

nenhuma decoração arbitrária era aplicada nas superfícies (Hitchcock; Johnson, 1966: 20). Embora dogmático, o modelo miesiano se mostrou adaptável a diferentes espaços urbanos e, assim, adquiriu universalidade. Implantados em praças privadas, os arranha-céus transparentes, autônomos e isolados, excluíam o espaço público e dispensavam a interação com o contexto urbano. No entanto, esses edifícios autorreferentes foram protagonistas nos projetos de renovação urbana dos anos 1950 e 1960. As torres de metal e vidro, em suas múltiplas reedições residenciais ou corporativas, foram disseminadas indistintamente por diversas cidades, tornando monótonas e intercambiáveis as paisagens urbanas: "Demolimos a antiga cidade e construímos a nova em uma empobrecida celebração da modernista 'cidade no parque' — sem o parque" (Kostof, 1991: 331).

Em meados do século XX, a arquitetura minimalista e o urbanismo totalizante já começavam a ser criticados, pois não correspondiam às ambições dos arquitetos que buscavam alternativas para a reconstrução e o crescimento das cidades do pós-guerra. Atuando duplamente como presidente dos CIAM e diretor da *Graduate School of Design* de Harvard, Josep Lluís Sert foi muito influente nessa discussão. Sert argumentava que as práticas de renovação urbana estavam destruindo as estruturas preexistentes e, paralelamente, a acelerada suburbanização estimulava a migração para as áreas periféricas, levando ao esvaziamento dos centros urbanos. Ambas as estratégias se esquivavam dos problemas prementes das centralidades e, por isso, o modernismo tinha perdido a oportunidade de explorar as singularidades do patrimônio urbano, não apenas do legado histórico mas, principalmente, da diversidade formal e funcional. O desafio era reurbanizar as cidades, era construir espaços complexos nos centros urbanos existentes. O processo de recentralização visava a restabelecer a cidade como lugar de encontros e trocas, onde seriam priorizadas a caminhabilidade e a escala humana. Para alcançar essa meta, Sert sugeriu uma nova ferramenta, o projeto urbano, que integraria planejamento urbano, arquitetura e paisagismo: "O projeto urbano é a parte do planejamento da cidade que lida com a forma física da cidade. Essa é a fase mais criativa do planejamento da cidade e aquela em que a imaginação e as capacidades artísticas podem assumir maior importância" (apud Sorkin, 2009: 156). A principal tarefa seria operar intervenções capazes de promover experiências espaciais nas centralidades obsoletas, que eram então os alvos preferenciais dos processos de renovação urbana, processos estes que consistiam em demolir para posteriormente construir segundo os critérios do zoneamento funcional e da adequação ao *status* privilegiado do automóvel.

Ao longo da década de 1950, a decepção com os repertórios arquitetônicos e urbanísticos hegemônicos tornava-se consensual. Por esse motivo, foi desaparecendo o entusiasmo com os Congressos Internacionais de Arquitetura Moderna, que surgiram para debater e divulgar as propostas modernistas. Após quase três décadas de reuniões, o mundo tinha se transformado e as cidades precisavam responder a outra lógica social e política. Os arquitetos da nova geração não compartilhavam dos anseios utópicos das elites intelectuais e fundaram um grupo, o Team 10, que contestava o racionalismo da Carta de Atenas. Os questionamentos eram, sobretudo, acerca da ortodoxia funcionalista e da pretensão à universalidade dos desenhos urbanos, que desprezavam especificidades regionais e destruíam a textura histórica das cidades. Essas divergências levaram à extinção dos CIAM, mas o Team 10 continuou realizando encontros para desenvolver pesquisas e refletir sobre a urbanidade. Alison e Peter Smithson consideravam que, em vez das quatro funções — habitar, trabalhar, recrear e transitar —, o espaço urbano deveria ser construído a partir da hierarquia de elementos de diversas escalas — casa, rua, bairro e cidade — "[...] interconectados em um modulado contínuo representando a verdadeira complexidade das associações humanas. Essa concepção está em direta oposição com o isolamento arbitrário das chamadas comunidades da *'Unité'* e da vizinhança" (1999: 219).

As críticas à cidade ideal de Le Corbusier e também à cidade real de metal e vidro instigaram arquitetos envolvidos com os movimentos da contracultura da década de 1960 a criar modelos urbanos ousados, porém não menos utópicos e inexequíveis. As propostas mais arrojadas incluíam as imagens neofuturistas de Buckminster Fuller e do grupo britânico Archigram, assim como as megaestruturas dos metabolistas japoneses e as fantasias poéticas do Superstudio italiano. As cidades desenhadas pelo Archigram exaltavam a estética da máquina. Sem compromissos sociais ou políticos, a *Plug-In City*

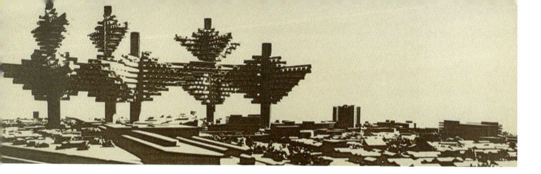

4.3 Clusters in the Air

de Peter Cook e a *Walking City* de Ron Herron exploravam a tecnologia avançada para inventar ficções científicas, que remetiam a movimentos artísticos, como surrealismo, expressionismo e *pop art* (4.2). Essas cidades prescindiam dos edifícios tradicionais, e as formas não mais dependiam das funções, nem as funções dependiam das formas. O enfoque antiarquitetônico tinha como pressuposto estruturas urbanas compostas de elementos padronizados, mecânicos e eletrônicos, inseridos ou retirados, segundo as necessidades do sistema. As megaestruturas também pareciam atender aos projetos urbanos visionários dos metabolistas. Condizente com a realidade pluralista e dinâmica, a cidade idealizada por esses arquitetos funcionava como um mecanismo em movimento, constituído de torres monumentais que serviam de infraestrutura à qual seriam plugadas as várias partes de uma máquina, onde poderiam ser desempenhadas atividades humanas (4.3). Assim, formas e funções eram mutáveis, admitiam alterações metabólicas.

A atitude do Superstudio em relação à retórica tecnológica era ainda mais radical e conduziu ao desaparecimento de todo o ambiente construído. A conquista de um igualitarismo social não opressivo resultaria na emancipação da tirania exercida pelos objetos arquitetônicos com seus entornos urbanos e, portanto, na transformação do mundo em uma enorme retícula cartesiana abstrata. A supressão da cidade foi definida pelo Superstudio como "[...] a eliminação da acumulação de estruturas formais de poder, a eliminação da cidade como modelo hierárquico e social, em busca de um novo estado livre igualitário no qual cada um pode alcançar diferentes níveis através do desenvolvimento de suas possibilidades [...]" (1999: 230). A erradicação da urbanidade para implementar-se uma rede invisível, um palco uniforme destinado à encenação de eventos imprevisíveis, resgatava questões já discutidas pelos situacionistas.

A *Situationiste Internationale* havia lançado, em 1957, o programa para um urbanismo unitário. O programa sugeria uma reforma que atingisse todos os níveis da sociedade e permeasse todas as experiências da humanidade. Ao rejeitar a lógica da produção e do consumo, o urbanismo unitário visava a construir uma cidade sustentada na liberdade individual e no jogo de situações estimulantes. Para Constant Nieuwenhuys e Guy Debord, "a criação de uma situação significava a criação de um micromundo transitório e — por um momento único na vida de alguns — um jogo de eventos" (1995: 162). Os situacionistas operavam coletivamente e pretendiam reinterpretar de modo criativo o entorno, na tentativa de inventar acontecimentos que subverteriam o sistema hegemônico, libertando a sociedade dos códigos de comportamento impostos pela ideologia capitalista. Uma existência movida pela contínua experimentação enfraqueceria, talvez, a dominação exercida pela estrutura urbana modernista. A principal estratégia era, então, a *dérive*, caminhar sem um destino predeterminado, percorrer ambiências variadas, para assim fazer emergir uma postura lúdico-construtiva.

A prática de atravessar espaços urbanos e apreender suas transformações foi utilizada pelos situacionistas como instrumento para explorar a influência do ambiente construído nas emoções e nos comportamentos dos indivíduos ou, mais precisamente, para investigar a psicogeografia das cidades. A psicogeografia possibilitava desenhar um mapa indicando fluxos constantes, pontos fixos ou variáveis, que interfeririam nas percepções e afecções dos passantes. Como na cartografia medieval, esses mapas registravam significados extraídos tanto da memória quanto da imaginação. Por meio do *détournement*, técnica que envolvia o deslocamento e a reinscrição dos simbolismos dos objetos, os situacionistas lutavam contra os efeitos da cultura do espetáculo atuantes na arquitetura e no urbanismo modernos, espetáculo este utilizado como artifício para condicionar os indivíduos a serem consumidores passivos, alienados de suas necessidades e de seus desejos. Somente com a construção de situações que modificassem as noções de espaço e tempo seria possível recuperar a urbanidade como lugar do jogo, do conhecimento e da ação. Na expectativa de materializar as condições para as experiências situacionistas, Constant projetou uma cidade antitética dos sistemas urbanos totalitários e hierárquicos, a *New Babylon*. O ambiente construído apresentava uma configuração labiríntica dinâmica, continuamente reestruturada pela participação ativa, espontânea e inventiva de toda comunidade. A principal atividade era o nomadismo urbano, em que os percursos, escolhidos ao acaso, favoreciam o encontro com paisagens mutáveis, sempre irreconhecíveis pela memória. A errância ininterrupta associada à rejeição de formas convencionais e hábitos permanentes convidaria a uma aventura lúdica.

CIDADES CON-TEXTUALIZADAS

Pouco entusiasmados com as utopias de um futuro urbano em que predominaria a tecnologia, alguns arquitetos decidiram recorrer a formas acadêmicas ou vernaculares para resgatar a identidade cultural e a legibilidade das paisagens das cidades, ambas comprometidas pelas intervenções modernistas. Os mitos organizadores e a doutrina funcionalista, que começavam a mostrar sinais de fracasso, induziam a retornar ao conceito e à imagem de cidade existentes no imaginário coletivo. A perda da crença no progresso científico e nos projetos totalizantes resultou em soluções parciais, restritas aos fragmentos urbanos, que procuravam revalorizar o passado histórico e as tradições regionais. Essa atitude nostálgica surgiu como esperança de preservar as especificidades locais, ameaçadas pela globalização, e de impedir que as diferenças se desfizessem em indiferenças espalhadas na aldeia global. Assim, o mundo ancorado na autoridade das verdades universais e eternas foi substituído por um mundo menos prescritivo, que agora celebrava o relativismo e o pluralismo. Os esforços para contextualizar objetos arquitetônicos e ressaltar diversidades do ambiente construído exigiram maior aproximação entre a arquitetura e o urbanismo, que tinham se tornado atividades quase desconectadas.

As criações arquitetônicas e urbanísticas foram potencializadas com a abertura para os discursos de outros campos do saber. O nomadismo cultural e a receptividade a diversas contribuições, antes marginalizadas ou reprimidas, permitiram a transposição dos limites disciplinares para se estabelecerem interseções, interfaces, confrontações com diferentes especialidades, ligadas sobretudo às humanidades e às ciências sociais. Os enfoques literários, antropológicos e sociológicos emprestaram um perfil analítico e interpretativo ao estudo da urbanidade. Influenciados pelas teorias literárias — estruturalismo, semiologia e linguística —, os arquitetos passaram a considerar o espaço urbano a confluência de significantes e significados, e não mais um conjunto de funções associadas a formas. Em vez da máquina, a metáfora para a cidade era o texto. A cidade aparecia constituída como um sistema de códigos e convenções, que produziam significados e valores. Essa analogia linguística pressupunha que a cidade era uma linguagem visual e, portanto, um instrumento para o conhecimento e a comunicação (4.4). Entre as várias tendências oriundas desse interesse pela significação dos contextos urbanos, duas tiveram forte impacto sobre as obras arquitetônicas e urbanísticas: o populismo e o neorracionalismo.

Em seu *suave* manifesto, publicado em 1966, Robert Venturi condenou a ambição modernista de impor uma lógica unitária à multiplicidade urbana. Por preferir a equivocidade à clareza de significados, Venturi recomendou substituir as premissas modernistas de exclusão das diversidades por uma prática de inclusões, por uma arquitetura de complexidade e contradição, que privilegiasse espaços com múltiplos níveis de significação e funções simultâneas: "A arquitetura é forma e substância — abstrata e concreta —, e seu significado deriva de suas características internas e de seu contexto particular. Um elemento arquitetônico é percebido como forma e estrutura, textura e material" (2004: 13). As interações entre os edifícios, complexos e ambíguos, e a cidade, quase sempre atravessada por signos vernaculares e painéis publicitários, tensionavam o espaço, gerando a ordem desordenada da difícil totalidade: "Os velhos chavões envolvendo banalidade e desordem ainda serão o contexto de nossa nova arquitetura, e nossa nova arquitetura será, significativamente, o contexto para eles" (ibid.: 47). A combinação de imagens que buscavam referência na indústria e na engenharia, como autorizou o modernismo, com os símbolos de grande alcance comunicativo contribuía para a dissolução das fronteiras entre a alta cultura, a cultura de massa e a cultura popular. Todavia, pelo excesso de ironia, essa proposta não conseguiu produzir mais do que paisagens cenográficas.

4.4
Fremont Street

O populismo de Venturi adotou referências externas aos contornos disciplinares na expectativa de transformar a teoria e a prática da arquitetura, enquanto o neorracionalismo procurou regenerar a urbanidade a partir dos cânones intrínsecos à tradição arquitetônica. Nada mais afastado do programa populista, segundo Frampton, "[...] do que o movimento neorracionalista italiano, a chamada *Tendenza*, que foi, claramente, uma tentativa de impedir que tanto a arquitetura quanto a cidade fossem infestadas pelas forças onipresentes do consumismo megalopolitano" (2003: 357). Esse movimento surgiu na década de 1960, na Itália, onde a ruptura com o passado tinha sido menos decisiva e os arquitetos pareciam mais atraídos pelos projetos urbanos das capitais europeias do final do século XIX. O esforço para redesenhar a estrutura morfológica da cidade despertou o interesse pelos precedentes formais, pelos arquétipos arquitetônicos e urbanísticos. A potência formal, desprezada pelo funcionalismo, que submetia a forma à função, precisava ser revalorizada para que os tipos adquirissem autonomia como produtores de sentido. Assim, tendo como principal foco de suas pesquisas a cidade existente, os neorracionalistas elaboraram estudos tipológicos com o objetivo de analisar a continuidade histórica dos espaços urbanos. A tipologia foi agente da crítica ao minimalismo arquitetônico e, também, às radiantes imagens de cidades.

Os neorracionalistas, como sugeriu Vidler, criaram uma terceira tipologia, que não se baseava na natureza abstrata, na analogia orgânica, nem em uma utopia tecnológica, na analogia da máquina, mas na estrutura física da cidade (1998: 13). A cidade tradicional era o material para investigação, e as formas dos artefatos urbanos forneciam suporte para sua recomposição. A primeira tipologia, formulada por Laugier, tinha sido desenvolvida no século XVIII a partir das concepções racionalistas do Iluminismo e adotava o modelo da cabana primitiva como o fundamento natural para qualquer construção. A segunda, defendida pelos funcionalistas, havia surgido da necessidade de confrontar os problemas decorrentes da industrialização, no início do século XX, e propunha um modelo arquitetônico que constituísse um reflexo do processo de produção. Como as duas primeiras, a terceira tipologia também se apoiava nos pressupostos da razão e da classificação, entretanto, ao invés de apontar para uma referência externa, a natureza ou a máquina, essa tipologia buscava legitimidade no âmbito de sua prática. Os edifícios e os espaços urbanos remetiam às suas próprias essências, e suas formas não eram científicas nem técnicas, eram apenas arquitetônicas.

Os projetos neorracionalistas passaram a enfatizar a natureza da cidade, os edifícios que tinham configurado o espaço urbano pré-industrial. O paradigma da terceira tipologia era a cidade, porém não a cidade fragmentada pelo zoneamento funcional e pelo isolamento dos objetos arquitetônicos implantados em espaços verdes ensolarados. A partir da experiência acumulada da cidade, de sua estrutura física, a nova tipologia tentava desafiar a supremacia da função, para assim restabelecer a relação com a tradição da vida urbana. Pressupondo que as camadas depositadas pelo tempo e pela experiência humana jamais apagavam as origens das formas arquitetônicas e urbanas, os neorracionalistas, em vez de anular o significado original dos arquétipos do passado, pretendiam apenas modificar esses significados para que veiculassem outros sentidos, sempre ligados ao contexto histórico, geográfico e econômico. Os tipos extraídos da cidade existente eram constantes históricas, elementos primários irredutíveis, eram formas esvaziadas de conteúdo específico. Cada tipo ocultava, entretanto, um princípio lógico, uma regra estrutural, capaz de ser conhecida através da análise formal. Somente as estruturas visíveis, somente as exterioridades podiam revelar as forças subjacentes aos processos de transformação da arquitetura e do urbanismo. A análise funcional, que tanto inspirou Cuvier, foi recusada por esses arquitetos, pois não conseguia explicar a permanência no espaço urbano de formas cujas funções mudavam no tempo. Por resistirem e, principalmente, para resistirem à passagem do tempo, essas formas precisavam ser refuncionalizadas. Logo, a função não poderia ser determinante da forma.

Os neorracionalistas estavam reinterpretando o conceito de tipo definido por Quatremère de Quincy, mas discordavam da necessidade de conservar a herança histórica. O método de transformação tipológica consistia na desestabilização parcial ou total dos tipos selecionados, para criar elementos diferentes, que retirassem seu potencial e sua força crítica dessa operação. O tipo arquitetônico não era, portanto, mais um esquema universal inserido em um espaço neutro, era uma estrutura analítica e experimental que, por interagir com a matriz do tempo, se tornava simultaneamente objeto e processo. O tipo era um esquema deduzido das consecutivas reduções de um conjunto de variantes formais a uma única raiz formal, que poderia posteriormente admitir infinitas modificações. Esse processo supostamente libertava a forma das interferências históricas e, assim, as arquiteturas do passado ganhavam autonomia, deixavam de constituir modelos condicionantes para os projetos do presente. Destituído de seu significado historicamente determinado, o tipo adquiria significado genérico e ficava suscetível a desdobrar-se em outras formas possíveis. Se o modelo exigia imitação, o esquematismo e a indistinção do tipo possibilitavam sua própria superação, através da especificação ou invenção da forma em resposta às singularidades de cada programa arquitetônico. Portanto, o processo de formação do tipo estabelecia uma relação com o passado, e a invenção, por sua vez, estabelecia uma relação com o presente e o futuro.

Segundo essa abordagem, toda obra arquitetônica teria como ponto de partida a cidade, que Aldo Rossi identificava com uma arquitetura, um sistema formal de signos em mutação no tempo. Arquitetura e cidade tornavam-se inseparáveis, instituíam uma relação de reciprocidade, uma formando a outra e sendo formada pela outra. Assim como as paredes e as colunas eram elementos compositivos dos edifícios, os edifícios eram elementos compositivos da cidade: "Ao falar de arquitetura, não pretendo referir-me apenas à imagem visível da cidade e ao conjunto de suas arquiteturas, mas antes à arquitetura como construção. Refiro-me à construção da cidade no tempo" (2001: 1). A formação urbana como um processo era a condição de possibilidade para uma arquitetura racional, pois Rossi considerava que a racionalidade da arquitetura residia precisamente em sua capacidade de ser construída a partir da reflexão sobre o desenvolvimento dos artefatos urbanos ao longo do tempo. Por sua persistência, um artefato urbano podia trans-

4.5
Teatro di Marcello

formar-se em monumento, preservado tanto simbólica como fisicamente. Os monumentos eram elementos mantidos no espaço da cidade como pontos fixos na dinâmica urbana, permitindo a experiência de um passado incessantemente modificado pela ação do presente (4.5). No entanto, embora ligados às noções de permanência física e continuidade cultural, os monumentos desaceleravam ou, inversamente, aceleravam o processo urbano. O monumento retardava a expansão quando perdia todo significado, mas impulsionava o crescimento da cidade quando agia como registro do tempo, ainda que sua função original tivesse sido alterada.

Os monumentos, como propôs Riegl, apresentam valores artísticos, históricos ou temporais, simultânea ou isoladamente (1998: 623). O século XIX conferiu aos monumentos um valor histórico, conduzindo para a atualidade um momento da sucessão ordenada do passado, mas o século XX introduziu um valor temporal e a tendência a apreciar a totalidade do passado. Alguns monumentos, às vezes sem nenhum valor artístico, adquiriam relevância enquanto ruínas, fragmentos, testemunhos da inevitável passagem do tempo. Embora essas obras tenham conseguido resistir às deteriorações naturais e às destruições humanas, a incompletude e a iminência de desaparecer encontravam-se visíveis nos traços remanescentes, nas transformações manifestas em suas superfícies. Para Riegl, o valor temporal atrelado às ruínas tinha um alcance universal, ultrapassando os critérios restritivos de historiadores e, ainda que parcialmente, tais monumentos incluíam-se entre as obras de arte. No entanto, se o desgaste superficial contribuiu para fazer emergir uma percepção do tempo como passagem, como movimento contínuo, foi a mesma percepção que revelou o passado como invenção.

Mas Rossi tinha interesse no monumento por sua potencialidade para singularizar os espaços urbanos e desencadear a criação de uma memória coletiva. Os edifícios e a cidade atuavam como teatros da memória, como ativadores da memória, porque mostravam a coexistência de diversos estratos temporais no presente do espaço. A memória, inscrita na cidade por meio das marcas deixadas pelas obras arquitetônicas, era o fio condutor que garantiria a continuidade histórica da complexa estrutura urbana. Portanto, a análise de um inventário de tipologias do passado forneceria os instrumentos para uma ação no presente. As formas que conectavam o passado ao presente, que estabeleciam o diálogo entre os tempos, inspiravam as propostas neorracionalistas. Transitando entre a permanência e a transformação, as novas arquiteturas buscavam ressignificar o passado mas, sobretudo, enfatizar sua contemporaneidade (4.6). Rossi pretendia reinventar a paisagem da cidade a partir da intervenção em antigos artefatos urbanos ou da transposição de marcos referenciais para outros ambientes construídos. Essa operação implicava projetar por analogia. A cidade análoga aparecia em cenários inesperados, que resultavam da montagem de construções extraídas de diferentes contextos: "Essas formas emprestadas do passado, disse Rossi, deveriam ser coladas como Piranesi colou monumentos romanos sem referência a seus contextos passados" (Ellin, 1999: 25). Rejeitando a noção de evolução, de deslocamento em direção à perfeição, os neorracionalistas selecionavam fragmentos ou resíduos do espaço urbano que oferecessem possibilidades para recomposições imaginárias e inovadoras. Apesar do forte vínculo com a imagem da tradicional cidade europeia, essa prática priorizava as demandas do presente e refutava qualquer mitificação ou nostalgia nas evocações do passado.

4.6
Teatro del Mondo

CIDADES DIFERENCIAIS

Os ensaios tipológicos tiveram importante repercussão, mas pouca adesão. Na esteira dos movimentos culturais e políticos da década de 1960, muitos arquitetos recusaram as formas e funções do passado, que já não pareciam referências convincentes para os projetos arquitetônicos e urbanos. Os precedentes históricos eram forças que pressionavam as criações no presente, porém os preceitos e as imagens herdadas da tradição não mais atendiam às exigências de uma cidade em constante transformação. A urbanidade reivindicava um maior dinamismo e, paralelamente, aquela geração de intelectuais constatava que estabilidade e permanência eram não somente inatingíveis mas, sobretudo, indesejáveis.

A partir do início do século XX, as certezas da física clássica dissolveram-se nas incertezas das pesquisas científicas. A imagem de mundo newtoniana foi substituída quando, no âmbito da teoria da relatividade, Einstein demonstrou que espaço e tempo estão interligados, não possuem significados absolutos independentes do sistema de referência. A relação entre espaço e tempo muda de acordo com a velocidade do referencial ou, mais precisamente, o fluxo do tempo varia com o movimento relativo do observador. Portanto, o tempo não transcorre com uma regularidade mecânica capaz de ser marcada por um relógio que controlaria o universo. A descrição einsteiniana propunha um continuum espaço-tempo quadridimensional dinâmico, em processo de mutação, e, diante dessa realidade, as fórmulas urbanas excludentes, empenhadas em garantir a fixidez das formas e funções, passaram também a ser rejeitadas. Os diagramas de cidades, considerados universais, atemporais, impregnados de verdades essenciais, que até então tinham sustentado as estruturas de poder hegemônicas no mundo ocidental, estavam superados. Na agenda da estética urbana dos anos 1960 já não constavam os modelos racionais que, embora idealizados, eram impotentes frente à complexidade do ambiente construído. Para os arquitetos que assumiam uma postura mais crítica, as obras arquitetônicas e os espaços urbanos, assim como todas as outras artes, não podiam ser submetidos aos antigos métodos de verificação ou falsificação, aplicados aos enunciados da ciência ortodoxa.

Explorar as potencialidades da sensibilidade artística, em vez de aceitar as limitações da racionalidade científica vigente no final do século XIX, era a proposta nietzschiana, que foi reapropriada somente em meados do século XX: "A ciência, considerada pela primeira vez problemática, suspeita, questionável, foi o problema novo, 'terrível' e 'apavorante' tematizado por Nietzsche" (Machado, 1999: 7). Na primeira fase de sua reflexão, Nietzsche condenou o conhecimento racional da filosofia grega, que tinha inaugurado uma idade da razão e ainda assombrava o mundo moderno: "Se Sócrates e Platão significam o início de um grande processo de decadência que chega até nossos dias é porque os instintos estéticos foram desclassificados pela razão, a sabedoria instintiva reprimida pelo saber racional" (ibid.: 8). A civilização moderna foi pejorativamente denominada civilização socrática, pois se encontrava permeada pelo cientificismo, pela vontade absoluta de verdade. A crítica à ciência era uma crítica à verdade enquanto valor superior idealizado e, por isso, a investigação sobre a verdade era a questão principal do projeto nietzschiano de transvaloração de todos os valores. A alternativa para a verdade era a arte: "Nós temos a arte para nos impedir de morrer da verdade" (Nietzsche, 1968: §822). Por sinalizar a possibilidade de resistência à dominação exercida pela ciência, a arte, principalmente a arte trágica, adquiriu relevância. Assim foi redimida a experiência trágica da vida, oprimida e depreciada pelo socratismo estético, que subordinou toda criação artística ao entendimento teórico e à contradição lógica de valores, entre verdade e erro.

Ainda influenciado pela tradicional dicotomia entre as categorias metafísicas da essência e da aparência, Nietzsche analisou a estética segundo as duas pulsões, as duas potências, os dois instintos artísticos da natureza: o apolíneo e o dionisíaco. Os gregos haviam criado uma arte ligada a Apolo e Dioniso para divinizar o mundo e potencializar a vida. Nietzsche argumentou que a única possibilidade de vida estava na arte: "De outro modo nos desviaríamos da vida. O movimento instintivo das ciências é o aniquilamento completo da ilusão: se não houvesse arte, a consequência seria o quietismo" (apud Machado, 1999: 39). A arte era, portanto, uma necessidade. As miragens artísticas divinizavam, embelezavam a realidade ao introduzir uma beleza antes ausente no mundo. Para Nietzsche, "[…] o belo é um sorriso da natureza, uma superabundância de força e de sentimento de prazer da existência […]. O alvo da natureza neste belo sorriso de seus fenômenos é seduzir outras individualidades em favor da existência" (ibid.: 19). As belas formas apolíneas traduziam as noções de medida, proporção, ordem, limite e harmonia, que seriam capazes de atenuar o sofrimento e o medo da morte. Porque transfigurava a realidade, a beleza da arte era somente uma aparência que, em vez de expressar a essência, mascarava, ocultava a verdade essencial do mundo.

> *O primeiro importante resultado da análise nietzschiana, ao mostrar como os gregos ultrapassaram, encobriram ou afastaram um saber que ameaçava destruí-los, graças a uma concepção apolínea da vida, é o elogio da aparência. A apologia da arte já significa, como sempre significará para Nietzsche, uma apologia da aparência como necessária não apenas à manutenção, mas à intensificação da vida (ibid.: 20).*

Apesar de tentar escapar à realidade, apesar de tentar dissimular o mundo da verdade, ou a verdade do mundo, com as belas aparências, a estética apolínea da medida e do sonho estava sempre suscetível à falta de mesura e à vertigem dionisíaca. Se a arte apolínea transfigurava a natureza por meio da individuação, da delimitação espacial, a experiência dionisíaca, por sua vez, rompia limites, desintegrava formas, expondo a consciência racional como um frágil véu, o véu de Maia. A violência eufórica das forças dionisíacas era a pulsão que rasgava esse véu da individualidade e da consciência, para desvelar a verdade do mundo e celebrar a reconciliação do ser humano com a natureza. Segundo Nietzsche, "as musas das artes da 'aparência' empalideciam diante de uma arte que em sua embriaguez falava a verdade […]" (2000: 41). Assim, ao contrário da arte apolínea, a arte trágica do apogeu da civilização grega não mais buscava conter a expansão provocada pela intoxicação dionisíaca. A tendência era, então, integrar harmonia e conflito, lucidez e delírio. Apolo e Dioniso não eram considerados termos antitéticos de uma contradição lógica. Símbolo de pluralismo e fragmentação, Dioniso estabelecia as fundações que serviriam de sustentação para as belas imagens construídas por Apolo. Na simultaneidade entre verdade e ilusão, entre essência e aparência, entre prazer e dor, a arte conseguia superar a oposição metafísica de valores.

O saber artístico foi privilegiado em detrimento de um saber científico racional, que conferia à verdade um valor supremo e desprezava a aparência. Na concepção nietzschiana, a verdade dos fenômenos imposta pela ciência era bastante distinta da realidade fenomênica. Apesar de inútil e perigosa, a vontade de verdade depreciou incessantemente a força de sedução e deslumbramento da arte. A vontade de verdade esquece que o ser humano é um artista, um criador de aparências, de não verdades que assumem o *status* de verdades. Como o conhecimento verdadeiro tem o mesmo valor que a mentira, a luta da ciência contra a ilusão é também uma ilusão, pois todas as criações são ficções, científicas ou artísticas: "[...] enquanto a 'mentira' da ciência seria querer encontrar a verdade do mundo como outra coisa que não a aparência, a 'verdade' da arte é acreditar na imagem como imagem, na aparência como aparência" (Machado, 1999: 40). A arte expressa a mais alta potência do falso. A arte cria mentiras que afirmam o falso, não como negação do real, mas como seleção, desdobramento e novas possibilidades de vida. A arte é um estimulante da vontade de potência, é, portanto, diferente da ciência, que utiliza o pensamento racional para encontrar fórmulas apaziguadoras.

O conhecimento apenas inventa, nada descobre inteiramente, pois infinitos véus encobrem o mundo. Por não estar inscrito na natureza física, e tampouco na natureza humana, o conhecimento trava disputas com a realidade, realidade esta que ignora toda lei, ordem, forma, beleza, sabedoria e harmonia. Logo, conhecer seria dominar e violar o mundo, que não pode ser conhecido. Ao argumentar que o conhecimento é um desconhecimento, sem nenhuma afinidade com o mundo existente, Nietzsche rompeu com o legado filosófico ocidental. Os métodos racionais foram acusados de instituir um conhecimento que, embora formulado como verdadeiro e apurado, mostrava meramente um entendimento limitado e simplificado da realidade. Contra o caráter supostamente universal, objetivo e desinteressado, Nietzsche propôs que o conhecimento é sempre interpretativo, perspectivo, sempre uma relação estratégica e variável de acordo com a posição do sujeito. Para Foucault, "é essa relação estratégica que vai definir o efeito de conhecimento e por isso seria totalmente contraditório imaginar um conhecimento que não fosse em sua natureza obrigatoriamente parcial, oblíquo, perspectivo" (1996b: 25). Em vez de explicar, conhecer é interpretar. Entretanto, em um mundo fragmentado em infinitas interpretações, nenhuma interpretação pode ser legítima ou definitiva. Se os múltiplos pontos de vista exibem diferentes perspectivas da mesma configuração, o mundo real é indiscutivelmente enganoso e ininteligível.

> *Mas penso que hoje, pelo menos, estamos distanciados da ridícula imodéstia de decretar, a partir de nosso ângulo, que somente dele pode-se ter perspectivas. O mundo tornou-se novamente 'infinito' para nós, na medida em que não podemos rejeitar a possibilidade de que ele encerre infinitas interpretações (Nietzsche, 2001: §374).*

O perspectivismo do conhecimento explode os centros de acumulação de poder e sinaliza a falência dos paradigmas imutáveis, das referências fixas, dos modelos investidos de valores absolutos. Ao fazer proliferarem os pontos de vista, esse perspectivismo desestrutura a perspectiva clássica, deslocando a ênfase da unidade para a multiplicidade, da representação de um mundo ideal para a criação de mundos diferenciais. No espaço urbano, o conceito de mundos diferenciais remete a séries simultâneas de cidades heterogêneas e divergentes que irrompem na cidade existente, tendo como consequência a desestabilização ou, até mesmo, a desintegração da identidade urbana. Em vez de convergirem para a mesma imagem, os vários pontos de vista revelam imagens diferentes, indicando a coexistência de infinitas cidades *de jure* na cidade *de facto*: "O ponto de vista é aberto sobre uma divergência que ele afirma: é uma outra cidade que corresponde a cada ponto de vista, cada ponto de vista é uma outra cidade, as cidades não sendo unidas senão por sua distância e não ressoando senão pela divergência de suas séries [...]" (Deleuze, 1988a: 179). A cidade é sempre outra de si mesma, é sempre uma aformalidade em movimento no espaço, é sempre um reflexo mutável no fluxo do tempo. A cidade descreve uma trajetória de eternos retornos, que, distinta das repetições cíclicas da cultura grega, revela as repetições como diferenças. Esse eterno retorno nietzschiano afirma o futuro como jogo da incerteza e da diferença, porque reintegra o tempo irreversível, que foi anulado pelas filosofias de tendência platônica.

Para expulsar do mundo o acaso e a imprevisibilidade, Platão recusou a potência transformadora inerente ao tempo, mas Nietzsche considerava que a tarefa da filosofia do futuro era reverter o platonismo para afrontar a realidade caótica, desorganizada, informe e infinita. Essa reversão consistia em negar a prerrogativa do modelo sobre a cópia, do limitado sobre o ilimitado, para assim libertar os simulacros e os reflexos recalcados pelos sistemas de pensamento ortodoxos. Apenas o simulacro teria potência para introduzir uma subversão no mundo da representação, desfazendo suas dualidades opositivas, refutando tanto o modelo como a reprodução: "Não basta nem mesmo invocar um modelo do Outro, pois nenhum modelo resiste à vertigem do simulacro. Não há mais ponto de vista privilegiado do que objeto comum a todos os pontos de vista. Não há mais hierarquia possível […]" (ibid.: 267). Todos os fundamentos são transgredidos, pois o simulacro, enquanto máquina dionisíaca, desencadeia o surgimento de disfarces sucessivos, já que atrás de cada máscara aparece sempre outra máscara. Por isso, a simulação é indissociável do eterno retorno e de sua potência para mostrar um tempo aberto ao devir, tempo que afirma o descentramento, a divergência e a diferença.

O processo de criação de mundos diferenciais, de mundos artísticos em fluxo permanente, pressupõe abandonar os ideais platônicos, fundados na exclusão das forças caóticas ameaçadoras da ordem, e fazer cosmo e caos se interpenetrarem. Ao contrário das filosofias dogmáticas que precisam combater todos os antagonismos, a arte confronta o caos apenas para tornar sensíveis seus componentes. Segundo Deleuze e Guattari, "a arte não é o caos, mas uma composição do caos, que dá a visão ou sensação, de modo que constitui um *caosmo*, como diz Joyce, um caos composto — não previsto nem preconcebido" (1993: 263). Assim, também os arquitetos contemporâneos procuram projetar a cidade como uma obra de arte, como um *caosmo*, que inclua todas as suas séries divergentes e revele todas as suas conexões imagináveis. O determinismo objetivista de um mundo instrumental traduzido pela cidade idealizada, desrealizada nas implacáveis ficções científicas prevalecentes até o modernismo, é desafiado por uma estética que busca alternativas para a urbanidade nas realidades artísticas. Porque somente através de suas dimensões artísticas a cidade é capaz de resgatar o mundo sensível, a estética urbana passa a atuar como uma prática de resistência às frustradas tentativas de ordenar e controlar o ambiente construído.

Os modelos urbanos racionais prescreviam a reprodução da mesma cidade para fazer predominarem os espaços de reconhecimento, que inibem a experiência criativa do conhecimento: "Reconhecemos as coisas sem jamais as conhecermos […]. Passamos ao largo dos mais belos encontros, nos esquivando dos imperativos que deles emanam: ao aprofundamento dos encontros preferimos a facilidade das recognições […]" (Deleuze, 1987: 27).

O reconhecimento deixa que escapem as cidades diferenciais surgidas na cidade, afastando a evidência de que não somente o espaço urbano está em contínua mutação, mas também seus atores são viajantes no tempo. A cidade é no tempo, está no tempo, está em permanente devir. Mas o tempo não existe, apenas insiste ou persiste. O tempo é uma realidade imaterial, uma intensidade, dependente de um substrato material para se expressar: "O tempo, para tornar-se visível, vive à cata de corpos e, mal os encontra, logo deles se apodera, a fim de exibir sua lanterna mágica" (ibid.: 18). A cidade espelha, portanto, processos de transformação que não cessam de inscrever marcas e traços do tempo no espaço urbano. As múltiplas e frequentes intervenções, inevitavelmente desfiguradoras dos contextos existentes, constroem novos cenários urbanos, tornando os referenciais instáveis e transitórios. As paisagens urbanas, paradoxais e difusas, desintegram os suportes da memória e desativam os mecanismos de reconhecimento. Além de espaço em que emergem movimentos, a cidade constitui, sobretudo, um espaço em movimento.

4.7
Metropolis

A cidade que, na década de 1960, se revelava cada vez mais mutável em seus aspectos formais, funcionais e, inclusive, tecnológicos, não podia ser considerada uma obra definitiva. No intuito de enfatizar tanto as homogeneidades e conexões como as heterogeneidades e rupturas, que emprestam vitalidade aos espaços e tempos urbanos, os arquitetos desistiram de projetar utopias de totalidades e procuraram construir a cidade como uma heterotopia de fragmentos (4.7). A heterotopia, apontou Foucault, "[…] tem o poder de justapor em um só lugar real vários espaços, vários posicionamentos que são em si incompatíveis. É assim que o teatro fez alternar no retângulo da cena uma série de lugares que são estranhos

cidades diferenciais 211

4.8
Violino
em um
Café

uns aos outros [...]" (2001b: 418). A heterotopia é uma composição de espaços entrelaçados que expõe simultaneamente distintas camadas arqueológicas, distintos arquivos temporais, nem sempre contínuos, mas coexistentes na mesma atualidade.

A cidade das heterotopias é construída como colagem, como uma tessitura fragmentada, um palimpsesto de formas inacabadas e de funções conflitantes, muitas vezes, efêmeras. Diante dessa grande complexidade, Colin Rowe e Fred Koetter argumentaram que a precisão dos traçados reguladores e a rigidez do zoneamento funcional já não respondiam aos desafios impostos pela cidade dos anos 1970, devendo ser substituídas pela precariedade da colagem, porque esse "[...] método de prestar atenção nos restos do mundo, de preservar suas integridades e equipá-los com dignidade, de misturar materialidade e abstração, como convenção e como ruptura de convenção, opera necessariamente de modo inesperado" (1992: 142). A colagem, nas artes visuais, surgiu no início do século XX a partir de experimentos com a fixação de elementos extraídos da realidade cotidiana sobre a superfície pictórica. O processo de colagem foi um desdobramento da estética cubista, que recusou o espaço ilusório criado pela perspectiva e inventou imagens geradas através da visão simultânea de seus múltiplos fragmentos. O cubismo dissolveu as noções tradicionais de figura e fundo, que se tornavam indiscerníveis. Os fragmentos da figura estabeleciam conexões aleatórias e imprecisas até desparecerem no fundo, enfatizando que a realidade pictórica era construída sobre um plano (4.8). Alguns artistas, entre estes Pablo Picasso e Georges Braque, expandiram ainda mais os limites da percepção ao aplicarem em suas telas materiais de diversas texturas, que marcavam uma alteridade em relação à superfície da pintura.

Mas a materialidade desses elementos tinha pouca relevância. Deslocados de seus contextos originais, os fragmentos perdiam os significados literais e ganhavam autonomia para ativar significados inusitados e equívocos.

A metáfora da colagem na cidade indicava uma composição aleatória resultante da contínua inserção de edifícios que estariam integrados ou contrastantes com o contexto. Para discutir os conceitos de unidade e fragmentação no espaço urbano, Rowe e Koetter desenvolveram uma análise comparativa entre duas obras monumentais: Versalhes e Villa Adriana. Embora ambas tenham sido construídas para governantes autoritários, Luís XIV e Adriano, e ambas estivessem localizadas nas periferias de cidades emblemáticas, Paris e Roma, suas estratégias projetuais eram muito distintas. Versalhes foi planejada como um sistema racional totalizante constituído de territórios absolutamente controlados. A Villa Adriana também foi inteiramente planejada, mas apresentava uma coleção de arquiteturas autônomas justapostas, que sugeria ter sido projetada por diferentes autores em diferentes tempos. Em Versalhes prevalecia unidade e convergência, enquanto a Villa Adriana mostrava multiplicidade e divergência, acumulação de fragmentos em permanente colisão e, por isso, foi considerada uma cidade colagem.

A cidade colagem é uma heterotopia em que os diversos estratos espaciais e temporais interagem continuamente. Os edifícios do passado são preservados enquanto suas formas ou funções resistirem às transformações urbanas, mas a cidade também convida à inclusão de novas arquiteturas no presente e no futuro. Rowe e Koetter propuseram que a cidade resulta da combinação entre a forma urbana tradicional, análoga a um sólido cujos recortes correspondem aos espaços livres, e a forma urbana modernista, de edifícios isolados implantados em um parque. Apesar de nas cidades das torres predominarem os vazios, era exatamente nos reduzidos afastamentos entre os edifícios das cidades pré-industriais que surgiam os espaços públicos mais atraentes e mais eficazes. Assim, para investigar a relação entre espaço construído e espaço livre, foram utilizados esquemas de figura-fundo, tendo como referência o mapa de Roma desenhado em 1748 por Giovanni Battista Nolli, que representava a cidade como um mosaico de espaços públicos e privados (4.9). A inversão dos simbolismos de figura e fundo constituiu uma ferramenta para visualizar os edifícios não somente como objetos que ocupam o espaço, mas também como limitadores ou definidores espaciais. A interpretação das marcas inscritas nos desenhos de figura-fundo poderia apontar os critérios para intervir criticamente no espaço urbano, e então criar um fragmento de utopia, deduzido da lógica formal do contexto.

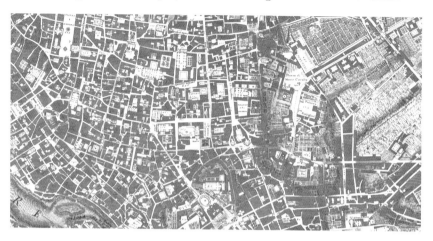

4.9
Nova planta de Roma

Esse processo projetual, inspirado nas descontínuas continuidades da textura urbana, era uma tentativa de conciliar as singularidades das arquiteturas com o pluralismo da cidade. Na abordagem contextualista proposta por Rowe e Koetter, o espaço urbano é construído a partir da montagem, bricolagem, *assemblage* de arquiteturas que atuam como vestígios de suas épocas, evidências do tempo em movimento. A estética da colagem dispensa a transcendência dos princípios de organização e subverte a rigidez dos modelos racionais. A cidade desafia os mecanismos platônicos de centralização, delimitação e hierarquização espaciais, apresentando centralidades múltiplas, perspectivas superpostas e dimensões de tempo simultâneas. Nessa coexistência de diversidades e heterogeneidades, o espaço urbano remeteria ao conceito renascentista de museu e, sobretudo, de teatro da memória.

CIDADES LISAS-ESTRIADAS

Nem mesmo as cidades projetadas para garantir o controle de seus territórios são invulneráveis às forças de desterritorialização, porém o plano urbano de Nova York, elaborado em 1811, tinha essa ambição. Ignorando a topografia e todos os outros obstáculos, uma retícula uniforme talhou o território com doze largas avenidas na direção norte-sul, que se cruzam com cento e cinquenta e cinco ruas na direção leste-oeste (4.10). A fórmula para imprimir regularidade no ambiente construído através do traçado retilíneo ortogonal tinha sido aplicada, desde a Antiguidade. No século V a.C., a retícula de Hipódamo de Mileto conotava a racionalidade da vida civilizada, mas foi adquirindo outros significados durante o processo urbano ocidental. Richard Sennett mostrou que "a cidade militar romana foi concebida para se desenvolver ao longo do tempo dentro de seu contorno; ela foi projeada para ser preenchida. A retícula moderna devia ser ilimitada, devia se estender quadra após quadra após quadra sempre para fora à medida que a cidade crescia" (1998: 126). Se a matriz urbana pré-capitalista era fechada, o capitalismo promoveu a abertura das fronteiras e a consequente expansão de um território, então transformado em mercadoria. Por esse motivo, apesar de ter sido modificado para possibilitar a inserção de uma enorme

4.10
Commissioners' Plan

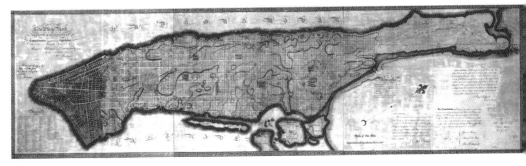

área de lazer, o *Central Park*, o plano de Nova York foi acusado de favorecer os interesses de especuladores imobiliários.

A falta de centro e de limites físicos atendia às ideologias comprometidas com a homogeneização do espaço de Manhattan. Porque o traçado pressupunha a equivalência entre as quadras, os antigos critérios de hierarquização e articulação de lugares prevalecentes nas cidades tradicionais não se aplicavam. Surgiu assim a necessidade de um sistema de valores para diferenciar as quadras. Esses valores eram arquitetônicos e estavam, paradoxalmente, impregnados na geometria do projeto urbano, que estimulava experimentos formais: "A disciplina bidimensional da retícula também cria uma inimaginada liberdade para uma anarquia tridimensional. A retícula define um novo equilíbrio entre controle e descontrole em que a cidade pode ser ao mesmo tempo ordenada e fluida, uma metrópole de caos rígido" (Koolhaas, 1994: 20). O traçado retilíneo ortogonal, enquanto dispositivo de poder e domínio sobre o espaço urbano, revelou-se frágil e impotente diante da força das diferenças arquitetônicas que insistiam em transgredir a suposta ordem. Não por acaso, a arquitetura e o urbanismo da ilha de Manhattan inspiraram artistas e intelectuais. A vitalidade que emerge da aparente neutralidade do reticulado instigou Piet Mondrian a alterar sua imagem elementarista de mundo. Em *Broadway Boogie Woogie*, a melodia jazzística parece ter invadido a composição geométrica estática (4.11). As linhas pretas uniformes das pinturas neoplásticas foram fracionadas em pequenos quadrados de cores primárias que provocam uma vibração óptica, um ritmo pulsante, assim como as contrações e distensões espaciais tornam a matriz urbana de Nova York um palco para a dança de Ariadne.

A cidade territorializada através da neutralização do espaço também tem potência para se desterritorializar. Esse processo consiste no desdobramento de devires, de linhas de fuga, capazes de transformar o espaço estriado sedentário, o espaço reticulado, suporte para todo urbanismo ortodoxo, em um espaço liso nômade. A cidade, sugeriram Deleuze e Guattari, "[...] é o espaço estriado por excelência; porém [...] a cidade seria a força de estriagem que restituiria, que novamente praticaria espaço liso por toda parte [...]" (1997: 188). A estriagem constitui um sistema de linhas ortogonais, horizontais e verticais, que subjugam as diagonais, ou quaisquer outras linhas desreguladoras do sistema. As linhas que estriam e cortam o espaço são linhas concretas, pois traçam os contornos das formas, para assim delimitar a matéria e organizar o caos. Nesse território codificado, as formas ordenadas e sucessivas são as pausas, ou os pontos de parada de uma narrativa, são os marcos referenciais de um percurso. Embora permitam descrever uma geografia, os pontos constrangem ou interrompem os deslocamentos, já que "[...] as linhas, os trajetos, têm tendência a ficar subordinados aos pontos: vai-se de um ponto a outro" (ibid.: 184). No entanto, se por um lado a estriagem controla o ambiente urbano e restringe seus fluxos, por outro, possibilita a emergência de espaços lisos, que desprezam universalismos e enfatizam contingências. As operações de estriagem e alisamento estão sempre se combinando e se invertendo. Um espaço liso pode ser capturado pelos mecanismos de estriagem, assim como um espaço estriado pode ser flexibilizado pelas forças de alisamento: "Mesmo a cidade mais estriada secreta espaços lisos: habitar a cidade como nômade ou troglodita" (ibid.: 214).

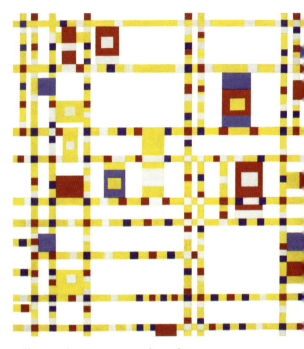

4.11
Broadway Boogie Woogie

A cartografia do espaço liso é desenhada por linhas abstratas, por vetores, que privilegiam processos, percursos e movimentos. As linhas das trajetórias não unem, passam entre os pontos, e não cessam de se separar das horizontais e verticais, de desviar das diagonais. O espaço estriado é extensivo, métrico, dimensional, ocupado por formas que organizam a matéria. No espaço liso, porém, a constante mudança de orientação das linhas impede a determinação de formas e fundos, inícios e fins, interiores e exteriores. Intensivo e direcional, o espaço liso é preenchido com singularidades em vez de medidas e propriedades. A textura heterogênea, ilimitada, acentrada e aberta a todas as direções, distribui uma variação contínua, pois consegue abdicar de seus valores fixos e homogêneos, tornando-se um suporte de deslizamentos no tempo, de deslocamentos nos intervalos. Se o sedentário escolhe os fenômenos bem fundados dos espaços estriados, o nômade urbano prefere a instabilidade dos espaços lisos na cidade, espaços que, por terem maior potência de desterritorialização, convidam a estranhas viagens.

> *É a propósito desses nômades que se pode dizer, como sugere Toynbee: eles não se movem [...]. Viagem no mesmo lugar, esse é o nome de todas as intensidades, mesmo que elas se desenvolvam também em extensão [...]. O que distingue as viagens não é a qualidade objetiva dos lugares, nem a quantidade mensurável do movimento — nem algo que estaria unicamente no espírito —, mas o modo de espacialização, a maneira de estar no espaço, de ser no espaço. Viajar de modo liso ou estriado, assim como pensar. Mas sempre as passagens de um a outro, as transformações de um no outro, as reviravoltas (ibid.: 189).*

O nômade urbano descobre uma experiência estética ao explorar a turbulência dos espaços lisos, que emergem nos interstícios e intervalos das estrias como desafio e resistência ao sedentarismo das estruturas de poder. O encontro com essas paisagens suscita uma visão mais háptica e menos óptica: "Ali onde a visão é próxima, o espaço não é visual, ou melhor, o próprio olho tem uma função háptica e não óptica [...] não há horizonte, nem fundo nem perspectiva, nem limite, nem contorno ou forma, nem centro; não há distância intermediária, ou qualquer distância é intermediária" (ibid.: 205). O espaço estriado óptico pressupõe o afastamento entre sujeito e objeto, e o espaço liso háptico, por sua vez, anula todas as distâncias. A estriagem implica destacar, de um fundo indiscernível, pontos de referência para o traçado das formas delimitadas e das perspectivas centralizadas encontradas nas composições integradas e totalizantes. Na lisura, ao contrário, as linhas abstratas fissuram as estrias discretamente, fazendo o tempo penetrar no espaço e as formas transbordarem seus limites. Porque a definição de uma forma coincide com o início de sua desintegração, tudo é provisório, e o olho já não percebe, já não distingue medidas e proporções espaciais, apenas apreende temporalidades simultâneas. Essas mutações no objeto são coextensivas aos movimentos e às perspectivas do sujeito, que se transforma em uma flecha imperceptível atravessando o vazio, que se transforma em um clandestino imerso em um nomadismo imóvel.

A cidade experienciada como espaço liso, como obra de arte, instala uma dupla crise: na representação e na percepção. O domínio da representação foi abalado a partir da ruptura com estatutos que pretendiam traduzir a realidade do mundo. A representação perseguia um saber homogêneo, classificatório, vinculado a uma vontade de verdade, que privilegiava identidades e eliminava diferenças. Neutralizar o espaço e excluir o tempo eram, portanto, os principais artifícios para submeter o mundo real a um mundo ideal, totalmente estável e previsível. A representação apenas reproduzia modelos ordenados e coerentes, mas não tinha mecanismos para expressar a intensidade e a complexidade dos mundos diferenciais inerentes à realidade. Para expor e valorizar as diferenças era necessário descentralizar, deformar, mobilizar as identidades por meio da liberação de singularidades e do desenvolvimento de séries em constante mutação, possibilitando, assim, a multiplicação de espaços desconectados e a superposição de tempos diacrônicos. Essa tarefa foi assumida pela arte que, para Deleuze, "[...] se torna um verdadeiro teatro feito de metamorfoses e permutações. Teatro sem nada fixo ou labirinto sem fio (Ariadne se enforcou). A obra de arte abandona o domínio da representação para tornar-se experiência [...]" (1988b: 107).

A *action painting* de Jackson Pollock, com suas linhas abstratas multidirecionais e labirínticas, questionava exatamente a obra de arte como representação do espaço reconhecível, o espaço tridimensional, ocupado por objetos tridimensionais: "A dissolução do pictórico em mera textura, em sensação

4.12
Lavender Mist:
Number 1

manifestadamente pura, em uma acumulação de repetições, parece representar e responder a algo profundamente enraizado na sensibilidade contemporânea" (Greenberg, 1996: 167). O expressionismo abstrato renunciou ao figurativismo, à ilusão do espaço narrativo, para afirmar a autonomia da obra de arte em relação à realidade. Mas a pintura de Pollock é capaz de sugerir ilusões apesar de utilizar recursos dissociados de qualquer conotação descritiva (4.12). A profundidade rasa não pode ser penetrada, pode ser somente percorrida com os olhos, tocada com os olhos. As cores desenham movimentos, agitam a matéria, atraindo, magnetizando o olhar, compelindo o olhar a um passeio interminável pela superfície da tela, sem permitir pausa ou repouso. As imagens não são determinadas nem determinantes, são sempre insinuadas. Por revelarem o fluxo do tempo, essas imagens são provisórias, efêmeras, condenadas a voltar ao fundo indiferenciado de que foram extraídas. Os territórios encontram-se fora de alcance, não por serem imaginários, mas, ao contrário, porque estão sempre sendo traçados (Deleuze; Guattari, 1999: 72).

4.13
Natureza morta com maçãs e peras

A crise da representação também desencadeou questionamentos referentes à percepção. A ausência de um foco central e a ênfase na superfície plana impedem que seja inferida a totalidade da obra. Nenhum ponto de vista torna a pintura inteligível, porque o único lugar possível para a apreensão da arte é uma condição. Essa condição, segundo Rosalind Krauss, "[...] poderia ser chamada de uma crença na manifesta inteligibilidade das *superfícies*, e isso implica abandonar certas noções de causa enquanto relacionada com o significado, ou aceitar a possibilidade do significado sem a prova ou a verificação da causa" (1996: 26). O significado, ou efeito, é autoexplicativo, não resulta de uma causa, prescinde de fundamentação lógica. O significado da obra de arte não remete a nenhuma situação passada, anteriormente registrada nos arquivos da memória, jamais é precedente, pois se inventa durante a experiência estética. Desse encontro singular entre sujeito e objeto artístico emergem sensações. Distinta das práticas de reconhecimento que reafirmam as noções de estabilidade e permanência, a sensação quebra todas as formas, inclusive a forma humana, provocando o estranhamento de um mundo agora inapreensível e ininteligível, estimulando, desse modo, a criação de outros mundos possíveis (4.13).

A desumanização do sujeito enquanto animal racional, desumanização esta promovida pela arte, resulta do rompimento dos vínculos entre as partes sensórias e as partes motoras. O esquema sensório-motor bergsoniano, que articula percepção, afecção e ação, considera o ser vivo como dotado de sensibilidade e movimento. A região sensória é constituída pelos sentidos, e a região motora, pelos órgãos geradores de movimento. No universo translúcido de velocidade infinita, a vida enquanto matéria organizada é uma imagem privilegiada, porém opaca, que recebe movimento através da percepção, e devolve movimento através da ação. Bergson definiu assim as condições que permitem ao sujeito perceber os objetos: "Chamo de matéria o conjunto das imagens, e de percepção da matéria essas mesmas imagens relacionadas com a ação possível de uma certa imagem determinada, meu corpo" (1990: 13). Perceber é reter luz no corpo opaco, mas, entre a imagem-percepção e a imagem-ação, surge um intervalo no movimento, um centro de indeterminação, uma imagem-afecção. Logo, o sujeito percebe o exterior, hesita internamente durante a afecção e, depois, age modificando o exterior. Toda percepção é interessada, utilitária e subtrativa, pois seleciona e retira as imagens da realidade, segundo os interesses da razão. Essa prática seletiva consiste em lançar no universo, sobre os fluxos ininterruptos de luz, um recorte que possa delimitar uma forma, para prolongar-se em ação.

O objeto artístico, entretanto, paralisa qualquer possibilidade de ação do sujeito, pois a obra de arte não é utilitária, não está envolvida com a função. Como a arte expressa o inútil, a contemplação estética é desinteressada e, portanto, a ligação entre a região sensória e a região motora se desfaz, impedindo a devolução do movimento. A ação, a transformação, é deslocada do objeto para o sujeito, que, sem o respaldo da recognição, é obrigado a abandonar as referências no espaço e a penetrar nas forças caóticas do tempo. O sujeito apela para a sensibilidade e, através de criações passivas, descobre singularidades invisíveis que as figuras estéticas tornam visíveis. Nessa transformação do sujeito, desaparecem as faculdades humanas — percepções e afecções — e emergem as sensações não humanas — perceptos e afetos. Os perceptos são paisagens, ou percepções não utilitárias, e os afetos do mundo são devires, ou afecções involuntárias. Enquanto a percepção apreende as quantidades da matéria extensa e focaliza o mundo formal, apolíneo, empírico e existencial, o percepto apreende as qualidades da matéria intensa e interage com o mundo aformal, dionisíaco, transcendental e insistencial. A arte arranca sensações porque expressa um bloco de sensações, porque não imita a natureza, mas capta as vibrações, as pulsações, os afetos, sempre em fuga, da natureza. Assim, para que o sujeito da contemplação possa extrair o percepto das percepções da obra, o artista agrega uma existência de direito à matéria com existência de fato.

> *Pintamos, esculpimos, compomos, escrevemos com sensações. Pintamos, esculpimos, compomos, escrevemos sensações. As sensações, como perceptos, não são percepções que remeteriam a um objeto (referência): se se assemelham a algo, é uma semelhança produzida por seus próprios meios, e o sorriso sobre a tela é somente feito de cores, de traços, de sombra e de luz (Deleuze; Guattari, 1993: 216).*

A experiência estética é uma aventura incompatível com o senso comum, que, fundado na identidade entre a interioridade do sujeito e a exterioridade do objeto, promove o acordo das faculdades do conhecimento. A aventura é o sujeito isolado em sua ilha. A aventura é o efeito da ausência de outrem (Deleuze, 1988a: 314). A estrutura outrem é condição de percepção, pois organiza, em torno de cada objeto percebido, um mundo marginal composto de outros objetos que estabelecem relações, passagens e transições no espaço e no tempo. Todo objeto que, atraído pelo olhar, passa a ocupar o primeiro plano da percepção é retirado de um fundo periférico, de um campo de virtualidades e potencialidades capazes de se atualizarem. O sujeito suspeita da existência desse mundo marginal através de outrem. Os aspectos fora do alcance visual do sujeito pertencem ao campo de visibilidade de outrem, que relativiza o desconhecido e o despercebido, despertando no sujeito o desejo de perceber o objeto não percebido como perceptível para outrem. Assim, outrem é um fator de distração não apenas porque perturba a percepção do objeto atual, mas também porque seu surgimento ameaça deslocar a centralidade dominante para algum outro objeto periférico. A estrutura outrem é, portanto, a expressão de um mundo possível, como mostraram Deleuze e Guattari: "De Albertine percebida ao longe, Proust diz que envolve ou exprime a praia e a arrebentação das ondas: *Se ela me tivesse visto, o que é que eu poderia ter representado para ela? Do seio de que universo ela me distinguiria?*" (ibid.: 317).

No entanto, a falta da estrutura outrem faz a categoria do possível desaparecer e o mundo perder suas virtualidades e potencialidades. As formas harmônicas, interagindo segundo leis reguladoras da percepção, leis que garantem as contiguidades e as semelhanças, são substituídas por um universo sem transição, sem distinção entre forma e fundo, sem variações de profundidade. O mundo é convertido em uma enorme superfície povoada de simulacros e fantasmas, pois todos os objetos são lançados simultaneamente para o primeiro plano: "Tudo perdeu sentido, tudo se torna *simulacro* e *vestígio* [...]. A menos que a ausência de outrem e a dissolução de sua estrutura não desorganizem simplesmente o mundo, mas abram ao contrário uma possibilidade de salvação" (ibid.: 324). Essa liberação como efeito da ruptura de outrem é a aventura do pensamento promovida pela arte, pela ciência ou pela filosofia, que obriga a uma reestruturação, sem assumir, entretanto, nenhum compromisso com as funções apaziguadoras. Instigado, assim, a decifrar os mistérios desses outros mundos diferenciais, o sujeito arrisca dilacerar sua identidade na conquista de novos territórios.

CIDADES CONTEMPORÂNEAS

A dupla problematização do objeto, quanto à sua representação e quanto à sua percepção, contribuiu para incentivar os arquitetos a buscarem alternativas capazes de transformar a opressiva e monótona cidade capitalista. Os discursos teóricos e práticos das últimas décadas apontavam para duas tendências opostas: uma de reação e outra de resistência às dominantes ideologias modernistas (Foster, 1995: xii). Os neoconservadores reagiam defendendo o revivalismo histórico e a preservação do legado humanista, enquanto os arquitetos críticos da cultura oficial sugeriam a inserção de obras que traduziam a contemporaneidade na paisagem urbana existente.

Apelando a valores da herança cultural, os neoconservadores tinham como proposta um *new urbanism* inspirado em cidades tradicionais, na expectativa de recuperar os símbolos do passado ainda presentes na memória coletiva. A deterioração dos centros urbanos, o excesso de estímulos nas metrópoles e a falta de convivência nos subúrbios implantados após a Segunda Guerra indicavam, como possibilidade para a urbanidade, a regeneração da vida comunitária e de suas relações de vizinhança. As estratégias projetuais consistiam em valorizar os espaços públicos e integrar as funções urbanas, para aumentar o interesse por ruas, praças e edifícios cívicos como fóruns de sociabilidade. O novo urbanismo emprestou dos modelos utópicos a noção de que a forma urbana e a ordem espacial determinariam a conduta moral dos cidadãos, porém as comunidades planejadas, que deveriam funcionar como antídotos contra a violência e a desordem social, transformaram-se em lugares de controle, vigilância e até mesmo de repressão. Tais comunidades incluem-se no conjunto de espaços seguros e tranquilos que, por oferecerem proteção através de mecanismos de filtragem social, tanto agradam à classe média. Apesar de simularem espaços públicos, esses espaços são efetivamente privados ou, mais precisamente, são ambientes defensivos e excludentes, destinados a um público restrito, que se constitui sobretudo como um aglomerado de indivíduos (4.14). Esses espaços públicos desestimulam a comunicação com estranhos, servem apenas para contatos fortuitos ou para representação social, onde os participantes atuam como autores individuais de suas vidas privadas, e nunca como autores coletivos da história (Light; Smith, 1998: 4).

4.14
Market Street

O *new urbanism* reproduzia as fórmulas idealizadas, ascéticas, nostálgicas de um passado perdido, porém muito apartadas da dinâmica e da diversidade constituintes das cidades reais. Essa atitude reacionária era uma armadilha, porque simplesmente propunha uma inversão de valores, sem desfazer as dicotomias do sistema que pretendia combater. As práticas de resistência, todavia, atuavam como diferenças que fariam surgir elementos subversivos, desafiadores e desintegradores das estruturas de poder. Resistir ao modernismo implica trocar verdades absolutas por verdades relativas, rejeitar tanto a *tabula rasa* quanto o saudosismo, considerar a cidade um agenciamento de fluxos heterogêneos que jamais se rendem à homogeneização. Enquanto as expressões classicizantes se sustentavam na relação entre forma e matéria, na sucessão de formas organizadoras da matéria, a contemporaneidade, por sua vez, recusa a forma como método de determinação e sobrecodificação do espaço urbano, e busca liberar forças sempre em mutação, sempre reinventando seus processos de consolidação.

Se surgir um 'new urbanism', não será baseado nas fantasias gêmeas de ordem e onipotência; será a encenação da incerteza, não estará mais interessado na disposição de objetos mais ou menos permanentes mas na irrigação de territórios com potencial; não visará mais a configurações estáveis mas à criação de campos possíveis que acomodam processos que recusam cristalizar-se em formas definitivas; não será mais sobre a definição meticulosa, a imposição de limites, mas sobre noções em expansão, negando contornos [...] (Koolhaas, 1995: 969).

A cidade contemporânea já não comporta as dualidades opositivas. A relação entre centro e periferia foi alterada, exigindo a substituição do procedimento de centralizar, delimitar e hierarquizar territórios por projetos que ressaltem as potencialidades das periferias urbanas. As profundas transformações nas condições urbanas provocaram "[...] uma inevitável fragmentação da cidade existente, um deslocamento do centro de gravidade da dinâmica urbana do centro da cidade para a periferia urbana e uma notável habilidade em evitar regras urbanísticas" (id., 1996: 324). Esse deslocamento constitui mais do que uma inversão de prioridades, pois periferia urbana designa não apenas um território na fronteira do ambiente construído, mas, sobretudo, um centro urbano considerado periférico em relação a outros centros. Todos os lugares tornam-se simultaneamente centrais e periféricos no processo de expansão polinuclear, de multiplicação de focos de concentração de poder. Nesse cenário, desaparece o sistema tradicional de marcação e hierarquização de signos referenciais, e as cidades ficam desprovidas de identidade, as paisagens urbanas exibem uma esterilidade sem precedentes.

Se a falta de identidade provoca um efeito generalizante nos espaços urbanos, Rem Koolhaas propôs uma reflexão: "A cidade contemporânea é como o aeroporto contemporâneo — ('todas iguais')?" (1995: 1248). A cidade contemporânea é, segundo Koolhaas, uma cidade genérica que apresenta uma composição fractal resultante da reprodução interminável das mesmas tipologias formais destinadas aos mesmos programas funcionais, ao contrário da cidade tradicional que construía suas marcas diferenciais, monumentais ou não, para se tornar específica e, portanto, especial. A identidade urbana está associada a uma imagem inconfundível, a um significado dominante. A identidade centraliza, sobrecodifica, insiste na prioridade de um ponto, porque converte os lugares de atração e convergência em símbolos urbanos. Assim, a identidade diferencia esses centros urbanos no presente, mas, em contrapartida, impede intervenções no futuro, obriga o espaço a permanecer imutável no tempo. Para garantir a estabilidade de sua configuração, para não perder a semelhança consigo mesmo, o centro da cidade precisa, todavia, ser permanentemente atualizado.

> *Como 'o lugar mais importante', tem que paradoxalmente ser, ao mesmo tempo, o mais antigo e o mais novo, o mais fixo e o mais dinâmico; se submete à mais intensa e constante adaptação, que é então comprometida e complicada pelo fato de que essa transformação deve ser imperceptível, invisível ao olhar (ibid.: 1249).*

Nas periferias indiferenciadas ocorre o oposto. Não são atribuídos valores ou significados específicos aos espaços urbanos, pois "a cidade genérica é a cidade liberada do cativeiro do centro, da camisa de força da identidade. A cidade genérica rompe com esse ciclo destrutivo de dependência: é nada mais que um reflexo da necessidade presente e da habilidade presente. É a cidade sem história" (ibid.: 1249). A cidade genérica precisa estar esvaziada de histórias para que essa ausência seja explorada e espetacularizada. Também se mostram inoperantes as precárias tentativas de destacar algum aspecto peculiar da paisagem urbana que remeteria ao passado histórico. Para Koolhaas, "em vez de memórias específicas, as associações que a cidade genérica mobiliza são memórias gerais, memórias de memórias: se não todas as memórias ao mesmo tempo, então ao menos uma memória abstrata, simbólica, *déjà vu* que nunca termina, memória genérica" (ibid.: 1257).

O processo de globalização, que intensificou a difusão de fórmulas arquitetônicas e urbanísticas padronizadas, gerou uma extensa homogeneização espacial, fazendo os lugares parecerem simultâneos e permutáveis. Além disso, os edifícios se conectam estabelecendo uma continuidade quase infinitamente prolongável que tem como sequela um espaço lixo totalmente imprevisível, porém totalmente familiar: "O espaço lixo é o fruto do encontro entre a escada rolante e o ar-condicionado, concebido em uma incubadora de compensado (as três coisas faltam nos livros de história)" (id., 2000: 23). Mas esse espaço equalizado, que não cessa de reeditar sua própria imagem, também captura e apropria as diversidades, acumula o imprescindível e o supérfluo: "A ironia é que desse modo a cidade genérica é ainda mais subversiva, ainda mais ideológica: eleva a mediocridade a um maior nível; é como o *Merzbau* de Kurt Schwitter na escala da cidade: a cidade genérica é uma *Merzcity*" (id., 1995: 1261). Contra a mediocridade da generalização e contra o magnetismo da centralização, Koolhaas desenvolve estratégias para descobrir outras possibilidades para a cidade contemporânea.

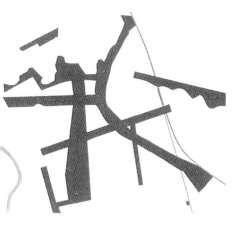

4.15
Diagrama
de faixas
de Melun-
Sénart

Três projetos têm especial relevância: Melun-Sénart, Euralille e Almere. Na proposta elaborada, em 1987, para o concurso para a *ville nouvelle* de Melun-Sénart, situada nos arredores de Paris, a intenção era experimentar um urbanismo desinvestido da ambição de se sobrepor ao ambiente existente. As florestas, aldeias e fazendas encontradas naquela área eram tão atraentes, que Koolhaas decidiu preservar suas singularidades evitando a interferência da futura ocupação nesses espaços. Por isso, tornou-se importante determinar onde não construir, onde não inserir arquiteturas, para assim estabelecer limites entre as paisagens naturais e as paisagens urbanas. No intuito de impedir a invasão destrutiva da cidade sobre as preexistências, Koolhaas criou um argumento ou uma lógica projetual inversa: "Em vez de uma cidade organizada através de sua forma construída, Melun-Sénart será aformal, definida por esse sistema de ausências que garante beleza, serenidade, acessibilidade, identidade, independente de — ou até *apesar de* — sua futura arquitetura" (ibid.: 981). Somente um projeto urbano inusual poderia contestar e inclusive superar os modelos dogmáticos. Assim, a intervenção consistiria em inscrever no território um diagrama de faixas, de vazios lineares, que protegeriam a natureza original e os sítios históricos. Também estaria contida em uma das faixas a rodovia que atravessa a região e, em uma direção paralela a essa rodovia, seria construído um parque linear, para se instalarem os edifícios comerciais e corporativos (4.15).

> *Através desse processo de eliminação, nós chegamos quase a uma figura chinesa de espaços vazios que nós poderíamos proteger da contaminação pela cidade — um novo elemento controlador que daria à cidade, que não era obviamente uma cidade clássica, mas talvez uma cidade contemporânea, uma forma de coerência e convicção (ibid.: 977).*

A premissa do projeto foi ressaltar a presença da ausência, mediante a implantação de um sistema de vazios lineares, mas esses espaços positivos não excluíam os espaços negativos. As faixas vazias tinham como contraponto um arquipélago de ilhas residuais, de entrefaixas com configurações, dimensões e localizações variadas, que seriam ocupadas segundo as futuras demandas do contexto e do programa (4.16). Apesar de definir precisamente os contornos para os espaços não construídos, a forma dessa cidade teria pouco, ou mesmo, nenhum controle sobre os espaços construídos: "O modelo do arquipélago garante que a máxima autonomia de cada ilha finalmente reforçaria a coerência do todo" (ibid.: 983). Cada ilha seria um microcosmo delimitado, porém passível de se desestabilizar nas interações randômicas e flexíveis realizadas nas interfaces com as faixas. Portanto, embora Koolhaas tenha escolhido uma forma urbana aleatória, mas não menos rígida do que os traçados inspirados nas figuras da geometria euclidiana, a aparente fixidez seria atenuada pelas fricções e trocas em suas linhas de fronteira. A intervenção em Melun-Sénart não privilegiava os tradicionais territórios estriados, estruturados sobre pontos de referência dedutíveis, experienciados como espaços sucessivos em tempos sequenciais. Nos encontros das faixas com as entrefaixas, territórios lisos emergiriam nessa proposta de cidade, revelando paisagens mutáveis e inesperadas.

Um projeto urbano desenhado a partir de linhas instáveis, que passam por pontos importantes, porém sem influência na materialização dessas linhas, é consistente com as configurações rizomáticas e seus critérios operativos, descritos por Deleuze e Guattari (2000: 32). A cidade foi traçada como um rizoma, como uma rede de agenciamentos complexos, onde qualquer ponto do espaço pode e deve ser conectado a qualquer outro ponto. Nesse sistema heterogêneo e aberto, desaparecem as regras de correspondências entre os

4.16
Melun-Sénart

pontos e as posições, pois a urbanidade não resulta do somatório de formas construídas, mas de uma profusão de direções movediças. O diagrama de Koolhaas era, sobretudo, "um mapa que deve ser produzido, construído, sempre desmontável, conectável, reversível, modificável, com múltiplas entradas e saídas, com suas linhas de fuga" (ibid.: 33). O espaço urbano estaria sempre transbordando limites para estabelecer múltiplas articulações arbitrárias entre os lugares e, assim, gerar um movimento contínuo de desterritorializações e desestratificações. Melun-Sénart não representava nem reproduzia um modelo, não refletia uma imagem do mundo, criava um rizoma com o mundo. A cidade permitia a desterritorialização do mundo, mas o mundo operava a reterritorialização da cidade, que depois poderia se desterritorializar no mundo.

4.17
Diagrama de Euralille

Apesar de terem adquirido outro enfoque, as multiplicidades espaciais e temporais também foram objetos de investigação e de crítica no projeto de 1989 para Euralille. O programa multifuncional incluía da habitação ao lazer, mas os principais focos de interesse eram o centro internacional de negócios e a estação intermodal, implantados próximos ao centro histórico, sobre as antigas muralhas da cidade. Esse projeto urbano foi uma resposta às alterações geográficas resultantes da construção do túnel que liga a Inglaterra ao continente europeu e da ampliação da ferrovia para trens de alta velocidade. Localizada no centro do triângulo Londres-Bruxelas-Paris e na interseção de importantes rotas de tráfego, Lille aproxima cidades fisicamente distantes, remapeando todo o território circundante. Como ressaltou Koolhaas, "[…] o que é importante sobre esse lugar não é onde está mas aonde leva e com que rapidez — em outras palavras, até que ponto ele pertence ao resto do mundo" (1993: 40). A proximidade, antes medida pela distância no espaço, passa então a ser avaliada pela duração no tempo, pois a forma urbana tende a se dissolver nos vetores dispersores das linhas de transporte e comunicação. Lille mostra como algumas cidades transformam-se em nós dos fluxos de investimentos financeiros e infraestruturais: "O que mudou nos últimos anos é que as práticas sociais agora podem ser simultâneas sem serem fisicamente contíguas. Esse é o espaço de fluxos" (Castells, 1996: 200).

Para otimizar o funcionamento das redes de deslocamentos, Koolhaas concentrou as linhas de fluxos. Um trecho da rodovia foi desviado e reconstruído no subsolo, paralelo aos trilhos do TAV, eliminando os obstáculos entre o centro e a periferia da cidade, e liberando, sobretudo, um enorme terreno para a implantação de um programa híbrido de escala impactante. Esse espaço triangular, delimitado pelas duas estações ferroviárias — a existente, para trens de circulação regional, e a projetada, para trens internacionais — atuaria como distribuidor e regulador de conexões (4.17). Porque a intenção era garantir o movimento ininterrupto de pessoas e máquinas, a coerência funcional em Euralille tinha maior relevância do que as relações formais e imagéticas entre as arquiteturas. O projeto urbano propunha somente volumetrias e interfaces, mas não os edifícios, que foram concebidos por diversos arquitetos. Surgiu assim uma nova centralidade, ancorada em uma área comercial interligando as estações e em torres corporativas construídas sobre as plataformas, pois as torres eram consideradas componentes inseparáveis do sistema do TAV (4.18). Esse procedimento de plugar edifícios multifuncionais em uma sofisticada infraestrutura sugere que talvez Koolhaas tenha buscado inspiração nas megaestruturas metabolistas: "[...] a montagem do programa e a superposição de edifícios poderiam restaurar tanto a densidade quanto a continuidade — o retorno da complexidade como um signo do urbano" (1995: 1174).

Na cidade em trânsito, onde a materialidade do espaço é substituída pela imaterialidade do tempo tecnológico, o nomadismo triunfa sobre o seden-

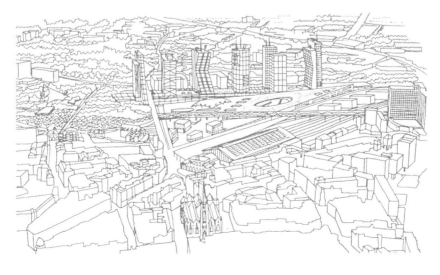

4.18
Centro internacional de negócios

tarismo. Tudo circula, mas tudo parece estar fixo, e, igualmente, tudo está fixo, mas tudo parece circular. Por isso, o incessante movimento e a saturação infraestrutural são imperceptíveis. Apenas o ponto de convergência das redes de trânsito, o Espaço Piranesiano, ganhou visibilidade, porque o arquiteto decidiu exaltar o evento que transformou o destino de Euralille. Esse espaço estabelece a conexão vertical entre os tumultuados pavimentos subterrâneos, expondo a superposição de níveis heterogêneos, reservados aos acessos a ônibus, trens, metrôs e estacionamentos. Se o determinismo mecânico do início do século XX configurou a cidade como imagem da máquina em busca de eficiência, o Espaço Piranesiano procura estetizar os avanços tecnológicos que contribuíram para a estruturação da metrópole contemporânea. A tecnologia aqui não mais constitui uma metáfora, atua como força de contração e distensão da forma urbana. A tecnologia é um simulacro que penetra no ambiente construído para tornar a cidade mais real.

Em 1994, Koolhaas elaborou um projeto para revitalizar o centro de Almere. Planejada na década de 1970 por uma equipe multidisciplinar vinculada à municipalidade, Almere absorveria o excedente populacional de Amsterdã. Seus autores consideravam a cidade uma oportunidade para superar as deficiências tanto urbanas quanto suburbanas, e propuseram um sistema polinuclear composto de cinco centralidades circundadas por áreas verdes, resgatando o conceito de cidade-jardim de Ebenezer Howard. O plano original também tinha sido estruturado a partir do traçado reticulado ortogonal, do zoneamento funcional, da ocupação horizontalizada com baixa densidade, além de uma enorme plataforma que afastaria os pedestres dos veículos motorizados. Almere não conseguiu, entretanto, atrair a população esperada porque a cidade era desprovida de uma vida urbana pulsante. Alguns anos depois da implantação dos primeiros núcleos, Koolhaas venceu o concurso para revitalizar a cidade e inserir urbanidade naquelas paisagens medíocres e desoladoras. Mas a intervenção se restringiu ao centro que já estava parcialmente construído. Para libertar Almere de seu anacronismo, Koolhaas procurou flexibilizar essas premissas projetuais. A retícula foi rasgada por ruas diagonais que romperam a ortogonalidade das quadras para aumentar a permeabilidade e as conexões espaciais. Os edifícios foram verticalizados e adquiriram maior complexidade através da combinação e da variação de funções. Assim, o centro contrastaria com a cidade existente tanto no traçado urbano como na densidade e na diversidade espacial, potencializando interações públicas.

A estratégia foi concentrar em apenas metade da área destinada ao concurso o novo programa urbano, que seria implantado em dois locais muito distintos: um conjunto corporativo situado entre a estação ferroviária e o futuro parque, e um conjunto multifuncional com residências, comércio, cultura e lazer, entre a prefeitura e o lago Weerwater (4.19). A área remanescente seria construída em uma fase posterior a partir da colaboração entre diversos arquitetos, que poderiam inclusive alterar o projeto urbano. Segundo Koolhaas, o centro de Almere precisava de uma identidade forte e essa identidade resultaria da criação de um espaço urbano caminhável, compacto, com arquiteturas híbridas. As operações de compressão e superposição de funções tinham despertado seu interesse quando analisou o *Downtown Athletic Club*, construído em Manhattan na década de 1930. Koolhaas argumentou que esse edifício materializava a cultura da congestão, pois era um condensador social, "uma máquina para gerar e intensificar formas desejáveis de relações humanas" (id., 1994: 152). O zoneamento funcional vertical aplicado à arquitetura no *Athletic Club* foi então transposto para a escala urbana em Almere, na tentativa de criar uma nova centralidade, que estimularia conexões imagéticas e programáticas, dinamizando o espaço urbano.

4.19
Almere

O processo de superposição de usos resultou, no entanto, em uma cidade estratificada, dividida em três níveis principais: subsolo para estacionamento e infraestrutura, térreo para espaços públicos e comércio, e pavimentos superiores para residências e escritórios. Para atenuar a rigidez dessa distribuição funcional, Koolhaas projetou perfurações nas fachadas que favoreceriam a penetração de luz e traçou uma rede de passarelas elevadas conectando as torres. A alta densidade populacional e a verticalização dos edifícios legitimariam aquele espaço como o centro de convergência, visível de diversos pontos da cidade. A caminhabilidade seria um diferencial já que os modais de transporte, deslocados para o subsolo, desapareciam das cenas urbanas. Esse esquema de mobilidade tinha sido proposto no projeto inicial, e Koolhaas manteve a separação entre pedestres e veículos, separação esta inspirada na polêmica fórmula de Victor Gruen para incentivar o caminhar e, assim, aumentar o consumo em áreas comerciais. Contudo, a resposta ao desafio de revitalizar o centro de Almere não se mostrou satisfatória. A cidade ganhou alguma autonomia, porém permanece um subúrbio fortemente dependente de Amsterdã para as atividades de cultura, lazer e até mesmo trabalho. Apesar de ter se construído a partir da acumulação de camadas espaciais, as poucas camadas temporais depositadas nesse território contribuem para tornar a estética urbana bastante homogênea. Se toda cidade tem a ambição de ser um atrator social, Almere ainda está distante de atingir essa meta.

CONTEMPORANEIZAR UMA CIDADE

Se Paris foi a capital do século XIX e Nova York a capital do século XX, nas últimas décadas Berlim ganhou visibilidade no cenário mundial em decorrência de intervenções urbanas que visavam a valorizar suas singularidades estéticas. Para contemporaneizar a cidade, foram desenvolvidos projetos assinados por arquitetos escolhidos entre os mais influentes do mundo. Esse processo teve início nos anos 1970, com a *Internationale Bauausstellung*, IBA, uma exposição internacional de construção coordenada por Josef Paul Kleihues para recuperar áreas degradadas, reformando antigas e construindo novas habitações sociais. Assim como a *Weissenhofsiedlung* de Stuttgart, organizada por Mies van der Rohe em 1927, a IBA constituía-se como uma exposição permanente, que ampliaria o patrimônio urbano de Berlim. O objetivo não era, todavia, implantar uma série de monumentos arquitetônicos espetaculares que também funcionassem como habitações, mas exibir a complexidade da cidade europeia a partir de uma reconstrução crítica. A prioridade era restituir o padrão de ruas, praças e sobretudo quadras, como resposta aos esquemas modernistas de torres isoladas, descontextualizadas, que ignoravam a tradição urbana. Inspirados nas propostas neorracionalistas, os projetos para a revitalização dos territórios deteriorados preconizavam a continuidade tipológica berlinense e, por isso, adotavam quadras com ocupação perimetral, mais precisamente, edifícios de altura reduzida com pátios internos e contornos coincidentes com os limites das quadras.

Entre os empreendimentos para contemporaneizar Berlim, destaca-se o Museu Judaico, projetado por Daniel Libeskind em 1989. A forma e a função do museu resultaram da convergência de algumas intenções: mostrar as contribuições intelectuais, culturais e econômicas dos judeus para a história alemã, agregar física e simbolicamente a catástrofe do Holocausto à memória

4.20
Museu
Judaico

da cidade, e expor a eliminação da vida judaica em Berlim. Libeskind chamou o museu de *Entre as Linhas*, "[...] porque é um projeto sobre duas linhas de pensamento, de organização e de relação. Uma linha é reta, mas quebrada em muitos fragmentos; a outra linha é sinuosa, mas indefinidamente contínua" (2000: 23). A linha em zigue-zague penetra na cidade como um raio fulminante, e essa fissura no espaço presente torna o tempo passado irreversível, irremediável, marcado para sempre, enquanto a linha reta aponta para a esperança de um mundo melhor (4.20). As duas linhas, concretas e abstratas, em permanente tensão, se interceptam nos pontos de maior intensidade, os vazios, que provocam novas experiências perceptivas. Esses vazios que emergem nos encontros entre as linhas, nas entrelinhas, transformam o museu em um teatro da memória, em uma insistente presença dos ausentes, exterminados pelos nazistas.

As quatro premissas do projeto ressaltavam a relação entre judeus e alemães, também espacializada na articulação da obra com o contexto e com a construção barroca adjacente, o Museu de Berlim (4.21): "O edifício existente é ligado à extensão subterrânea, preservando a contraditória autonomia tanto do antigo edifício como do novo edifício na superfície, enquanto une os dois na profundidade do tempo e do espaço" (ibid.: 27). A primeira premissa foi imprimir naquele lugar uma rede indicando os endereços de alguns representantes de uma cultura rejeitada, tais como Walter Benjamin, Paul Célan e Mies van der Rohe, entre outros. Essa matriz invisível e irracional foi gerada a partir de uma Estrela de Davi comprimida e distorcida, como referência à estrela amarela, emblema usado para discriminar os judeus. A segunda foi a tentativa de transpor para as linhas arquitetônicas do museu os conflitos dos personagens da ópera inacabada *Moisés e Aarão*, composta por Arnold Schönberg. Moisés conhece a verdade, porém é incapaz de transmitir o conteúdo dessa revelação: "Sua verdade existe, é inequívoca e consistente, mas não pode ser traduzida; é incomunicável. O único modo de lidar com essa verdade é através do silêncio, de uma ausência de palavras, através do vazio" (Heynen, 1999: 206). A palavra muda do líder do povo contracena com o discurso de seu irmão, que recorta um caminho em torno da verdade absoluta para expressar a revelação por meio de imagens assimiláveis. Moisés representa a linha reta incapturável, que se perde no infinito, enquanto Aarão, ao contrário, está envolvido com a linha sinuosa e descontínua da história.

A terceira premissa foi lembrar os nomes dos judeus deportados durante a guerra, registrados no *Gedenkbuch*, e a quarta, fazer uma releitura de *Rua de Mão Única*. Libeskind intercalou na linha em zigue-zague a sequência dos sessenta cortes das *Estações da Estrela* descritas por Benjamin e, assim como o texto sobre o apocalipse de Berlim, o edifício é uma tessitura de linhas rítmicas, musicadas, que conduzem a uma fatalidade, a um destino inevitável. Em vez de estimular movimentos aleatórios por espaços neutros e flexíveis, adaptáveis às variadas disposições dos objetos em exposição, a trajetória no museu está predeterminada, mas a descontinuidade espacial, os inesperados cruzamentos de vazios e os efeitos de sombra e luz induzem, paradoxalmente, à desorientação. Esse percurso labiríntico remete à experiência de flanar pelo espaço urbano em total amnésia, sem a ajuda do fio de Ariadne. Libeskind materializou, desse modo, o espaço háptico, do qual Benjamin se apropriou para mostrar como a Modernidade provocou o colapso da estrutura óptica perspectivada da cidade tradicional dos monu-

4.21
Museu
Judaico

contemporaneizar uma cidade   237

4.22
Museu
Judaico

mentos (Vidler, 2000: 223). Semelhante ao espaço urbano, o espaço da exposição aparece como heterotopia, e, semelhante ao tempo urbano, o tempo da exposição funde passado e futuro, tornando-se um contínuo presente. Simultaneamente analogia e metáfora, memória e esquecimento, música e silêncio, o Museu Judaico constrói sobre o limite do vazio um mundo possível em que se resgatam imagens não mais visíveis e sons agora inaudíveis (4.22).

Com a reunificação da cidade em 1989, as áreas esquecidas nas adjacências do Muro de Berlim readquiriram centralidade, e precisavam ser regeneradas. Situada na antiga fronteira entre leste e oeste, e ainda lembrada como o lugar da efervescência social e cultural da década de 1920, a *Potsdamer Platz* tornou-se o foco desse grandioso empreendimento. A *Potsdamer Platz* surgiu no cruzamento da estrada que ligava Berlim a Potsdam com as ruas que convergiam para a *Leipziger Platz*. A praça ancorava um entorno residencial semirrural até meados do século XIX, quando recebeu a primeira estação ferroviária da Prússia. A expansão das linhas de trens, bondes, ônibus e metrôs consolidou sua função de ponto de interseção de sistemas de transporte. Esse aumento do trânsito estimulou a implantação de edifícios residenciais multifamiliares na *Potsdamer Platz*, enquanto na *Leipziger Platz* foram construídas luxuosas mansões. A partir da formação do estado nacional alemão em 1871, os ministérios do governo e o *Reichstag* foram transferidos para a *Leipziger Platz*. Menos prestigiadas, a *Potsdamer Platz* e suas ruas radiais atraíram lojas, cinemas, cabarés e cervejarias, que coexistiam com hotéis e restaurantes sofisticados. Assim, no início do século XX, as duas praças eram consideradas os endereços mais valorizados por muitos grupos da sociedade alemã: nobres, comerciantes, ministros do governo, oficiais militares e até mesmo artistas.

Após a Primeira Guerra Mundial e a rápida recuperação econômica que transformou Berlim no maior centro industrial do continente, a *Potsdamer Platz* ganhou o *status* de símbolo da cidade. A reputação de lugar destinado à socialização e ao entretenimento extravagante garantia a constante presença de visitantes, que incluiam de intelectuais a artesãos. Além da permanente circulação de passantes, a quantidade e a velocidade dos veículos motorizados exigiram a instalação de um sinal de trânsito em 1924, o primeiro de toda a Europa, uma cópia exata do modelo americano (4.23). Esse ambiente pulsante estava, entretanto, próximo aos principais edifícios do regime nazista, que foram os alvos inevitáveis dos aliados na Segunda Guerra. A *Potsdamer* e a *Leipziger Platz* não puderam ser poupadas dos ataques. As ruínas foram parcialmente utilizadas até que, durante os conflitos que levaram à divisão da Alemanha, um grande incêndio provocou a destruição da área, inclusive de um ícone da arquitetura berlinense, a *Columbushaus* projetada por Erich Mendelsohn. Em 1961, foi construído um muro para separar os domínios capitalistas e socialistas, deixando como testemunhos solitários os vestígios da *Weinhaus Huth* e do Hotel Esplanade.

Ao longo dos anos da Guerra Fria nenhum esforço foi realizado para transformar em espaço público esse território desertificado. A queda do Muro evidenciou, entretanto, que reconectar Berlim pressupunha revitalizar a *Potsdamer Platz* para resgatar a centralidade e o dinamismo prevalecentes no período entre as guerras, período em que a cidade não esteve subjugada a qualquer autoritarismo. A gestão pública em parceria com as corporações multinacionais detentoras de grande extensão do território — Daimler-Benz, Sony e A+T — realizaram em 1991 um concurso para devolver urbanidade ao entorno da praça. Como a *Potsdamer Platz* estava localizada na interseção entre a antiga área ocidental e a antiga área oriental, dois espaços urbanos de configurações bastante distintas, o desafio era analisar não apenas as formas, mas também as funções urbanas do passado, para propor a imagem que a metrópole deveria assumir no início do século XXI. Surgiu, então, uma conjuntura favorável para se discutir os possíveis modos de pensar e fazer, de teorizar e materializar, a estética urbana contemporânea.

Os projetos urbanos concorrentes abordaram o problema a partir de duas vertentes principais. Alguns defendiam a manutenção da cidade tradicional horizontalizada, para proteger Berlim

4.23
Leipziger Platz

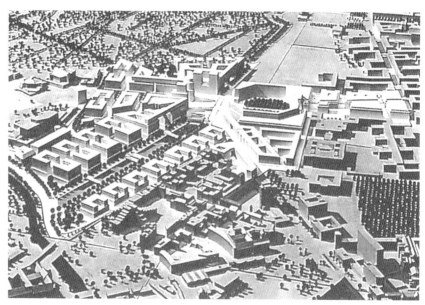

4.24
Potsdamer Platz

da invasão das fórmulas universalizantes, características das cidades americanas e asiáticas, enquanto outros arquitetos sugeriam verticalizar o espaço através de torres tecnológicas que, como elementos visuais dominantes na paisagem urbana, como símbolos de progresso e poder, dignificariam Berlim, capital da Alemanha e metrópole internacional. Afinal, o vencedor do concurso foi o projeto de Heinz Hilmer e Christoph Sattler que, anacronicamente, reeditava os princípios e as restrições formais da reconstrução crítica prevalecentes na IBA. Para valorizar o espaço horizontalizado, compacto e complexo da cidade europeia, em oposição à concepção de torres flutuando no espaço urbano, os antigos traçados de ruas e quadras deviam ser restaurados. Para preservar a tipologia arquitetônica berlinense, os limites dos edifícios deviam corresponder aos perímetros das quadras e ter alturas uniformes, limitadas a quarenta metros (4.24).

Hilmer e Sattler propuseram uma retícula urbana com quadras regulares, ocupadas com volumes homogêneos, mas admitiram verticalizar os edifícios localizados na periferia da *Potsdamer Platz*. A relação entre as alturas das construções e as larguras das ruas garantiria ventilação e iluminação naturais adequadas. Além disso, a rede de ruas tinha dimensões variadas para atender às diferentes demandas de fluxos. Nas ruas externas e mais largas era permitido um trânsito intenso, enquanto nas ruas internas, reservadas aos transportes públicos, era proibida a circulação de veículos particulares. Mas a escolha do projeto conservador de Hilmer e Sattler decepcionou os arquitetos que discordavam da ideologia ortodoxa da quadra, que desejavam uma urbanidade mais pluralista e mais vibrante. O resultado também frustrou Rem Koolhaas, então membro do júri, que se manifestou fortemente contrário às posturas dogmáticas e considerou o processo um lamentável massacre de ideias. Nem mesmo os investidores apoiaram a proposta e ameaçaram desistir de executar as obras. Para superar esse impasse, os proprietários dos terrenos na *Potsdamer Platz* obtiveram permissão das instâncias governamentais para promover concursos independentes para as sedes das empresas e, assim, conseguiram reconstruir essa privilegiada centralidade segundo suas preferências arquitetônicas e urbanísticas.

4.25
Daimler-Benz

A Daimler-Benz realizou o maior empreendimento na área (4.25). Renzo Piano elaborou o projeto urbano, que previa a construção de diversos edifícios multifuncionais e a refuncionalização de outros dois remanescentes do período anterior à guerra. Piano decidiu construir torres corporativas no antigo centro da *Potsdamer Platz*, deslocando assim o ponto focal para uma nova praça, a *Marlene Dietrich Platz*, lugar de convergência das linhas de força das arquiteturas circundantes — pavilhão de exposições da Daimler-Benz, lojas de departamentos, residências, hotel, cassino, cinemas e teatros. A multiplicidade e os contrastes tanto formais como funcionais intensificariam a vida cultural e comercial no entorno dessa praça, espaço em que o antigo lado oriental com sua tradicional retícula urbana densamente construída encontrava o *Kulturforum*, um parque para as artes do lado ocidental, onde tinham sido inseridos solitários edifícios icônicos, como a Filarmônica de Berlim de Hans Scharoun e a *Neue Nationalgalerie* de Mies van der Rohe. Ao intervir naquela zona de fricção e transição, Piano pretendia conciliar as diferenças que marcavam os dois lados da cidade para reintegrar e revitalizar todo o contexto. Mas a resposta a esse desafio correspondeu apenas parcialmente às expectativas iniciais.

Os outros dois grandes empreendedores eram a Sony Corporation e a A+T, um conglomerado de empresas que inclui a Asea Brown Boveri. Giorgio Grassi propôs para a área da A+T cinco edifícios multifuncionais, o *Park Kolonnaden* (4.26). As premissas projetuais foram a continuidade da imagem tradicional da cidade e a articulação entre os espaços públicos e privados. No entanto, a rigidez formal e a monotonia das fachadas não estimulam os passantes a interagirem com essas construções. O *Sony Center*, projetado por Helmut Jahn, tem um programa de residências, escritórios e entretenimento distribuídos em sete edifícios implantados em torno de uma praça central, o fórum, um espaço privado e introvertido, que tenta assumir as funções de um espaço público. O fórum apresenta algumas analogias com o pátio interno da quadra típica berlinense, mas desta vez o ambiente foi altamente tecnologizado e espetacularizado. Até mesmo os vestígios do histórico Hotel Esplanade, posteriormente incorporados ao conjunto, atuam cenograficamente e pouco contribuem para resgatar a memória urbana. O projeto do *Sony Center* teve como objetivo principal enaltecer o sucesso econômico e a competência técnica de uma grande corporação. O edifício é tecnologicamente ousado para incentivar o consumo nesse enorme espaço que serve de propaganda para a empresa e seus produtos de diversão (4.27). Na década de 1920, justificou Jahn, os proprietários de lojas na *Potsdamer Platz* também utilizaram arquiteturas impactantes e letreiros luminosos como estratégias imagéticas para divulgar suas marcas e atrair visitantes.

Os investimentos da Daimler-Benz, da Sony e da A+T para reconstruir esse fragmento de cidade foram vultosos. A *Potsdamer Platz* contemporânea concentra vários edifícios multifuncionais, além de estar conectada aos sistemas de transportes públicos. A praça é, indiscutivelmente, um lugar de destino, que seduz multidões. A população residente vive em um mundo idealizado e quase sem perigo, mas gasta muito para usufruir das vantagens de um espaço que funciona simultaneamente como residência e hotel luxuoso. Apesar disso, a ausência de alguns programas arquitetônicos e o excesso de atividades elitizantes geram uma urbanidade precária. A pouca interação dos edifícios com o contexto resulta na valorização do espaço público privatizado, planejado para expulsar os não consumidores. A frágil condição

4.26
Park
Kolonnaden

urbana é ainda agravada por restringir o acesso a alguns eleitos, aqueles com poder aquisitivo para pagar pela admissão e dispostos a aderir às rígidas normas de conduta. A *Marlene Dietrich Platz* da Daimler-Benz e o fórum fechado da Sony têm seus proprietários anunciados em pontos de grande visibilidade. Abertos e fechados em horários preestabelecidos, permanentemente observados por câmeras de segurança, patrulhados por policiais, esses lugares regulam a liberdade dos indivíduos. Ao contrário das ágoras gregas, configuradas para o encontro e a argumentação, para a política e o saber, os espaços públicos privatizados inibem as trocas de experiências e estimulam o consumismo compulsivo de cultura, lazer ou mercadorias.

A reforma na *Potsdamer Platz* visava a reativar um espaço público onde, no início do século XX, existiram lugares privilegiados e referenciais que funcionavam como agentes da memória urbana, lugares estes destruídos por lutas políticas e territoriais. A reforma imprimiu naquele contexto um projeto urbano apurado, com diversas arquiteturas protagonistas que atuam como atratores visuais, porém não foi aparentemente capaz de enfatizar suas potencialidades e instaurar uma estética diferenciada. Os investidores passaram a ter um endereço de prestígio para implantarem suas marcas de identidade e de poder através de obras arquitetônicas autorreferentes que, em exposição no espaço público, disputam os olhares dos passantes. Mas esses sofisticados edifícios, além de desativarem a memória coletiva, não conseguem devolver a heterogeneidade e a urbanidade do passado. A *Potsdamer Platz* adquiriu uma nova identidade, contudo parecem perdidas as antigas cenas urbanas

4.27
Sony Center

glamorosas, que tantos artistas e escritores tentaram traduzir. Embora a *Potsdamer Platz* tenha realizado os ideais de densidade e complexidade, e tenha reconquistado o *status* de lugar cosmopolita, o apagamento da memória impede os visitantes de reconhecerem que a praça está no centro de Berlim. O empenho em contemporaneizar os espaços urbanos para tornar Berlim uma cidade capital finalmente resultou no inverso, na sua inclusão na rede mundial de cidades genéricas.

A URBANIDADE COMO EXPERIÊNCIA ESTÉTICA

A metrópole contemporânea sinaliza uma descontinuidade. A cidade não é somente, ou sobretudo, um espaço físico limitado e organizado. As fronteiras, materiais ou imateriais, responsáveis pela delimitação e pela proteção dos espaços políticos, foram se desintegrando ao longo de um processo urbano que resultou na anulação parcial das identidades das cidades e, paradoxalmente, na expansão de suas áreas de influência. As estratégias que garantiam a dualidade opositiva entre centro e periferia, entre dentro e fora, perderam relevância. As cidades tornaram-se cartografias descentradas que deslocam o foco do espaço para o tempo, da estática para a dinâmica, do real para o virtual, das utopias de totalidades para as heterotopias de fragmentos. A aldeia global, que as tecnologias de velocidade desterritorializam ininterruptamente sobre um rizoma envolvendo toda a superfície terrestre, engendra uma homogeneização espacial e, também, uma retribalização, uma redistribuição de sociedades e territórios.

Migrações, turistificações e gentrificações espaciais redesenham constantemente os mapas socioeconômicos e geopolíticos. Enquanto algumas cidades enfrentam problemas decorrentes da superpopulação, outras se desertificam, se transformam em cidades fantasmas, seja pela desindustrialização e o consequente abandono, como Detroit, nos Estados Unidos, seja por distorções no mercado imobiliário responsáveis pela construção de cidades inteiras, que permanecem vazias sem perspectiva de atrair moradores, como Ordos, na China. Além disso, os avanços científicos empenhados em mitigar as adversidades da natureza para melhorar a adaptação humana e as ocupações urbanas deixam um alarmante rastro de destruição. Os efeitos das mudanças climáticas, a poluição atmosférica, a crise energética e a escassez de água potável e de alimentos ameaçam a vida no planeta. Essa vulnerabilidade obriga as cidades a adquirirem resiliência aos impactos dos desastres naturais para evitar colapsos em seus sistemas ambientais e infraestruturais. Diante de tantas incertezas, os critérios que avaliariam as forças atuantes no espaço urbano e forneceriam aos arquitetos as ferramentas para intervirem criticamente nesse espaço também se mostram imprecisos, impondo desafios conceituais e operacionais à construção da cidade do século XXI.

Os ambientes urbanos precisaram de dispositivos cada vez mais sofisticados e complexos, da aldeia à metrópole, para suprir as necessidades da vida civilizada segundo as especificidades da cultura, do espaço e do tempo. Apesar das evoluções e involuções inerentes ao processo urbano, o mundo ocidental privilegiou o espaço, símbolo de permanência e estabilidade, e desprezou o tempo, cuja potência transformadora ameaçava mobilizar os sistemas inertes. A vontade de deter os fluxos caóticos na cidade real foi explicitada pela primeira vez nos discursos de Platão através da idealização de uma cidade cósmica eterna, compatível com um mundo eterno, invulnerável aos efeitos do tempo. Para expulsar o caos, a cidade deveria imitar o modelo urbano de representação de uma natureza pretensamente perfeita e inteligível. A filosofia platônica encontrava na racionalidade matemática o suporte para seus devaneios e, portanto, os diagramas das cidades eram traçados a partir de formas geométricas definidas por medidas e proporções harmônicas. Ao re-produzirem essa cidade ideal, os arquitetos materializariam um cosmo racional, afastando os simulacros, as aparências ilimitadas e desmesuradas que, construídas sobre dissimilitudes do modelo, escapavam à ação das ideias e revelavam devires sempre mutáveis.

Os conceitos subjacentes ao idealismo platônico foram continuamente aplicados aos projetos de cidades, desde o classicismo grego até o modernismo, na obsessiva tentativa de estruturar espaços controláveis. Se as premissas pouco se modificaram nesse período, as formas urbanas eram alteradas quando uma nova imagem de mundo apontava as limitações e exigia a superação do modelo hegemônico. No jogo da história, mostrou Foucault, "as diferentes emergências que se podem demarcar não são figuras sucessivas de uma mesma significação; são efeitos de substituição, reposição e deslocamento, conquistas disfarçadas, inversões sistemáticas" (1996a: 26). Esse jogo é uma disputa vencida por aqueles que souberem se apropriar das regras vigentes para subverter e posteriormente utilizar tais regras contra os agentes do poder. Desse modo, os dominadores são dominados por seus próprios instrumentos: "É justamente a regra que permite que seja feita violência à violência e que outra dominação possa dobrar aqueles que dominaram" (ibid.: 25). Porém, até meados do século XX, as transgressões aos modelos urbanos resultavam somente da necessidade de adequação às transformações culturais, e as estratégias para ordenar e controlar o ambiente construído nunca eram eliminadas, ao contrário, eram frequentemente readaptadas.

Na década de 1960, depois de aproximadamente vinte e cinco séculos de idealizações, alguns segmentos da intelectualidade constataram a inoperância das metanarrativas e dos mitos organizadores que legitimavam as estruturas de poder. As lentes do perspectivismo nietzschiano filtraram a imagem dogmática do pensamento platônico, fazendo o mundo parecer infinito, fragmentado em infinitas interpretações. Inseridos em um espírito de tempo que desmascarou as verdades essenciais, os arquitetos decidiram refutar a herança dos urbanismos ortodoxos e, consequentemente, a autoridade dos modelos totalitários e universalizantes. Desde então, surgiram projetos que investigam a possibilidade de a urbanidade provocar sensações, desencadear experiências estéticas, a partir de espaços e tempos que se multiplicam em séries progressivas de paisagens urbanas divergentes. Os pontos de vista já não convergem para a mesma cidade. A cada ponto de vista corresponde uma cidade diferente. Por afirmarem todas essas séries heterogêneas, os espaços urbanos constituem um *caosmo*, um caos criativo de cidades diferenciais, que se recusam a imitar paradigmas imutáveis e emancipam simulações de cidades.

A simulação é capaz de desdobrar futuros imprevisíveis, portanto, é inseparável de um eterno retorno, em que a repetição de diferenças subverte o mundo representativo fazendo, no fluxo do tempo, diferentes cidades emergirem na mesma cidade. O eterno retorno não submete nem organiza o caos através de formas ideais que o demiurgo impõe à matéria informe, mas convida o caos a participar dos processos maquínicos de transformação das cidades existentes em outras cidades possíveis. Logo, a estética contemporânea explora a urbanidade como uma máquina produtora de sentido, que torna visíveis as forças invisíveis, e não como a máquina das analogias mecânicas modernistas, envolvidas somente com a reprodução das hierarquias e especializações das linhas de montagem. Na cidade do século XXI, as harmonias são sempre precárias e transitórias, pois os simulacros invadem os espaços urbanos desestabilizando as estruturas permanentes, transbordando os limites das formas que antes aprisionavam as matérias e impediam o surgimento de linhas de fuga. Pluralismo, transparência, interferência e velocidade das imagens promovem dinamismo formal e instabilidade funcional. As flutuações de escala, as rupturas das sequências espaciais, as simultaneidades temporais remetem a desterritorializações ou desestratificações, para flexibilizar articulações e estimular recombinações de formas e funções.

A geometria euclidiana ou métrica é substituída por geometrias topológicas ou projetivas, geometrias de fluxos e movimentos, que privilegiam conexões, contiguidades e distâncias, em vez de medidas, magnitudes e propriedades. A geometria euclidiana havia buscado inspiração em uma abstração reducionista, purista, empenhada em sobrecodificar ou neutralizar o espaço, que mais tarde sustentou a *concinnitas* de Alberti e os traçados reguladores de Le Corbusier. As geometrias alternativas, por sua vez, sugerem uma abstração "[...] não baseada no isolamento da forma, na celebração de sua pureza ou autonomia, mas, ao contrário, na sua libertação do tipo de sistema espacial que define e fixa contornos, organiza a visibilidade, garantindo que não haverá surpresas [...]" (Rajchman, 1998: 104). Essas geometrias são operativas porque têm potência para formar e transformar, porque constroem um espaço liso, não descrevem um espaço estriado composto de formas sucessivas que significam ou representam uma idealidade racionalizada. As topologias destituem as perspectivas centralizadas em marcos espaciais e, também, as regras que vinculam os objetos a suas posições. Negando qualquer submissão às coordenadas que condicionam as quantidades extensivas, o espaço aformal e fluido é constituído de multiplicidades intensivas, não exatas, porém rigorosas.

As geometrias topológicas desenham espaços permeados pelo tempo, composições labirínticas, como as obras criadas por Dédalo muito antes das formulações pitagóricas e euclidianas. Os projetos do arquiteto mítico parecem mais condizentes com as urbanidades reais do que as insistentes e frustrantes propostas para idealizar cidades. Os espaços urbanos existentes são labirínticos, são redes acentradas de percursos e nós, dotadas de referências e hierarquias instáveis, que constituem complexas tessituras somente experienciáveis, sem qualquer representação possível. No passado, urbanizar significava isolar e proteger da natureza indomável um ambiente construído, natureza esta simbolizada por florestas, desertos e mares, mas a cidade real, tão desordenada, dinâmica e imprevisível quanto a própria natureza, anula as diferenças conceituais entre o dentro e o fora do espaço urbano. O caráter labiríntico intrínseco à cidade desafia constantemente a rigidez das estriagens espaciais. Os jogos de acaso e as múltiplas orientações desorientam o nômade urbano, que, à procura de experiências estéticas, flana sem mapa, sem o suporte da memória, sempre se aproximando, mas nunca chegando ao destino, porque o destino também está sempre se afastando. A experiência estética na cidade é um mergulho no caos para retirar o infinito imaterial da inevitável finitude da matéria urbana, pois "a arte quer criar um finito que restitua o infinito: traça um plano de composição que carrega por sua vez monumentos ou sensações compostas, sob a ação de figuras estéticas" (Deleuze; Guattari, 1993: 253). Essas figuras estéticas são as paisagens urbanas calidoscópicas que pressionam os limites da percepção, fazendo emergirem sensações, outros perceptos e outros afetos. A cidade é, portanto, lugar de mistério, lugar de construção e destruição de imagens que transformam em ficção as realidades artísticas.

Análogos a teatros e a museus, os espaços construídos são palcos para encenação e exposição de cidades. Os atores e autores das cidades atuam ou contemplam o drama urbano segundo rituais específicos. Algumas cidades têm vocação para performance, e outras, para exibição. As cidades-teatros revelam seus processos de transformação, as justaposições de projetos parcialmente executados e as superposições de camadas sedimentares depositadas ao longo do tempo. Combinando encantamento e estranhamento, os cenários urbanos descortinam um presente provisório que gera a expectativa de um futuro desconhecido. Entretanto, muitas vezes a cidade preserva espaços que funcionam como museu, como um teatro da memória do passado histórico, para identificação da sociedade com o ambiente construído. Nas cidades-museus, a maior ênfase não está nas linhas do tempo, mas na extensão do espaço. Os aspectos formais prevalecem sobre os funcionais, já que as cidades se apresentam como obras de arte em exposição e, embora admitam eventuais intervenções, seus marcos referenciais permanecem como reminiscências urbanas na memória coletiva. As cidades-museus tendem a se internacionalizar, enquanto as cidades-teatros têm um foco mais local. Mas essas duas expressões de cidade, como teatro e como museu, são indissociáveis, correspondem às realidades e idealidades que a arte reconcilia.

A cidade como obra de arte tem sempre a potência de mostrar uma imagem direta do tempo, porque ativa um presente portador não apenas de futuros, mas também de outros passados possíveis. Interseção e interstício entre

4.28
Dubai como uma coleção de formas arquitetônicas notáveis emergindo do deserto

passado e futuro, o presente inscreve marcas e traços no espaço, alterando a matriz temporal. Exatamente porque o presente passa, tornando-se passado, acrescentando mais um instante ao passado, todas as dimensões do tempo são imprecisas. Apesar dos esforços da tradição filosófica para paralisar os processos temporais, o passado não é imutável nem mais determinado do que um futuro supostamente menos determinado. Os tempos urbanos modificam-se na relação com o presente, desmontando os mecanismos de recognição e desencadeando sensações que intensificam a experiência da cidade como obra de arte, pois "toda obra de arte é um *monumento*, mas o monumento não é aqui o que comemora um passado, é um bloco de sensações presentes [...]. O ato do monumento não é a memória, mas a fabulação" (ibid.: 218). Assim também a estética urbana explora o presente como criação. A força criativa, resultante da desnaturalização das verdades absolutas que modelaram um mundo ideal, instala o presente como lugar da crise e da crítica, porém "[...] essa crítica não será mais praticada em busca de estruturas formais com valor universal, mas como uma investigação histórica sobre os eventos que nos levaram a nos constituir e nos reconhecer como sujeitos do que estamos fazendo, pensando, dizendo" (Foucault, 1984: 45). A partir de um inventário genealógico e arqueológico do passado urbano, o presente aponta as condições capazes de fazer surgirem diferenças no futuro.

Na falta de modelos prescritivos, os arquitetos ensaiam um urbanismo de interações entre espaços estriados e espaços lisos, entre cosmo e caos, como prática de resistência e transgressão aos discursos teóricos que procuravam ordenar o ambiente construído. A estética urbana contemporânea propõe uma necessária interação entre o traçado da cidade e suas arquiteturas, que isoladamente não criam urbanidade. A cidade se constrói pela coexistência de edifícios que interagem entre si, interagem com outros elementos urbanos de diferentes escalas e, também, com os espaços livres e com a natureza, ressaltando identidades e contrastes. Assim, o desafio dos arquitetos é conciliar autonomia e contextualização dos edifícios, é operar experimentos formais críticos que valorizem o contexto urbano. Mas, contrariamente, as paisagens urbanas às vezes se mostram saturadas de edifícios autorreferentes, que não conseguem dialogar com as preexistências. A cidade tem sido uma arena de disputas pelo protagonismo arquitetônico, fazendo do espaço público o grande perdedor desses conflitos. O excesso de estímulos visuais, como argumentou Simmel, compromete a percepção dos objetos, tornando o espaço urbano confuso e desinteressante (1997: 70). Para Koolhaas, as obras arquitetônicas, em vez de se reforçarem mutuamente, geram uma acumulação contraproducente em que cada nova adição torna o somatório ainda mais negativo (4.28). Os exageros formais resultam em uma variedade tão entediante como aquela que Maxim Gorky encontrou no parque de diversões de *Coney Island*. A infinita variedade na metrópole contemporânea banaliza a variedade e inverte as expectativas, pois é a repetição que parece inusual e, portanto, ousada, estimulante (Koolhaas, 1995: 1262).

4.29
Nova York em 2020

Algumas intervenções visam a aumentar o poder e o prestígio das cidades para captar mais investimentos, e Nova York se distingue por concentrar um enorme capital urbano, decorrente da diversidade e do acúmulo de experimentações sempre muito arriscadas. Se a cidade foi um laboratório para a invenção do arranha-céu, agora os agentes econômicos participam ativamente para verticalizar ainda mais o espaço urbano. As torres de Nova York eram predominantemente corporativas, mas uma nova geração de edifícios super altos e super esbeltos atende à demanda por residências luxuosas. A verticalização é uma estratégia para tornar a cidade mais compacta e, eventualmente, mais sustentável, contudo pode impactar os sistemas ambientais e infraestruturais, como sombrear demais os espaços livres e inclusive o *Central Park*. Esses edifícios, espalhados aleatoriamente, implantados em diferentes contextos, redefinem a escala da cidade, alterando radicalmente as paisagens urbanas (4.29). Uma multiplicidade de imagens desconexas penetra na multiplicidade já existente provocando a montagem de novos cenários e o surgimento de novos personagens.

4.30
High Line

No acelerado processo de transformação das cidades, os ícones arquitetônicos consolidam-se rapidamente em monumentos ou tornam-se efêmeros, diluem-se em ruínas. As práticas de preservação do patrimônio urbano adotam critérios que não remetem apenas a uma atitude comemorativa do passado, pois o crescente interesse na turistificação das cidades modificou a própria noção de patrimônio. Koolhaas sugeriu que na cultura contemporânea tudo é suscetível de preservação e, que, absurdamente, a preservação está nos ultrapassando: "Talvez possamos ser os primeiros a realmente experimentar o momento em que a preservação não é mais uma atividade retroativa, mas se torna uma atividade prospectiva" (2014: 15). A intenção aqui não seria valorizar o legado urbano, seria transformar a cidade em um grande parque temático e, assim, atrair visitantes ávidos por consumir esses espaços

252   a estética urbana como resistência

espetacularizados e seus subprodutos. Embora se preservem obras que pouco contribuem para a urbanidade, projetos emblemáticos com agendas sociais ambiciosas, entre estes *Pruitt Igoe* em St. Louis, de Minoru Yamasaki, e *Robin Hood Gardens* em Londres, de Alison e Peter Smithson, fracassaram e exigiram soluções alternativas para os programas habitacionais.

A dinâmica urbana faz as atividades portuárias se deslocarem dos centros para as periferias das cidades, permitindo o contato entre as frentes de água e as áreas adjacentes, que adquirem maior diversidade formal e funcional, mas são também gentrificadas com a expulsão das comunidades locais. Eventos esportivos revitalizam bairros degradados, aumentando a oferta de habitações e equipamentos de lazer. Alguns viadutos, antes considerados soluções para uma mobilidade que priorizava o automóvel, são demolidos e as vias são reconstruídas no subsolo para reduzir a poluição visual e, sobretudo, para reconectar a textura urbana, devolvendo a cidade aos pedestres. Infraestruturas obsoletas são transformadas em espaços públicos privilegiados e impulsionam grandes empreendimentos, como o *High Line Park* em Nova York, proposto por Diller Scofidio + Renfro (4.30). Antigos edifícios ganham destaque na paisagem quando interligados a novas arquiteturas, como o armazém desativado, que foi refuncionalizado por Herzog e de Meuron para instalar a *Elbphilharmonie* em Hamburgo, ou os *Harvard Art Museums* em Cambridge, cuja expansão foi projetada por Renzo Piano (4.31).

4.31
Harvard Art Museums

Nas tentativas de estetizar a cidade contemporânea, os arquitetos, através de seus desenhos e seus desígnios, concebem uma arte de construir cidades, que já não aceita os ideais platônicos empenhados em reduzir ou explicar o mundo, mas investe em potencialidades reais para expressar e criar outras cidades possíveis, cidades diferenciais que incessantemente reinventam a cidade. Porque é palco para encenações mágicas de espaços públicos e de arquiteturas, a cidade suscita fortes paixões. Nos delírios da razão ou nos sonhos da desrazão, todas as dimensões do espaço e do tempo se interpenetram, fazendo emergir memórias e sensações de urbanidade. Se a memória não desiste de renovar o passado, a sensação convida a uma experiência estética, a um mergulho no caos da cidade, para deste extrair seus mundos diferenciais. Longe das utopias consoladoras, os autores das cidades constroem espaços heterotópicos, em permanente processo de transformação, e os amantes das cidades se deslocam por esses espaços procurando descobrir realidades invisíveis nas cidades visíveis. Esses nômades urbanos estão sempre perseguindo o prazer da aventura e, por isso, precisam seguir viagem mesmo desconhecendo os caminhos que levam ao futuro.

> *Por esses portos eu não saberia traçar a rota nos mapas nem fixar a data da atracação. Às vezes, basta-me uma partícula que se abre no meio de uma paisagem incongruente, um aflorar de luzes na neblina, o diálogo de dois passantes que se encontram no vaivém, para pensar que partindo dali construirei pedaço por pedaço a cidade perfeita, feita de fragmentos misturados com o resto, de instantes separados por intervalos, de sinais que alguém envia e não sabe quem capta. Se digo que a cidade para a qual tende a minha viagem é descontínua no espaço e no tempo, ora mais rala, ora mais densa, você não deve crer que pode parar de procurá-la. Pode ser que enquanto falamos ela esteja aflorando dispersa dentro dos confins do seu império [...] (Calvino, 2002: 149).*

4.32
One
Hundred
Spaces

REFERÊNCIAS BIBLIOGRÁFICAS

ADORNO, Theodor W.; HORKEIMER, Max. *Dialética do esclarecimento*. Rio de Janeiro: Jorge Zahar, 1985.

ALBERTI, Leone Battista. *On the art of building in ten books*. Cambridge: MIT, 1989.

ARENDT, Hannah. *A condição humana*. Rio de Janeiro: Forense Universitária, 2001.

ARGAN, Giulio Carlo. *História da arte como história da cidade*. São Paulo: Martins Fontes, 1992.

BAMFORD, Christopher. Introduction: homage to Pythagoras. In: BAMFORD, Christopher (Ed.). *Homage to Pythagoras*: rediscovering sacred science. Hudson: Lindisfarne, 1994, p.11-33.

BATAILLE, Georges. Museum. In: LEACH, Neil (Ed.). *Rethinking architecture:* a reader in cultural theory. New York: Routledge, 1997, p.22-23.

BAUDELAIRE, Charles. The painter of modern life. In: FRASCINA, Francis; HARRISON, Charles (Ed.). *Modern art and modernism:* a critical anthology. New York: Harper & Row, 1987, p.23-27.

_____. *Les fleurs du mal*. Paris: Flammarion, 2001.

BAYER, Raymond. *História da estética*. Lisboa: Estampa, 1995.

BENEVOLO, Leonardo. *História da cidade*. São Paulo: Perspectiva, 1983.

BENJAMIN, Walter. *Illuminations:* essays and reflections. New York: Schocken, 1988.

_____. *Reflections:* essays, aphorisms, autobiographical writings. New York: Schocken, 1989.

_____. *The arcades project*. Cambridge: Harvard University, 2002.

BENNETT, Tony. *The birth of the museum:* history, theory, politics. New York: Routledge, 1996.

BERGSON, Henri Louis. *Matéria e memória:* ensaio sobre a relação do corpo com o espírito. São Paulo: Martins Fontes, 1990.

BERMAN, Marshall. *Tudo que é sólido se desmancha no ar:* a aventura da modernidade. São Paulo: Companhia das Letras, 2003.

BOYER, Marie Christine. *The city of collective memory:* its historical imagery and architectural entertainments. Cambridge: MIT, 1998.

BRANDÃO, Junito de Souza. *Mitologia grega, v.1*. Petrópolis: Vozes, 2000.

CALVINO, Italo. *As cidades invisíveis*. São Paulo: Companhia das Letras, 2002.

CASTELLS, Manuel. Globalization, flows, and identity: the new challenges of design. In: SAUNDERS, William S. (Ed.). *Reflections on architectural practices in the nineties*. New York: Princeton Architectural, 1996, p.198-205.

CERTEAU, Michel de. *A invenção do cotidiano:* 1. artes de fazer. Petrópolis: Vozes, 1994.

CORBUSIER, Le. *Por uma arquitetura*. São Paulo: Perspectiva, 1998.

_____. *The city of to-morrow and its planning*. New York: Dover, 1987.

CRARY, Jonathan. Modernizing vision. In: FOSTER, Hall. *Discussions in contemporary culture:* vision and visuality. New York: New, 1999, p.29-44.

CRIMP, Douglas. *On the museum's ruins*. Cambridge: MIT, 1995.

CURTIS, William J.R. *Le Corbusier:* ideas and forms. London: Phaidon, 1995.

_____. *Modern architecture since 1900*. London: Phaidon, 1996.

DAVIS, Mike. *City of quartz:* excavating the future in Los Angeles. New York: Vintage, 1992.

DEBORD, Guy. *The society of the spectacle*. New York: Zone, 1998.

DELEUZE, Gilles. *Proust e os signos*. Rio de Janeiro: Forense Universitária, 1987.

_____. *Lógica do sentido*. São Paulo: Perspectiva, 1988a.

_____. *Diferença e repetição*. Rio de Janeiro: Graal, 1988b.

_____. *A imagem-tempo:* cinema 2. São Paulo: Brasiliense, 1990.

_____. *A dobra:* Leibniz e o barroco. Campinas: Papirus, 1991a.

_____; GUATTARI, Félix. *O que é a filosofia?*. Rio de Janeiro: 34, 1993.

_____. *Mil platôs:* capitalismo e esquizofrenia, v.5. São Paulo: 34, 1997.

_____. *Mil platôs:* capitalismo e esquizofrenia, v.3. São Paulo: 34, 1999.

_____. *Mil platôs:* capitalismo e esquizofrenia, v.1. São Paulo: 34, 2000.

_____. *Mil platôs:* capitalismo e esquizofrenia, v.4. São Paulo: 34, 2002.

DESCARTES, René. *Discurso sobre o método.* São Paulo: Hemus, 1972.

EAGLETON, Terry. *A ideologia da estética.* Rio de Janeiro: Jorge Zahar, 1993.

ELIADE, Mircea. *O mito do eterno retorno.* Lisboa: 70, 2000.

_____. *The sacred and the profane:* the nature of religion. San Diego: Harcourt Brace & Company, 1987.

ELLIN, Nan. *Postmodern urbanism.* New York: Princeton Architectural, 1999.

FORSTER, Kurt W. Monument/memory and the morality of architecture. In: HAYS, K. Michael (Ed.). *Oppositions reader.* New York: Princeton Architectural, 1998, p.18-35.

FOSTER, Hall. Postmodernism: a preface. In: FOSTER, Hall (Ed.). *The anti-aesthetic:* essays on postmodern culture. Seattle: Bay, 1995, p.ix-xvi.

FOUCAULT, Michel. Fantasia of the library. In: BOUCHARD, Donald F. (Ed.). *Language, counter-memory, practice:* selected essays and interviews by Michel Foucault. Ithaca: Cornell University, 1980, p.87-109.

_____. What is enlightenment? In: RABINOV, Paul (Ed.). *The Foucault reader.* New York: Pantheon Books, 1984, p.32-50.

_____. *As palavras e as coisas:* uma arqueologia das ciências humanas. São Paulo: Martins Fontes, 1990.

_____. *Microfísica do poder.* Rio de Janeiro: Graal, 1996a.

_____. *A verdade e as formas jurídicas.* Rio de Janeiro: Nau, 1996b.

_____. *Vigiar e punir:* nascimento da prisão. Petrópolis: Vozes, 2001a.

_____. Outros espaços. In: MOTTA, Manoel Barros da (Org.). *Estética:* literatura e pintura, música e cinema. Rio de Janeiro: Forense Universitária, 2001b, p.411-422.

_____. Prefácio à transgressão. In: MOTTA, Manoel Barros da (Org.). *Estética:* literatura e pintura, música e cinema. Rio de Janeiro: Forense Universitária, 2001b, p.28-46.

_____. *História da sexualidade I:* a vontade de saber. São Paulo: Graal, 2005.

FRAMPTON, Kenneth. *História crítica da arquitetura moderna.* São Paulo: Martins Fontes, 2003.

FRANZINI, Elio. *A estética do século XVIII.* Lisboa: Estampa, 1999.

GANDELSONAS, Mario. *X-urbanism:* architecture and the American city. New York: Princeton Architectural, 1999.

GILLOCH, Graeme. *Myth and metropolis:* Walter Benjamin and the city. Cambridge: Polity, 1997.

GOMBRICH, Ernst H.J. *A história da arte.* Rio de Janeiro: LTC, 1999.

GREENBERG, Clement. *Arte e cultura:* ensaios críticos. São Paulo: Ática, 1996.

GREENHILL, Eilean Hooper. *Museums and the shaping of knowledge.* New York: Routledge, 1995.

GREGOTTI, Vittorio. Territory and architecture. In: NESBITT, Kate (Ed.). *Theorizing a new agenda for architecture:* an anthology of architectural theory 1965-1995. New York: Princeton Architectural, 1996, p.340-344.

GROPIUS, Walter. Programme of the Staatliches Bauhaus in Weimar. In: CONRADS, Ulrich (Ed.). *Programs and manifestoes on 20th-century architecture.* Cambridge: MIT, 1995, p.49-53.

HABERMAS, Jürgen. *Mudança estrutural da esfera pública:* investigações quanto a uma categoria da sociedade burguesa. Rio de Janeiro: Tempo Brasileiro, 1984.

_____. Modernity – an incomplete project. In: FOSTER, Hall (Ed.). *The antiaesthetic:* essays on postmodern culture. Seattle: Bay, 1995, p.3-15.

HALL, Peter. *Cidades do amanhã:* uma história intelectual do planejamento e do projeto urbanos no século XX. São Paulo: Perspectiva, 2005.

HARVEY, David. *A condição pós-moderna:* uma pesquisa sobre as origens da mudança cultural. São Paulo: Loyola, 1993.

HAYS, K. Michael. *Modernism and the posthumanist subject:* the architecture of Hannes Meyer and Ludwig Hilberseimer. Cambridge: MIT, 1995.

HEYNEN, Hilde. *Architecture and modernity:* a critique. Cambridge: MIT, 1999.

HITCHCOCK, Henry-Russell; JOHNSON, Philip. *The international style:* architecture since 1922. New York: Norton, 1966.

JOLY, Henri. *Le renversement platonicien:* logos, epistéme, polis. Paris: Vrin, 1980.

KANT, Immanuel. *Crítica da faculdade do juízo*. Rio de Janeiro: Forense Universitária, 1995.

KING, Ross. *Emancipating space:* geography, architecture, and urban design. New York: Guilford, 1996.

KOOLHAAS, Rem. *Delirious New York:* a retroactive manifesto for Manhattan. New York: Monacelli, 1994.

_____. *S, M, L, XL*. New York: Monacelli, 1995.

_____. Postscript: introduction for new research "the contemporary". In: NESBITT, Kate (Ed.). *Theorizing a new agenda for architecture:* an anthology of architectural theory 1965-1995. New York: Princeton Architectural, 1996, p.324-325.

_____. *El espacio basura:* de la modernización y sus secuelas. *Arquitectura Viva*, Madrid, n.72, set.-out.2000, p.23-31.

_____. *Preservation is overtaking us*. New York: Jordan Carver, 2014.

KOSTOF, Spiro. *The city shaped:* urban patterns and meanings through history. Boston: Bulfinch, 1991.

KRAUSS, Rosalind. *Passages in modern sculpture*. Cambridge: MIT, 1996.

KRUFT, Hanno-Walter. *A history of architectural theory:* from Vitruvius to the present. New York: Princeton Architectural, 1994.

LACOSTE, Jean. *A filosofia da arte*. Rio de Janeiro: Jorge Zahar, 1997.

LAVEDAN, Pierre. *Qu'est-ce que l'urbanism?* introduction a l'histoire de l'urbanisme. Paris: Henri Laurens, 1926.

LEÃO, Emmanuel Carneiro. *Os pensadores originários:* Anaximandro, Parmênides, Heráclito. Petrópolis: Vozes, 1991.

LIBESKIND, Daniel. *The space of encounter.* New York: Universe, 2000.

LIGHT, Andrew; SMITH, Jonathan M. Introduction: geography, philosophy, and public space. In: LIGHT, Andrew; SMITH, Jonathan M. (Ed.). *Philosophy and geography II:* the production of public space. Lanham: Rowman & Littlefield, 1998, p.1-16.

MACHADO, Roberto. *Deleuze e a filosofia.* Rio de Janeiro: Graal, 1990.

_____. *Nietzsche e a verdade.* São Paulo: Paz e Terra, 1999.

_____. *Foucault, a filosofia e a literatura.* Rio de Janeiro: Jorge Zahar, 2000.

MANNONI, Laurent. *A grande arte da luz e da sombra:* arqueologia do cinema. São Paulo: SENAC, 2003.

MATOS, Olgária. A melancolia de Ulisses. In: CARDOSO, Sérgio, et al. *Os sentidos da paixão.* São Paulo: Companhia das Letras, 1999a, p.141-157.

_____. Descartes: o eu e o outro de si. In: NOVAES, Adauto (Org.). *A crise da razão.* São Paulo: Companhia das Letras, 1999b, p.195-214.

McEWEN, Indra Kagis. *Socrates's ancestor:* an essay on architectural beginnings. Cambridge: MIT, 1994.

MILLER, Jacques-Alain. A máquina panóptica de Jeremy Bentham. In: SILVA, Tomaz Tadeu da (Org.). *O panóptico:* Jeremy Bentham. Belo Horizonte: Autêntica, 2000, p.75-107.

MONTANER, Josep Maria. *Museos para el nuevo siglo.* Barcelona: Gustavo Gili, 1995.

MORIN, Edgar. *O método 1:* a natureza da natureza. Porto Alegre: Sulina, 2003.

MUMFORD, Lewis. *A cidade na história:* suas origens, transformações e perspectivas. São Paulo: Martins Fontes, 1991.

NIETZSCHE, Friedrich Wilhelm. *The will to power.* New York: Vintage, 1968.

_____. *O nascimento da tragédia ou helenismo e pessimismo.* São Paulo: Companhia das Letras, 2000.

_____. *A gaia ciência.* São Paulo: Companhia das Letras, 2001.

NIEUWENHUYS, Constant; DEBORD, Guy. Situationist definitions. In: CONRADS, Ulrich (Ed.). *Programs and manifestoes on 20th-century architecture.* Cambridge: MIT, 1995, p.161-162.

NORBERG-SCHULZ, Christian. *Arquitectura occidental:* la arquitectura como historia de formas significativas. Madrid: Gustavo Gili, 1985.

OCKMAN, Joan (Ed.). *Architecture culture 1943-1968:* a documentary anthology. New York: Rizzoli, 1996.

OLIVEIRA, Luiz Alberto. Caos, acaso, tempo. In: NOVAES, Adauto (Org.). *A crise da razão.* São Paulo: Companhia das Letras, 1999, p.507-518.

OPHIR, Adi. *Plato's invisible cities:* discourse and power in the Republic. Savage: Barnes & amp; Noble, 1991.

PANOFSKY, Erwin. *Significado nas artes visuais.* São Paulo: Perspectiva, 1991.

_____. *Idea:* contribuição à história do conceito da antiga teoria da arte. São Paulo: Martins Fontes, 1994.

PERROT, Michelle. O inspetor Bentham. In: SILVA, Tomaz Tadeu da (Org.). *O panóptico:* Jeremy Bentham. Belo Horizonte, Autêntica, 2000, p.109-150.

PEVSNER, Nikolaus. *Academias de arte:* passado e presente. São Paulo: Companhia das Letras, 2005.

PLATÃO. *The collected dialogues.* Princeton: Princeton University, 1989.

_____. *Górgias.* Lisboa: 70, 1997a.

_____. *Fedro.* Lisboa: 70, 1997b.

_____. *Diálogos:* A Repúbilca (ou: sobre a justiça, gênero político). EDUFPA, 2000.

_____. *Diálogos:* Timeu, Crítias, O Segundo Alcibíades, Hípias Menor. Belém: EDUFPA, 2001a.

_____. *Diálogos:* Teeteto, Crátilo. Belém: EDUFPA, 2001b.

RAJCHMAN, John. *Constructions.* Cambridge: MIT, 1998.

RELPH, Edward. *The modern urban landscape.* Baltimore: Johns Hopkins, 1987.

RIEGL, Alois. The modern cult of monuments: its character and its origins. In: HAYS, K. Michael (Ed.). *Oppositions reader*. New York: Princeton Architectural, 1998, p.621- 651.

ROSSI, Aldo. *A arquitetura da cidade*. São Paulo: Martins Fontes, 2001.

ROWE, Colin; KOETTER, Fred. *Collage city*. Cambridge: MIT, 1992.

SCHULZE, Franz. *Mies van der Rohe:* a critical biography. Chicago: University of Chicago, 1989.

SENNETT, Richard. The neutral city. In: CAMPBELL, Scott; FAINSTEIN, Susan (Ed.). *Readings in planning theory*. Oxford: Blackwell, 1998, p.121-143.

SIMMEL, Georg. The metropolis and mental life. In: LEACH, Neil (Ed.). *Rethinking architecture:* a reader in cultural theory. New York: Routledge, 1997, p.69-79.

SITTE, Camillo. *A construção das cidades segundo seus princípios artísticos*. São Paulo: Ática, 1992.

SMITHSON, Allison and Peter. Team 10 Primer. In: JENCKS, Charles; KROPF, Karl (Ed.). *Theories and manifestoes of contemporary architecture*. London: Academy, 1999, p.218-219.

SORKIN, Michael. The end(s) of urban design. In: KRIEGER, Alex; SAUNDERS, William S. (Ed.). *Urban design*. Minneapolis: University of Minnesota, 2009, p.155-182.

SUPERSTUDIO. Description of the microevent/microenvironment. In: JENCKS, Charles; KROPF, Karl (Ed.). *Theories and manifestoes of contemporary architecture*. London: Academy, 1999, p.229-231.

SWENSON, Alfred; CHANG, Pao-Chi. *Architectural education at IIT 1938-1978*. Chicago: IIT, 1980.

TAFURI, Manfredo. *Projecto e utopia:* arquitectura e desenvolvimento do capitalismo. Lisboa: Presença, 1985.

_____. *The sphere and the labyrinth:* avant-gardes and architecture from Piranesi to the 1970s. Cambridge: MIT, 1995.

THUILLIER, Pierre. *De Arquimedes a Einstein:* a face oculta da invenção científica. Rio de Janeiro: Jorge Zahar, 1994.

VANCE, James E. *The continuing city:* urban morphology in Western civilization. Baltimore: Johns Hopkins University, 1990.

VÁZQUEZ, Adolfo Sánchez. *Convite à estética*. Rio de Janeiro: Civilização Brasileira, 1999.

VENTURI, Robert. *Complexidade e contradição em arquitetura*. São Paulo: Martins Fontes, 2004.

VERNANT, Jean-Pierre. *Mito e pensamento entre os gregos:* estudos de psicologia histórica. Rio de Janeiro: Paz e Terra, 1990.

_____. *As origens do pensamento grego*. São Paulo: Bertrand Brasil, 1992.

_____. *Mito e sociedade na Grécia antiga*. Rio de Janeiro: José Olympio, 1999.

VIDLER, Anthony. *Ledoux*. Paris: Fernand Hazan, 1989.

_____. *The architectural uncanny:* essays in the modern unhomely. Cambridge: MIT, 1992.

_____. The third typology. In: HAYS, K. Michael (Ed.). *Oppositions reader*. New York: Princeton Architectural, 1998, p.13-16.

_____. "Building in empty space": Daniel Libeskind`s museum of the voice. In: LIBESKIND, Daniel. *The space of encounter*. New York: Universe, 2000, p.222-224.

VIRILIO, Paul. *The vision machine*. Bloomington: Indiana University, 1996.

VITRUVIUS, Marcus Pollio. *The ten books on architecture*. New York: Dover, 1960.

WATERHOUSE, Alain. *Boundaries of the city:* the architecture of Western urbanism. Toronto: University of Toronto, 1993.

WÖLFFLIN, Heinrich. *Conceitos fundamentais da história da arte:* o problema da evolução dos estilos na arte mais recente. São Paulo: Martins Fontes, 1989.

WORRINGER, Wilhelm. *Abstraction and empathy:* a contribution to the psychology of style. Chicago: Ivan R. Dee, 1997.

YATES, Frances A. *The art of memory*. Chicago: University of Chicago, 1996.

YURGEL, Marlene. *Urbanismo e lazer*. São Paulo: Nobel, 1983.

FIGURAS

capa Hong Kong. © Lee Yiu Tung | iStockphoto.com.

1.1 Fronteiras do *Big Bang*, NASA/ESA, 2015. Wikimedia Commons.

1.2 *Pyxis* retratando um poeta com seis musas, pintor de Hesíodo, c.460-450 a.C. © Museum of Fine Arts, Boston, EUA.

1.3 Ágora de Assos, século II a.C. In: Clarke, J.T.; Bacon, F.H.; Koldeway, R. Investigations at Assos: expedition of the Archeological Institute of America; drawings and photographs of the buildings and objects discovered during the excavations of 1881-1883. London: Quaritch, 1902, p.27. © Heidelberg University Library.

1.4 Analema. Ilustração Romulo Guina.

1.5 Pitágoras explorando harmonia e proporção com instrumentos musicais. In: Gaffurius, F. Theorica musicae. Milan: Philippus Mantegatius, 1492. © The New York Public Library Digital Collections.

1.6 Priene, segundo escavações alemãs de 1895-1898, século IV a.C. In: Haverfield, F.J. Ancient town-planning. Oxford: Clarendon, 1913. © Wellcome Collection.

1.7 Acrópole de Atenas, século V a.C. Maquete Sylvia Hahn, 1956. © Royal Ontario Museum, Toronto, Canadá.

1.8 Mileto, Hipódamo, século V a.C. Ilustração Romulo Guina.

1.9 Palácio de Cnossos, século XVII a.C. In: Pendlebury, J.D.S. A handbook to the palace of Minos at Knossos with its dependencies. London: Macmillan, 1933. © Heidelberg University Library.

1.10 Labirinto cretense, Escola de Finiguerra, século XVI. In: Matthews, W.H. Mazes and labyrinths: a general account of their history and development. London: Longmans, 1922.

1.11 Sólidos platônicos. Ilustração Romulo Guina.

1.12 Atlântida, Platão, século IV a.C. Ilustração Romulo Guina.

1.13 Roma Imperial. Modelo Italo Gismondi, 1937. Foto Jean-Pierre Dalbéra. © Museo della Civiltà Romana, Roma, Itália. Wikimedia Commons.

2.1 Planisfério, Cláudio Ptolomeu, 1486. © Fundação Biblioteca Nacional.

2.2 Atlas Miller, Lopo Homem-Reinéis, 1519. © Fundação Biblioteca Nacional.

2.3 Mapa-múndi, Gerardo Mercator, 1538. © Fundação Biblioteca Nacional.

2.4 O desenhista de uma mulher reclinada, Albrecht Dürer, 1525. © Fundação Biblioteca Nacional.

2.5 O retrato dos Arnolfini, Jan van Eyck, 1434. © National Gallery, Londres, Inglaterra. Wikimedia Commons.

2.6 *Veduta della Catena*, Francesco Petrini; Raffaello Petrini, 1887. © Museo di Palazzo Vecchio, Florença, Itália.

2.7 Cidade ideal, atribuído a Piero della Francesca, c.1470. © Galleria Nazionale delle Marche, Urbino, Itália. Wikimedia Commons.

2.8 Homem vitruviano, Leonardo da Vinci, c.1490. © Gallerie dell'Accademia, Veneza, Itália. Wikimedia Commons.

2.9 Cidade ideal, Vitrúvio, século I a.C. Ilustração Romulo Guina.

2.10 Cena trágica, Sebastiano Serlio, c.1537. In: Serlio, S. Architettura di Sebastian Serlio Bolognese in sei libri divisa. Venetia: Per Combi, & La Nou, 1663. © Fundação Biblioteca Nacional.

2.11 Cena cômica, Sebastiano Serlio, c.1537. In: Serlio, S. Architettura di Sebastian Serlio Bolognese in sei libri divisa. Venetia: Per Combi, & La Nou, 1663. © Fundação Biblioteca Nacional.

2.12 Cena satírica, Sebastiano Serlio, c.1537. In: Serlio, S. Architettura di Sebastian Serlio Bolognese in sei libri divisa. Venetia: Per Combi, & La Nou, 1663. © Fundação Biblioteca Nacional.

2.13 Sforzinda, Filarete, c.1464. In: Filarete, A. Trattato di Architettura. Milano, 1460-1464. © Biblioteca Nazionale Centrale di Firenze.

2.14 Palmanova, Vicenzo Scamozzi, 1593. In: Braun, G. et al. Civitates Orbis Terrarum. Coloniae Agrippinae: apud Petrum à Brachel, sumptibus auctorum, 1612-1618. © Library of Congress, Geography and Map Division.

2.15 Plano de Roma, Sisto V, c.1950. Biblioteca Apostolica Vaticana, Vaticano. © Bridgeman Images.

2.16 Teatro vitruviano, Athanasius Kircher, 1673. © Deutsche Fotothek. Wikimedia Commons.

2.17 Gabinete de curiosidades, *Museum Wormianum*, Copenhague, Ole Worm, 1665. © Bibliothèque nationale de France.

2.18 *Studiolo* de Francesco I, Florença, Giorgio Vasari, 1572. © Palazzo Vecchio, Florença, Itália. Wikimedia Commons.

2.19 Versalhes vista de um balão, Louis-Jules Arnout, 1846. © Bibliothèque nationale de France.

2.20 *Parterres* de Versalhes, André Le Nôtre, século XVII. Coleção Roberto Segre.

2.21 Salina de Chaux, Claude-Nicolas Ledoux, 1804. In: Ledoux, C.N. L'Architecture considérée sous le rapport de l'art, des moeurs et de la legislation, Paris: H.L. Perronneau, 1804. © FA Universidade de Lisboa.

2.22 Panóptico, Jeremy Bentham, 1791. In: Bentham, J. The works of Jeremy Bentham, v.4. Edinburgh: William Tait, 1838-1843. Wikimedia Commons.

2.23 Cárcere XIV, Giovanni Battista Piranesi, c.1749. In: Piranesi, G.B. Opere varie di architettura, prospettive grotteschi antichità sul gusto degli antichi Romani inventate. Roma: L'autore, 1750-1753. © Fundação Biblioteca Nacional.

2.24 *Campo Marzio dell'Antica Roma*, Giovanni Battista Piranesi, c.1756. In: Piranesi, G.B. Il Campo Marzio dell'Antica Roma. Roma: Veneunt apud auctorem, 1762. © Fundação Biblioteca Nacional.

3.1 *Bibliothèque Mazarine*, Paris, Henry Scott, século XVII. © Bibliothèque nationale de France.

3.2 *Society of Arts*, Londres, Edward Pugh, 1804. © London Metropolitan Archives.

3.3 Grande galeria do Museu do Louvre, Paris, Jules Arnout , 1854. © Bibliothèque nationale de France.

3.4 Galeria de anatomia comparada da École de Médecine, Paris, Edmond Auguste Texier, 1851. © Bibliothèque nationale de France.

3.5 *Charing Cross Station*, Londres, Kell Brothers, 1864. © London Metropolitan Archives.

3.6 *Over London - by Rail*, Londres, Gustave Doré, 1872. In: Jerrold, W.B. London: a pilgrimage. London: Grant & Co, 1872. © British Library.

3.7 Falanstério, Charles Fourier, 1836. In: Considérant, V.P. La Phalange, journal de la science sociale découverte et constituée par Charles Fourier, Paris, 1836-1849. Wikimedia Commons.

3.8 *New Harmony*, Indiana, Robert Owen, F. Bate, 1838. The Association of all Classes of all Nations, London, 1838. Wikimedia Commons.

3.9 Demolições para a abertura da *rue des Écoles*, Paris, Félix Thorigny, 1858. © Bibliothèque nationale de France.

3.10 Paris, Panorama das Tuileries e do Louvre, Charles Rivière, c.1870. © Library of Congress, Prints and Photographs Division Washington.

3.11 *Avenue de L'Opéra*, Paris, Camille Pissarro, 1898. © Musée des Beaux-Arts, Reims, França. Wikimedia Commons.

3.12 *Magasin Au Bon Marché*, Paris, Hubert Clerget; Daniel Vierge, 1872. © Bibliothèque nationale de France.

3.13 Zootrópio, 1830. Ilustração Romulo Guina.

3.14 *Colosseum*, Regent's Park, Londres, Anon, 1829. © London Metropolitan Archives.

3.15 Nadar elevando a fotografia ao *status* de arte, Honoré Daumier, 1862. © Bibliothèque nationale de France.

3.16 *Galerie Véro-Dodat*, Paris, 1826. Foto Sonia Schulz.

3.17 *Crystal Palace Exhibition*, Londres, David Charles Read, 1851. © London Metropolitan Archives.

3.18 *Exposition Universelle*, Paris, Neurdein Fréres, 1889. © Bibliothèque nationale de France.

3.19 Diagrama de crescimento de uma cidade, Ebenezer Howard, 1898. In: Howard, E. Garden Cities of To-Morrow. London: Swan Sonnenschein & Co., 1922.

3.20 *World's Columbian Exposition*, Chicago, 1893. © Chicago History Museum, Chicago, EUA.

3.21 Plano de Chicago, Daniel Burnham e Edward Bennett, 1909. © Chicago History Museum, Chicago, EUA.

3.22 A questão do arranha-céu, Louis Sullivan, 1891. In: Sullivan, L. H. The high nuilding question. The Graphic 5, 1891. © Chicago Hitory Museum, Chicago, EUA.

3.23 Maquete de arranha-céu de vidro, Ludwig Mies van der Rohe, 1922. © Bauhaus-Archiv, Berlim, Alemanha / Bridgeman Imagens. © Mies van der Rohe, Ludwuig/ AUTVIS, Brasil, 2018.

3.24 Amarelo-Vermelho-Azul, Wassily Kandinsky, 1925. © Musée National d'Art Moderne, Centre Pompidou, Paris, França/Peter Willi/ Bridgeman Images.

3.25 *Cité Industrielle*, Tony Garnier, 1917. In: Garnier, T. Une cité industrielle: étude pour la construction des villes. Paris, 1917. Foto Lynton Gardiner. © The Wolfsonian - Florida International University.

3.26 *Ville Contemporaine*, Le Corbusier, 1922. © F.L.C./ AUTVIS, Brasil, 2018.

3.27 *Ville Contemporaine*, Le Corbusier, 1922. © F.L.C./ AUTVIS, Brasil, 2018.

3.28 *Città Nuova*, Antonio Sant'Elia, 1914. In: Sant'Elia, A. L'Architettura futurista: manifesto. Milano: Direzione del Movimento Futurista, 1914. Foto Lynton Gardiner. © The Wolfsonian - Florida International University.

3.29 *Plan Voisin*, Le Corbusier, 1922-1925. © F.L.C./ AUTVIS, Brasil, 2018.

3.30 *Ville Radieuse*, Le Corbusier, 1930. © F.L.C./ AUTVIS, Brasil, 2018.

3.31 Brasília, Lúcio Costa, 1957. Ilustração Leonardo Alves.

3.32 Bauhaus, Dessau, Walter Gropius, 1926. Coleção Roberto Segre.

3.33 *Weissenhofsiedlung*, Stuttgart, 1927. © Stadtarchiv Stuttgart.

3.34 Cidade de arranha-céus, rua norte-sul, Ludwig Hilberseimer, 1924. © Ryerson & Burnham Archives, The Art Institute of Chicago.

3.35 *110/105 interchange*, Los Angeles, 2008. Foto Thomas Ritter. © California Department of Transportation.

3.36 *Broadacre City*, Frank Lloyd Wright, 1934. © The Frank Lloyd Wright Foundation Archives.

4.1 *860-880 Lake Shore Drive*, Chicago, Ludwig Mies van der Rohe, 1953. Foto bpk Bildagentur. © Art Resource, NY. © Mies van der Rohe, Ludwuig/ AUTVIS, Brasil, 2018.

4.2 *Plug-in City*, Peter Cook, 1964. © Peter Cook, Archigram Archives.

4.3 *Clusters in the Air*, Arata Isozaki, 1960. Foto Jean-Claude Planchet. © CNAC/ Musée National d'Art Moderne/RMN Grand Palais/Art Resource, NY.

4.4 *Fremont Street*, Las Vegas, 1952. Foto Edward N. Edstrom. Wikimedia Commons.

4.5 *Teatro di Marcello*, Roma, século I a.C. © mmac72 | iStockphoto.com.

4.6 *Teatro del Mondo*, Veneza, Aldo Rossi, 1979. Foto Giorgio Zucchiatti. © La Biennale di Venezia – ASAC.

4.7 *Metropolis*, Paul Citroen, 1923-72. © Museu de Israel, Jerusalém, Israel/ Coleção Vera & Arturo Schwarz de arte dada e surrealista/ Bridgeman Images. © Citroen, Paul/ AUTVIS, Brasil, 2018.

4.8 Violino em um Café, Pablo Picasso, 1913. © Coleção Particular/ Giraudon/ Bridgeman Images. © Succession Pablo Picasso/ AUTVIS, Brasil, 2018.

4.9 Nova planta de Roma, Giovanni Battista Nolli, 1748. Wikimedia Commons.

4.10 *Commissioners' Plan*, Nova York, John Randel, 1811. © Collection of The New-York Historical Society.

4.11 *Broadway Boogie Woogie*, Piet Mondrian, 1942. © Museum of Modern Art, Nova York, EUA. Wikimedia Commons.

4.12 *Lavender Mist: Number 1*, Jackson Pollock, 1950. © National Gallery of Art, Washington DC, EUA/The Bridgeman Art Library. © The Pollock-Krasner Foundation/ AUTVIS, Brasil, 2018.

4.13 Natureza morta com maçãs e peras, Paul Cézanne, 1892. © The Metropolitan Museum of Art, Nova York, EUA.

4.14 *Market Street*, Celebration, Robert Stern, 1994. Coleção Roberto Segre.

4.15 Diagrama de faixas de Melun-Sénart, Rem Koolhaas,1987. Cortesia OMA.

4.16 Melun-Sénart, Rem Koolhaas, 1987. Cortesia OMA.

4.17 Diagrama de Euralille, Rem Koolhaas, 1989. Cortesia OMA.

4.18 Centro internacional de negócios, Euralille, Rem Koolhaas, 1989. Cortesia OMA.

4.19 Almere, Rem Koolhaas, 1992. Cortesia OMA.

4.20 Museu Judaico, Berlim, Daniel Libeskind, 1989. Cortesia Daniel Libeskind.

4.21 Museu Judaico, Berlim, Daniel Libeskind, 1999. Foto Sonia Schulz.

4.22 Museu Judaico, Berlim, Daniel Libeskind, 1999. Foto Sonia Schulz.

4.23 *Leipziger Platz*, Berlim, c.1925. Foto A. Frankl. © Deutsches Bundesarchiv. Wikimedia Commons.

4.24 *Potsdamer Platz*, Berlim, Heinz Hilmer e Christoph Sattler, 1991. Cortesia Hilmer Sattler Architekten.

4.25 Daimler-Benz, Berlim, Renzo Piano, 2000. Foto Sonia Schulz.

4.26 *Park Kolonnaden*, Berlim, Giorgio Grassi, 2001. Foto Sonia Schulz.

4.27 *Sony Center*, Berlim, Helmut Jahn, 2000. Foto Sonia Schulz.

4.28 Dubai como uma coleção de formas arquitetônicas notáveis emergindo do deserto, Rem Koolhaas, 2010. Cortesia OMA.

4.29 Nova York em 2020, Ondel Hylton, 2016. Cortesia CityRealty.

4.30 *High Line*, Nova York, Diller Scofidio + Renfro, 2017. Foto Sonia Schulz.

4.31 *Harvard Art Museums*, Cambridge, Renzo Piano, 2014. Foto Nic Lehoux. Cortesia RPBW.

4.32 *Untitled (One Hundred Spaces)*, Rachel Whiteread, 1995. © Malcolm Park Editorial / Alamy Stock Photo.

ÍNDICE

A

Adorno, Theodor; Horkeimer, Max 157
Alberti, Leone Battista 73, 79, 80, 85-88, 118, 248
Almere 228, 232-234, **4.19**
Anaximandro 32, 34, 35, 40, 69
Apolo 36, 206, 207
Archigram 195, **4.2**
Arendt, Hannah 45
Argan, Giulio Carlo 80
Ariadne 42, 43, 216, 219, 237
Atenas 30, 35, 39, 41, 42, 46, 59, 64, 83, 1.7
Atlântida 59, 60, **1.12**

B

Bataille, Georges 135
Baudelaire, Charles 152, 158, 189
Bauhaus 181, 183, **3.32**
Baumgarten, Alexander 124, 125
Benevolo, Leonardo 108, 145, 146, 152
Benjamin, Walter 150-152, 155, 158, 159, 161, 162, 236, 237
Bentham, Jeremy 114-116, 176, **2.22**
Bergson, Henri-Louis 19, 221
Berlim 170, 235-241, 244, **4.20-4.27**
Boyer, M. Christine 80, 84, 93, 147, 150, 173
Braque, Georges 212

Brasília 180, 181, **3.31**
Broadacre 188, 189, **3.36**
Brunelleschi, Filippo 72, 74
Bruno, Giordano 100
Burnham, Daniel Hudson 166, 167, **3.20, 3.21**

C

Calvino, Italo 11, 187, 255
Camillo, Giulio 95, 96, 98
Caos 24
Celebration **4.14**
Cézanne, Paul **4.13**
Chaux 114, **2.21**
Chicago 166-168, 192, **3.20, 3.21, 4.1**
Cícero 95, 96
Citroen, Paul **4.7**
Clístenes 30, 35, 41, 55, 57
Cnossos 41, 43, **1.9**
Copérnico, Nicolau 100
Costa, Lúcio 180, **3.31**
Curtis, William J.R. 174, 176, 179
Cuvier, Georges 139, 140, 201

D

Debord, Guy 148, 197
Dédalo 41-43, 47, 248
Deleuze, Gilles 11, 13, 17, 47, 50, 104-106, 159, 209-211, 219, 222

Deleuze, Gilles; Guattari, Félix 19, 46, 63, 210, 216-218, 220, 222, 223, 229, 230, 249, 250
Descartes, René 100, 106, 180
Dioniso 84, 206, 207
Doré, Gustave **3.6**
Durand, Jean-Nicolas-Louis 140, 141
Dürer, Albrecht **2.4**

E

Eagleton, Terry 124
Einstein, Albert 20, 205
Eliade, Mircea 25, 58
Euralille 228, 230-232, **4.17, 4.18**
Eyck, Jan van **2.5**

F

Filarete 88, **2.13**
Flaubert, Gustave 137, 152
Florença 68, 72, 74, 75, 79, 97, **2.6, 2.18**
Fontana, Domenico 90
Foucault, Michel 13, 29, 47, 62, 77, 99-101, 112, 115-117, 126, 133, 137, 139, 144, 208, 211, 246, 250
Fourier, Charles 144, 179, **3.7**
Framptom, Kenneth 188, 193, 200
Francesca, Piero della **2.7**
Franzini, Elio 124
Fuller, Buckminster 195

G

Galilei, Galileu 100
Garnier, Tony 173, 176, 177, **3.25**
Geddes, Patrick 164-166
Gombrich, Ernst Hans 71, 76, 107
Grassi, Giorgio 242, **4.26**
Greenberg, Clement 172, 220
Greenhill, Eilean Hooper 75, 134, 137
Gropius, Walter 181, **3.32**
Gruen, Victor 234
Gutenberg, Johannes 80

H

Habermas, Jürgen 76, 130, 132, 133, 153
Hall, Peter 163, 186
Haussmann, Georges-Eugène 144-147, 155, 167, 176
Hefesto 43-45
Hermes 25, 26, 63
Hesíodo 23, 24, 28
Héstia 25, 26, 63
Hilberseimer, Ludwig Karl 183-185, 191, **3.34**
Hilmer, Heinz; Sattler, Christoph 240, 241, **4.24**
Hipódamo 40, 41, 215, **1.8**
Homero 24, 28, 33, 42, 44, 55, 61
Howard, Ebenezer 163, 164, 177, 232, **3.19**

J

Jahn, Helmut 242, **4.27**
Joly, Henri 30, 56

K

Kandinsky, Wassily **3.24**
Kant, Immanuel 125-128
Koolhaas, Rem 216, 226-234, 241, 251, 252, **4.15-4.19, 4.28**
Kostof, Spiro 39, 78, 85, 90, 145, 169, 171, 194
Krauss, Rosalind 220
Kruft, Hanno-Walter 169, 177

L

Lacoste, Jean 11, 130
Las Vegas **4.4**
Laugier, Marc-Antoine 110, 111, 118, 200
Lavedan, Pierre 13
Le Corbusier 170-181, 184, 191, 195, 248, **3.26, 3.27, 3.29, 3.30**
Le Nôtre, André 107, 109, **2.20**

Ledoux, Claude-Nicolas 114, 115, 173, **2.21**
Leibniz, Gottfried Wilhelm 105
Libeskind, Daniel 235-237, **4.20-4.22**
Lineu, Carlos 139, 141
Londres 230, 253, **3.2, 3.5, 3.6, 3.14, 3.17**
Los Angeles 189, 3.35
Luís XIV 107, 109, 115, 213

M
Machado, Roberto 47, 123, 206-208
Manet, Édouard 137
Martini, Francesco di Giorgio 89
McEwen, Indra Kagis 34, 43, 44
Melun-Sénart 228-230, **4.15, 4.16**
Mercator, Gerardo 70, **2.3**
Meyer, Hannes 183
Mies van der Rohe, Ludwig 170, 182, 192, 193, 235, 236, 241, **3.23, 4.1**
Mileto 32, 33, 39, 40, **1.8**
Minotauro 42
Mnemosýne 23
Mondrian, Piet 216, **4.11**
Montaner, Josep Maria 99
Morin, Edgar 24
Mumford, Lewis 106, 165, 187

N
Napoleão Bonaparte, Luís 144, 146
Newton, Isaac 100, 109
Niemeyer, Oscar 180
Nietzsche, Friedrich Wilhelm 16, 17, 84, 206-209
Nolli, Giovanni Battista 213, **4.9**
Norberg-Schulz, Christian 103, 108
Nova York 168, 192, 215, 216, 235, 252, 253, **4.10, 4.29, 4.30**

O
Ophir, Adi 58
Orfeu 36, 37
Owen, Robert 144, **3.8**
Ozenfant, Amédée 172

P
Palmanova 89, **2.14**
Panofsky, Erwin 67, 73
Paris 109, 144-147, 155, 156, 166, 167, 176, 177, 213, 228, 230, 235, **3.1, 3.3, 3.4, 3.9-3.12, 3.16, 3.18, 3.29**
Pevsner, Nikolaus 72
Piano, Renzo 241, 253, **4.25, 4.31**
Picasso, Pablo 212, **4.8**
Piranesi, Giovanni Battista 117-121, 204, **2.23, 2.24**
Pissarro, Camille 152, **3.11**
Pitágoras 35, 36, 46, 52, 88, **1.5**
Platão 14, 41, 43, 46-56, 58-61, 94, 164, 177, 206, 209, 246, **1.12**
Pollock, Jackson 219, 220, **4.12**
Proust, Marcel 159, 160, 222
Ptolomeu, Cláudio 69, 70, **2.1**

Q
Quatremère de Quincy, Antoine-Chrysostôme 140, 141, 201
Quintiliano, Marcos Fábio 94

R
Riegl, Alois 91, 92, 203
Roma 64, 68, 74, 90, 91, 109, 119, 167, 213, **1.13, 2.15, 2.24, 4.5, 4.9**
Rossi, Aldo 202-204, **4.6**
Rousseau, Jean-Jacques 111, 116
Rowe, Colin; Koetter, Fred 111, 212-214

S
Sant'Elia, Antonio 177, **3.28**
Scamozzi, Vicenzo 89, **2.14**
Sennett, Richard 215
Serlio, Sebastiano 83, 85, **2.10-2.12**
Sforzinda 88, 89, **2.13**
Simmel, Georg 158, 251
Simônides 93
Sitte, Camillo 168, 169
Sisto V 90, 167, **2.15**
Sócrates 41, 43, 45, 46, 53, 54, 94, 206
Sólon 30
Stuttgart 182, 235, **3.33**
Sullivan, Louis Henry 169, **3.22**
Superstudio 195, 196

T
Tafuri, Manfredo 111, 119-121, 182, 184, 185
Tales 32
Team 10 195
Teseu 42
Timeu 46, 49, 59, 110

U
Ulisses 160

V
Vance, James E. 185
Vasari, Giorgio **2.18**
Veneza **4.6**
Venturi, Robert 199, 200
Vernant, Jean-Pierre 25, 27, 28, 30, 34-40
Versalhes 107-109, 132, 144, 213, **2.19, 2.20**
Vidler, Anthony 81, 114, 171, 176, 178, 200, 238
Vinci, Leonardo da 72, **2.8**
Virgílio 67
Virilio, Paul 151
Vitruvius Pollio, Marcus 80-83, 86, 87, 95, **2.9**

W
Wölfflin, Heinrich 73, 103
Worringer, Wilhelm 17
Wright, Frank Lloyd 187, 188, **3.36**

Y
Yates, Frances A. 93, 95

Z
Zeus 24, 26, 55, 57

MATERIAL SUPLEMENTAR

Este livro conta com o seguinte material suplementar:

• Ilustrações da obra em formato de apresentação (acesso restrito a docentes).

O acesso ao material suplementar é gratuito. Basta que o leitor se cadastre em nosso *site* (www.grupogen.com.br), faça seu *login* e clique em GEN-IO, no menu superior do lado direito. É rápido e fácil.

Caso haja alguma mudança no sistema ou dificuldade de acesso, entre em contato conosco (gendigital@grupogen.com.br).

GEN-IO (GEN | Informação Online) é o ambiente virtual de aprendizagem do GEN | Grupo Editorial Nacional, maior conglomerado brasileiro de editoras do ramo científico-técnico-profissional, composto por Guanabara Koogan, Santos, Roca, AC Farmacêutica, Forense, Método, Atlas, LTC, E.P.U. e Forense Universitária. Os materiais suplementares ficam disponíveis para acesso durante a vigência das edições atuais dos livros a que eles correspondem.

ROTAPLAN
GRÁFICA E EDITORA LTDA

Rua Álvaro Seixas, 165
Engenho Novo - Rio de Janeiro
Tels.: (21) 2201-2089 / 8898
E-mail: rotaplanrio@gmail.com